VIAJE A TRAVÉS DEL LIBRO DE EJERCICIOS DE *UN CURSO DE MILAGROS*

SEGUNDO VOLUMEN: PRIMERA PARTE — LECCIONES DE LA 61 A LA 90

*

VIAJE A TRAVÉS DEL LIBRO DE EJERCICIOS DE UN CURSO DE MILAGROS

DR. KENNETH WAPNICK

Foundation for A Course in Miracles®

EL GRANO D MOSTAZA

Título en inglés:
"Journey through the Workbook of A Course in Miracles"

Título en castellano:
Viaje a través del Libro de Ejercicios de Un curso de milagros
Subtítulo
Segundo volumen: Primera parte — Lecciones de la 61 a la 90
Autor
Dr. Kenneth Wapnick
Traducción
Miguel Iribarren
Diseño
Félix Lascas

Primera edición
Noviembre 2020

Depósito legal B-19451-2020
ISBN 978-84-122498-1-1
EDICIONES EL GRANO DE MOSTAZA, S. L.
Carrer de Balmes, 394 ppal. 1.ª
08022 Barcelona

CONTENIDO DE CADA VOLUMEN

CONTENIDO DE ESTE VOLUMEN

Prefacio del editor

Es para El Grano de Mostaza Ediciones un honor publicar la colección en siete volúmenes de *El Viaje a través del Libro de ejercicios de Un curso de milagros,* de Kenneth Wapnick.

Esta es posiblemente la mejor guía que se ha hecho para entender las lecciones del *Libro de ejercicios* de *Un curso de milagros* en toda su pureza no dual. Kenneth Wapnick fue el abanderado de la interpretación no dual pura del Curso, y estamos muy contentos de publicar la versión en castellano, que permite entender e integrar el contenido de las lecciones. Esta colección en siete volúmenes es un tesoro incomparable para el practicante comprometido de *Un curso de milagros.*

Por otra parte, nos gustaría indicar que si bien circulan por Internet algunas versiones de esta serie, traducidas por estudiantes interesados en difundir su contenido, queremos dejar claro que esta es la versión oficial, aprobada y validada por el editor original, la Fundación para *Un curso de milagros* de Estados Unidos.

Nuestro plan es publicar un nuevo libro cada pocos meses hasta completar la serie. Una vez que todos estén publicados, la serie estará disponible como tal en nuestra página web.

Hemos añadido el Apéndice en el primer volumen porque consideramos fundamental hacerlo llegar al público en una primera toma de contacto con la serie, pues enmarca todo el trabajo con las lecciones del *Libro de ejercicios* y le da contexto y contenido, aclarando además muchas dudas y haciendo recomendaciones pertinentes para la mejor lectura y aprovechamiento del material.

Por último, nos gustaría indicar que el propio autor, Kenneth Wapnick, desaconseja utilizar estos volúmenes en la primera ronda de práctica de las lecciones del Curso.

Queremos dar gracias desde aquí a todos los colaboradores que han intervenido en la elaboración de esta obra y a los futuros lectores. Estamos seguros de que atesorarán la luz contenida en estos libros y el amor con que fueron transmitidos por toda la cadena de participantes. También queremos agradecer de manera especial a la Fundación para Un curso de milagros (FACIM, por sus siglas en inglés) la confianza depositada en nosotros.

Es nuestro deseo que la luz contenida en estos volúmenes pueda extenderse a un mundo necesitado. De la mano de Ken Wapnick y con una pequeña dosis de buena voluntad, podemos amigarnos con el trabajo que conllevan las lecciones de *Un curso de milagros,* logrando así una inversión de pensamiento que nos proporcionará paz, amor y sobre todo, la experiencia de unidad, de que en realidad somos uno.

LECCIÓN 61

Yo soy la luz del mundo.

El título de la lección está tomado de los Evangelios, específicamente de donde Jesús dice a sus discípulos: "Vosotros sois la luz del mundo" (Mateo 5:14). Aquí, como en muchos otros lugares de *Un curso de milagros*, vemos que Jesús toma una idea del cristianismo tradicional y le da una interpretación totalmente diferente. La comprensión del Evangelio supone entender que la función de los discípulos era llevar esa luz al mundo: literalmente, al mundo físico.

A los estudiantes de *Un curso de milagros* que no son conscientes de su enseñanza subyacente les resulta fácil confundir esta exhortación del Evangelio con lo que Jesús quiere decir en esta lección. Él *no* está diciendo que nosotros deberíamos llevar la luz al mundo, porque *el mundo no existe*. Al decir que nosotros somos la luz del mundo se refiere a la luz de Cristo que brilla en nuestras mentes. Como la mente del Hijo de Dios es una (un tema secundario en estas lecciones, que sin embargo se repite continuamente), esa luz es compartida por la Filiación como un todo. No se nos pide que seamos personas espiritualmente especiales que lleven la luz porque Jesús nos la dio y, a continuación, nos encargó la función de extenderla a las multitudes. Más bien, él nos está recordando —al Hijo de Dios uno que tiene la ilusión de la fragmentación— que nosotros *todos* somos la luz del mundo. Así, esto corrige el auto-concepto del ego que se nos ha legado a cada uno de nosotros: nosotros somos la *oscuridad* del mundo. De hecho, la Lección 93 comienza así: "Crees ser la morada del mal, de las tinieblas y del pecado" (L-pI.93.1:1). Esa es la ilusión que llevamos a la luminosa verdad con respecto a nosotros mismos.

Nuestra arrogancia y orgullo se expresan en que tenemos el pensamiento: "Yo soy la luz del mundo, pero tú no. Hay algo especial con respecto a mí, y en mi benéfica santidad yo te dispensaré esa luz, dandote lo que tú no tienes." Tal arrogancia refleja el especialismo espiritual de pensar que yo tengo algo de lo que tú careces. En *El canto de la oración*, Jesús comenta esta dinámica

—de "curar-para-separar"— en el contexto de los sanadores que creen que *ellos* son los sanadores que curan al enfermo, que por tanto está separado de ellos. El pasaje siguiente también es aplicable a lo que llamamos "llevar luz-para-separar":

> Alguien sabe más, se ha adiestrado mejor o es quizá más talentoso y sabio. Por lo tanto, puede curar a alguien que se encuentra por debajo de él y bajo su amparo. [...] ¿Cómo puede ser eso? La verdadera curación no puede proceder de una asumida desigualdad, que posteriormente se acepta como la verdad, y luego se usa para ayudar a sanar a los heridos y calmar la mente que sufre de la agonía de la duda. [...] No te consideres portador del don especial que da lugar a la curación. Lo único que haces es reconocer tu unidad con el que está pidiendo ayuda. Pues en esta unidad desaparece su sentido de separación que es lo que lo enfermó. No tiene sentido administrar remedio alguno excepto allí donde radica la fuente de la enfermedad, pues de otra manera esta nunca podría curarse verdaderamente (S-3.III.2:4-5;3:3-4; 4:5-8).

La oscuridad que necesita curación, independientemente de su forma, reside en la mente que cree en la separación. La luz que cura también reside en la mente, y cada uno de nosotros es portador de ambas cosas: la oscuridad de la culpa y la luz de la Expiación. Elegir la luz es curativo para nosotros *y* para el mundo, puesto que la luz de Cristo brilla en el Hijo de Dios como uno, ya que solo hay *una* luz. Creer cualquier otra cosa es parte del funcionamiento del especialismo del ego. Su engaño reside no solo en la separación, sino también en lo que el especialismo encubre: la creencia de que yo soy realmente la oscuridad del mundo.

Por lo tanto, en el Libro de Ejercicios, así como en el resto de *Un curso de milagros*, se nos enseña que nuestra función es recordarnos a nosotros mismos que somos la luz del mundo, pues hemos hecho la elección en contra de la oscuridad del ego. Nuestra aceptación de ese hecho de la Expiación sirve de recordatorio a todos los demás para que hagan la misma elección que nosotros. Así, Jesús comienza la lección contrastando la luz de nuestra verdadera Identidad con el oscuro ser del ego, de arrogancia y engaño:

(1) ¿Quién es la luz del mundo sino el Hijo de Dios? Por lo tanto, esto no es más que una afirmación de la verdad acerca de ti. Es lo opuesto a una afirmación de orgullo, de arrogancia o de autoengaño. No describe el concepto que has forjado de ti mismo. No se refiere a ninguna de las características con las que has dotado a tus ídolos. Se refiere a ti tal como fuiste creado por Dios. Expresa simplemente la verdad.

Más adelante en el Libro de Ejercicios, el tema de que somos tal como Dios nos creó se vuelve central, como mencioné anteriormente. Sin embargo, aquí, una vez más, Jesús nos muestra el otro lado. Él quiere que entendamos lo que creemos con respecto a nosotros mismos —"el [pecaminoso y culpable] concepto que has forjado de ti mismo"— y al mismo tiempo quiere que también recordemos que estos autoconceptos son una defensa contra nuestro verdadero Ser: la luz de Cristo.

(2:1-2) Para el ego la idea de hoy es el epítome de la autoglorificación. Pero el ego no sabe lo que es la humildad y la confunde con la autodegradación.

Para el ego, "Yo soy la luz del mundo" significa: "Yo tengo algo que tú no tienes." Asimismo, para el ego, humildad significa autodegradación; este es un significado que le dan muchas, muchas personas. Esta versión tradicional cristiana de la humildad encuentra habitualmente expresión en afirmaciones como: "Soy un miserable pecador. Y solo me salvo debido a la gracia del Señor Jesucristo." Quizá la más famosa de las plegarias de la Iglesia ortodoxa es la "Oración a Jesús": "Señor Jesucristo, Hijo de Dios, ten piedad de mí, que soy un pecador." A pesar de que parece ser lo contrario, en realidad esto es el colmo de la arrogancia, porque dice que puede haber un yo pecaminoso que es independiente de, y está separado de, el glorioso Ser que Dios creó. Un importante pasaje del Texto refleja la falsa humildad del ego:

> Uno de los principales dogmas de la descabellada religión del ego es que el pecado no es un error, sino que es verdad, y que la inocencia es la que pretende engañarnos. La pureza se considera arrogancia, y la aceptación de nuestro ser como algo pecaminoso se percibe como santidad. Y es esta doctrina la que sustituye a la realidad del Hijo de Dios tal como su Padre lo creó y tal como dispuso que fuera para siempre. ¿Es esto humildad? ¿O es más bien un intento de desgajar a la Creación de la verdad y mantenerla aparte? (T-19.II.4).

(2:3-5) La humildad consiste en aceptar el papel que te corresponde en la salvación y en no aceptar ningún otro. No es humildad insistir en que no puedes ser la luz del mundo si esa es la función que Dios mismo te asignó. Es solo la arrogancia la que afirmaría que esa no puede ser tu función, y la arrogancia es siempre algo propio del ego.

Otro tema importante que aparece aquí es la *función. Un curso de milagros* enseña que nuestra función consiste en aceptar la Expiación para nosotros mismos, aceptar el hecho de que nuestros aparentes pecados son perdonados. No es nuestra función hacer nada con nadie más, y la razón de ello es que, en último término, *no hay nadie más.* Solo hemos de pedir ayuda a Jesús para curar nuestras mentes, porque así nos damos cuenta de que la mente del Hijo de Dios es una. Una vez curados, nos convertimos en un símbolo de curación y de la elección a favor de la mente correcta —luz en lugar de oscuridad— para todos los demás.

Si tomamos las palabras de *Un curso de milagros* al pie de la letra, sin entender su contenido, podríamos acabar con ideas que son el opuesto exacto de lo que Jesús está enseñándonos, y cometiendo el mismo tipo de errores que el cristianismo y tantas otras religiones y espiritualidades han cometido a lo largo de la historia. Las afirmaciones que acabamos de considerar son ejemplos de primer orden de este error, puesto que parecen respaldar el especialismo espiritual, una de las defensas más eficaces del ego contra la verdad de nuestra realidad como el Hijo de Dios *uno.*

(3) La verdadera humildad requiere que aceptes la idea de hoy porque es la Voz de Dios la que te dice que es verdad. Este es uno de los primeros pasos en el proceso de aceptar tu verdadera función en la tierra. Es un paso gigantesco que te conducirá al lugar que te corresponde ocupar en la salvación. Es una aseveración categórica de tu derecho a la salvación y un reconocimiento del poder que se te ha otorgado para salvar a otros.

En el Texto, Jesús explica en varios lugares que nuestra función en la tierra es perdonar o curar, y nuestra función en el Cielo es crear. Por ejemplo:

> Lleva a cabo la labor del Espíritu Santo, pues compartes Su función. De la misma manera en que tu función en el Cielo es crear, aquí en la tierra es curar. Dios comparte Su función contigo en el Cielo, y el Espíritu Santo comparte la Suya contigo en la tierra (T-12.VII.4:6-8).

Así, esta lección hace referencia a nuestra función de aceptar nuestra propia salvación, de modo que el Espíritu Santo pueda extenderla a través de nosotros. También resulta evidente que Jesús está hablando de un proceso: "*un primer paso* de aceptar tu verdadera función en la tierra [...] *un paso gigantesco* hacia ocupar el lugar que te corresponde en la salvación." Esto no es algo que hagamos de la noche a la mañana, y él no espera que sus estudiantes hagan la Lección 61 por la mañana, estén curados por la tarde y sean completos por la noche al entrar en el mundo real. Estamos *empezando* a cambiar nuestra mentalidad con respecto a lo que creemos que somos. Volveremos una y otra vez a este importante tema del *proceso.*

(4) Debes reflexionar hoy acerca de esta idea tan a menudo como puedas. Es la respuesta perfecta a todas las ilusiones y, por ende, a toda tentación. La idea de hoy lleva todas las imágenes que has forjado de ti mismo ante la verdad y te ayuda a seguir adelante en paz, sin agobios y seguro de tu propósito.

Esta es una referencia inconfundible al tema de llevar la oscuridad a la luz, o la ilusión a la verdad. Como hemos comentado anteriormente, Jesús no está diciendo que debamos usar estos pensamientos del Libro de Ejercicios como afirmaciones para cubrir o acallar nuestras percepciones erróneas con respecto a nosotros mismos. Más bien, nos está pidiendo que miremos nuestras percepciones erradas, y que nos demos cuenta de nuestros terribles autoconceptos e imágenes. Mirarlos con Jesús es llevarlos ante su verdad, y esto es algo que no podemos hacer si no sabemos que están allí.

Una vez más, nada en el Libro de Ejercicios debe considerarse análogo a las afirmaciones que nos piden que ahoguemos el sistema de pensamiento del ego. Esto corrige el énfasis predominante de la Nueva Era en las afirmaciones, que es un ejemplo de usar la verdad para tapar la ilusión. Como hace a lo largo del Libro de Ejercicios, Jesús nos enseña el otro lado. Además de hacer énfasis en nuestras creencias de la mente errada con respecto a nosotros mismos, también enfatiza la verdad con respecto a nosotros; no se trata de tapar la ilusión con la verdad, sino de ser conscientes de que tenemos elección. He señalado muchas veces la importancia que *Un curso de milagros* da al poder de nuestras mentes de elegir. Sin embargo, no podemos hacer una elección significativa si no sabemos *entre qué* estamos eligiendo. Por eso Jesús establece con total claridad que tenemos una mente errada —la voz del ego que miente— y una mente correcta —la Voz del Espíritu Santo que dice la verdad—.

(5) Hoy se deben llevar a cabo tantas sesiones de práctica como sea posible, aunque no es necesario que ninguna exceda uno o dos minutos de duración. Debes empezar cada sesión de práctica diciéndote a ti mismo:

Yo soy la luz del mundo.

Esa es mi única función.

Por eso es por lo que estoy aquí.

Piensa entonces en estas afirmaciones por unos breves momentos, preferiblemente con los ojos cerrados si las circunstancias lo permiten. Deja que te vengan a la mente unos cuantos pensamientos afines y, si observas que tu mente se aparta del tema central, repite la idea de hoy para tus adentros.

Nota que Jesús, una vez más, nos apremia a recordar el pensamiento del día tan a menudo como sea posible, recordándonos la verdad de nuestra Identidad, a la que llevamos el miserable sustituto del ego de culpa y juicio. Date cuenta también de que Jesús espera que nuestra mente se distraiga, y nos anima delicadamente a superar nuestro miedo y a retornar a la verdad de su enseñanza.

(6) Asegúrate de comenzar y finalizar el día con una sesión de práctica. De este modo, te despertarás reconociendo la verdad acerca de ti mismo, la reforzarás a lo largo del día y te irás a dormir reafirmando tu función y el único propósito que tienes aquí. Estas dos sesiones de práctica pueden ser más largas que las demás si te resultan útiles y deseas extenderlas.

A estas alturas, la metodología de Jesús ya debería ser reconocible. Él quiere que recordemos continuamente la verdad con respecto a nosotros mismos, de modo que tengamos en todo momento una norma con la que evaluar las ilusiones del ego. También nos permite la libertad de hacer más de lo que nos pide si estamos cómodos.

(7:1-4) La idea de hoy va mucho más allá de la mezquina idea que el ego tiene de ti y de tu propósito. Como portador de la salvación que eres, esto es obviamente necesario. Este es el primero de una serie de pasos gigantescos que vamos a dar durante las próximas semanas. Trata de empezar hoy a sentar las bases para estos avances.

Jesús nos informa de que conoce nuestra elección a favor del ego —"la mezquina opinión que el ego tiene de ti"— y por tanto no hay necesidad de negarla. Además, puesto que hacemos esta elección en contra de nuestro Ser, necesitamos tiempo para sentir cada vez menos confianza en el mezquino sistema de pensamiento del ego de culpabilidad y miedo. Una vez más, las palabras de Jesús reflejan el proceso de elegir en contra de nuestra resistencia y a favor de la verdad. Así, estas lecciones se convierten en los ladrillos con los que construimos un concepto totalmente nuevo de nosotros mismos, dando un pequeño paso cada vez.

(7:4-6) Trata de empezar hoy a sentar las bases para estos avances. Eres la luz del mundo. Dios ha edificado sobre ti Su plan para la salvación de Su Hijo.

Finalmente, Jesús nos anima a tener fe en su proceso de perdón al recordarnos nuestro propósito, y lo importantes que son estas primeras lecciones para conseguir nuestro objetivo: recordar la luz que es nuestra Identidad, que se hace presente cuando olvidamos la oscuridad del mezquino sustituto del ego que es el ser separado y cargado de culpabilidad.

LECCIÓN 62

Perdonar es mi función por ser la luz del mundo.

El tema de reemplazar la imagen que el ego nos propone de nosotros mismos por la visión de Jesús continúa en esta lección y en la siguiente. Él empieza a clarificar lo que quiere indicar cuando nos dice que nuestra función es ser la luz del mundo, mostrándonos que nuestra función es perdonar. Como ya sabemos por el estudio del Texto, y por lo que ya hemos visto en nuestros comentarios del Libro de Ejercicios, el perdón es un proceso que no ocurre entre dos personas, sino en *nuestras mentes*, dentro del contexto de una relación entre nosotros y alguien más. No es realmente que yo te perdone a ti; más bien, perdono la proyección de mi autoconcepto de culpabilidad que puse sobre ti. Ciertamente esto es todo lo que puedo perdonar, porque todo en mi mundo perceptual es una proyección de esta culpabilidad.

(1) Tu perdón es lo que conduce a este mundo de tinieblas a la luz. Tu perdón es lo que te permite reconocer la Luz en la que ves. El perdón es la demostración de que eres la luz del mundo. Mediante tu perdón vuelves a recordar la verdad acerca de ti. En tu perdón, por lo tanto, reside tu salvación.

Aquí, una vez más, Jesús articula el tema crucial de llevar la oscuridad a la luz. Nosotros "reconocemos la luz en la que vemos" porque el perdón retira los velos de oscuridad que impiden nuestra visión. No hace nada con respecto a la luz, sino que simplemente retira la interferencia que impedía ver la luz. Una vez hecho esto, la luz es lo que permanece en nuestra conciencia.

Como hemos visto muchas, muchas veces, *Un curso de milagros* no trata sobre la luz o la verdad. Su enfoque continuo y consistente está en reconocer la oscuridad, con la ayuda de Jesús o del Espíritu Santo: esta es la esencia del perdón. Así, no somos salvados *para* la luz, sino que somos salvados *de* la oscuridad.

(2:1-2) Las ilusiones que tienes acerca de ti y acerca del mundo son una y la misma. Por eso es por lo que todo perdón es un regalo que te haces a ti mismo.

Esto descansa sobre el principio que hemos visto antes: *las ideas no abandonan su fuente.* El mundo no es nada más que una idea que nosotros hemos fabricado, y que proyectamos desde su fuente en nuestras mentes. Por lo tanto, Jesús nos está diciendo que cualesquiera que sean las ilusiones que tengamos con respecto a otros, son las mismas ilusiones que albergamos con respecto a nosotros mismos. Este es el hecho porque, una vez más, *las ideas no abandonan su fuente.* Aunque el principio no se diga aquí, queda reflejado. Así, el perdón no es un regalo que damos a otra persona. Es un regalo que nos damos a nosotros mismos.

(2:3) Tu meta es descubrir Quién eres, al haber negado tu Identidad atacando a la Creación y a Su Creador.

Esto es lo que hicimos como el Hijo uno en el instante original. Elegimos olvidar quiénes somos en Cristo, unificados con nuestra Fuente, y en cambio elegimos vernos a nosotros mismos como individuos, separados de la perfecta Unidad. Esto es lo que dio lugar al sistema de pensamiento de mente errada del ego, y por lo tanto es en la mente donde necesitamos corrección. Antes de poder recordar nuestra Identidad, primero tenemos que deshacer las cosas terribles que nos hemos enseñado a nosotros mismos sobre nosotros mismos. Recordemos una declaración importante respecto a nuestro enfoque, que usaremos como motivo recurrente a lo largo de este libro:

> Tu tarea no es ir en busca del amor, sino simplemente buscar y encontrar todas las barreras dentro de ti que has levantado contra él. No es necesario que busques lo que es verdad, pero sí *es* necesario que busques todo lo que es falso (T-16.IV.6:1-2).

Así, averiguamos quiénes somos averiguando primero quiénes *no* somos.

(2:4-5) Ahora estás aprendiendo a recordar la verdad. Para ello, el ataque tiene que ser reemplazado por el perdón, de manera que los pensamientos de vida puedan reemplazar a los pensamientos de muerte.

No puede repetirse con demasiada frecuencia que antes de poder deshacer nuestros pensamientos de ataque, primero tenemos que reconocer y aceptar que los tenemos. El perdón no tiene sentido si primero no somos conscientes de lo que tiene que ser perdonado y deshecho. Por eso es muy importante —y tampoco puedo hacer el suficiente énfasis en esto— que como estudiante de *Un curso de milagros* no has de usar sus enseñanzas, y especialmente los ejercicios del Libro de Ejercicios, como una defensa que te impida destapar lo que crees que es verdad con respecto a ti mismo.

(3:1) Recuerda que en todo ataque apelas a tu propia debilidad, mientras que cada vez que perdonas apelas a la fortaleza de Cristo en ti.

Este tema, que ya hemos mencionado antes, es central en *Un curso de milagros*: nosotros siempre elegimos entre nuestra debilidad y la fuerza de Cristo (T-31.VIII.2:3). Por lo tanto, el ataque nos debilita, mientras que el perdón nos empodera verdaderamente y nos hace libres.

(3:2-4) ¿Te vas dando cuenta, pues, de lo que el perdón hará por ti? Eliminará de tu mente toda sensación de debilidad, de tensión y de fatiga. Arrasará con todo vestigio de temor, culpabilidad y dolor.

En otras palabras, el perdón es el final de todo sufrimiento. A medida que leas esto con cuidado debería ser evidente que Jesús no está hablando de nada externo. La fuente de toda debilidad, tensión, fatiga, miedo, culpabilidad y dolor está en nuestras mentes. Por lo tanto, es en nuestras mentes donde debe ser deshecha. El mundo siempre trata de eliminar estas experiencias negativas cambiando lo que está fuera, y en el Curso a esto se le denomina magia. Nunca funcionará verdaderamente; tal vez funcione temporalmente, pero no puede deshacer la verdadera fuente del dolor en la mente: nuestra decisión de separarnos, que solo nosotros podemos invertir.

Esta idea de los regalos del perdón hace su primera aparición aquí, pero volverá más adelante. Representa la apelación de Jesús a nuestros intereses egoístas de sentirnos mejor, y de estar sin pena ni dolor. Una vez más, el mundo puede ofrecer un alivio temporal, pero solo el perdón aporta verdadera curación.

(3:5) Restituirá en tu conciencia la invulnerabilidad y el poder que Dios le confirió a su Hijo.

En *Un curso de milagros* todo tiene que ver con la conciencia, con el estado mental. La conciencia de la invulnerabilidad y el poder (o fuerza) de Cristo, que Dios nos dio cuando nos creó, está en nuestras mentes. El problema es que hemos dejado de ser conscientes de esta fuerza, cubriéndola con las dobles capas de culpa y ataque del ego. Así, son estos recubrimientos de debilidad los que tienen que ser retirados para permitir que brille el verdadero poder del Hijo de Dios.

(4) Regocijémonos de poder comenzar y concluir este día practicando la idea de hoy, y de usarla tan frecuentemente como nos sea posible en el transcurso del día. Ello te ayudará a que pases un día tan feliz como Dios Mismo quiere que seas. Y ayudará a aquellos que te rodean, así como a aquellos que parecen encontrarse lejos en el espacio y en el tiempo, a compartir esta felicidad contigo.

El Texto nos enseña a ser un alumno feliz (T-14.II), lo que conlleva que estemos dispuestos a aprender las lecciones de perdón del día, independientemente del dolor que nos cause resistirnos a dicho aprendizaje. Puesto que este es un proceso que ocurre en nuestras mentes, la dimensión más allá del tiempo y del espacio en la que se encuentran todos nuestros hermanos, nuestro aprendizaje refuerza el aprendizaje de todos. Así, leemos en el Texto que llevar nuestra oscuridad ante la luz del Espíritu Santo le permite brillar dentro de nosotros, *para toda la Filiación*:

> El Espíritu Santo lleva la luz de la verdad a las tinieblas y deja que resplandezca sobre ti. Y según resplandece, tus hermanos la ven, y al darse cuenta de que esta luz no es obra tuya, ven en ti mucho más que lo que tú mismo ves. Ellos serán los felices alumnos de la lección que esa luz les muestra porque les enseña a liberarse de lo que no es nada y de todas las obras de lo que no es nada. No podrán ver que las pesadas cadenas que parecen atarlos a la desesperación no son nada hasta que tú les lleves la luz [...] Y tú te darás cuenta de esto junto con ellos. Y puesto que les enseñaste lo que es la felicidad y la liberación, ellos se convertirán en tus maestros de liberación y felicidad (T-14.II.4:3-6,8-9).

(5) Tan a menudo como puedas hoy, con los ojos cerrados a ser posible, repite para tus adentros:

Perdonar es mi función por ser la luz del mundo.

Cumpliré mi función para así poder ser feliz.

Dedica entonces uno o dos minutos a reflexionar sobre tu función, y la felicidad y liberación que te brindará. Deja que pensamientos afines acudan a ti libremente, pues tu corazón reconocerá estas palabras, y en tu mente se encuentra la conciencia de que son verdad. Si te distraes, repite la idea y añade:

Deseo recordar esto porque quiero ser feliz.

La conexión entre nuestra función de perdonar y nuestra felicidad está claramente articulada aquí, y enseguida volveremos a ella. Por lo tanto, la motivación para aprender es nuestra propia felicidad. Se nos está enseñando lenta y amablemente que la *única* manera de ser felices es retirar nuestra culpabilidad mediante el perdón de otros. Ya he comentado antes la naturaleza sinfónica del Libro de Ejercicios. Aquí podemos ver la continua introducción de nuevos temas, que van construyendo nuestra sinfonía de aprendizaje a medida que progresamos día tras día.

LECCIÓN 63

La luz del mundo brinda paz a todas las mentes a través de mi perdón.

La Lección 63 retorna al tema de la unidad. Como hemos visto en lecciones anteriores, Jesús toma un tema central y continúa desarrollándolo. Aquí nos enseña que cuando perdonamos, la paz debe extenderse por toda la Filiación, puesto que todos somos una mente. No obstante, esto no significa que cada aparente fragmento de la Filiación la aceptará inmediatamente. Simplemente significa que ahora yo me convierto en otro símbolo o pensamiento en la mente del Hijo de Dios que sirve como recordatorio para hacer la elección correcta, que es la única que traerá paz.

(1:1) ¡Cuán santo eres que tienes el poder de brindar paz a todas las mentes!

Por favor, date cuenta de que Jesús no dice a todos los *cuerpos*. El perdón no es algo que nosotros hagamos físicamente con nuestras palabras, puesto que es un pensamiento que consideramos verdadero en nuestras mentes. Recuerda el pasaje que hemos mencionado antes del Manual (M-5.III.2) en el que se dice que la curación es compartida por el simple hecho de que la hayamos elegido, y que esa elección llama a otros a realizar la misma elección. En este sentido emulamos al Espíritu Santo, Quien solo nos recuerda la elección correcta:

> El Espíritu Santo te insta tanto a recordar como a olvidar. Has elegido estar en un estado en el que los opuestos son posibles. Como resultado, hay ciertas decisiones que tienes que tomar [...] Elegir implica que la mente está dividida. El Espíritu Santo es una de las alternativas que puedes elegir [...] Su Voz es simplemente un recordatorio. Es apremiante únicamente por razón *de lo que* te recuerda. Le ofrece a tu mente el otro camino, permaneciendo serena aun

> en medio de cualquier confusión a que puedas dar lugar (T-5.II.6:1-3,6-7;7:4-6).

De esta manera recordamos a nuestros hermanos, tal como nos recordamos a nosotros mismos, que la paz es una decisión, una decisión que nos une a todos como el Hijo uno. También podría recordar la similitud en cuanto a *forma* y *contenido* que hay entre la primera frase de esta lección y el comienzo de la sección "Pues Ellos han llegado", en el Texto:

> ¡Cuán santo debes de ser, que desde ti la Voz de Dios llama amorosamente a tu hermano para que puedas despertar en él la Voz que contesta tu llamada! (T-26.IX.1:1).

La mano sinfónica de nuestro compositor está presente por doquier en su obra maestra.

(1:2-3) ¡Cuán bendito eres que puedes aprender a reconocer los medios por los que esto se puede lograr a través de ti! ¿Qué otro propósito podrías tener que pudiese brindarte mayor felicidad?

Una vez más, Jesús nos recuerda que el perdón es el medio mediante el cual alcanzaremos la felicidad. Esto es inevitable una vez que elegimos dejar ir nuestros juicios, que nos mantienen separados: la fuente de toda nuestra desdicha. Una vez que este obstáculo desaparece, la felicidad fluye a través de nuestras mentes, libre de impedimentos, y abraza a la Filiación como una.

(2:1-2) Ciertamente eres la luz del mundo con semejante función. El Hijo de Dios apela a ti para su redención.

Como veremos un poco más adelante, el Hijo de Dios que apela a nosotros para su redención es nosotros mismos; el pequeño Niño —del que Jesús habla en la Lección 182— que se ha alejado: este Niño representa al Cristo en nosotros, que hemos escondido y olvidado; el Niño espera pacientemente nuestro perdón de otros y de nosotros mismos; el Niño posibilita el perdón, al mismo tiempo que Él Mismo es perdonado. Suya es la luz que brilla en cada uno de nosotros y en todos nosotros; Suya es la luz que *es* el Hijo, que *es* nosotros mismos.

(2:3-4) En tus manos está poder concedérsela porque te pertenece. No aceptes en su lugar ningún propósito trivial ni ningún deseo insensato, o te olvidarás de tu función y dejarás al Hijo de Dios en el infierno.

Lo que está implicado aquí es que nosotros optamos activamente por elegir un "propósito trivial o un deseo insensato" para reemplazar la gloriosa verdad con respecto a nosotros mismos. Este propósito y deseo expresan algún aspecto del especialismo. Ya hemos indicado antes que el especialismo no tiene nada que ver con la conducta, sino con una actitud mediante la cual usamos a los demás —personas y cosas— como sustitutos del Amor de Dios o de la paz de Jesús. Así, Jesús habla de la decisión a favor del Cielo o del infierno.

(2:5-6) No se está haciendo una petición vana. Se te está pidiendo que aceptes la salvación, para que así la puedas dar.

La manera en que damos la salvación es aceptándola en nuestras mentes. Esta aceptación niega el sistema de pensamiento del ego y significa automáticamente que damos salvación al mundo, que es uno con nosotros. De ahí "la simplicidad de la salvación" (T-31.I), en contraste con la complejidad del plan del ego para "salvarnos" de la culpabilidad mediante el especialismo, reforzando así el mismo problema del que se nos dice que se nos salvaría. En otras palabras, el ego refuerza nuestra separación de los demás, mientras que el Espíritu Santo la deshace enseñándonos nuestra inherente unidad. Este no es un asunto trivial; una vez más, la elección es entre el Cielo o el infierno.

(3) Puesto que reconocemos la importancia de esta función, estaremos más que dispuestos a recordarla tan a menudo como nos sea posible a lo largo del día. Empezaremos el día reconociendo

nuestra función y lo concluiremos pensando en ella. Repetiremos lo siguiente tantas veces como nos sea posible en el transcurso del día:

> ***La luz del mundo brinda paz a todas las mentes a través de mi perdón. Soy el instrumento que Dios ha designado para la salvación del mundo.***

De nuevo vemos que Jesús nos ayuda a apreciar la importancia que tiene *para nosotros* recordar frecuentemente la idea central de la lección. Es lo que nos recuerda en el cierre del Texto: cómo conservar el regalo de la visión de Cristo, que es lo único que acaba con todo sufrimiento. Estas maravillosas líneas serán para nosotros un recordatorio frecuente de la naturaleza omniincluyente de la visión de Jesús:

> Mas tenéis que compartir esta visión con todo aquel que veáis, pues, de lo contrario, no la contemplaréis. Dar este regalo es la manera de hacerlo vuestro. Y Dios ordenó, con amorosa bondad, que lo fuese (T-31.VIII.8:5-7).

Jesús nos anima a perdonar a *toda* la gente, porque esta es la única manera en que sabremos que hemos sido perdonados. En esta visión de perdonar a todas las mentes encontramos nuestra salvación y la salvación del mundo.

(4:1-3) Si cierras los ojos, probablemente te resultará más fácil dejar que acudan a tu mente pensamientos afines durante el minuto o dos que debes dedicar a reflexionar sobre esto. No obstante, no esperes a que se presente la oportunidad. No debes perder ni una sola ocasión para reforzar la idea de hoy.

Otra vez más, Jesús nos pide que no perdamos ninguna oportunidad de recordar que nuestra felicidad y nuestra función son una.

(4:4-5) Recuerda que el Hijo de Dios apela a ti para su salvación. ¿Y quién sino tu Ser es el Hijo de Dios?

Este Ser es el Cristo en nosotros, el Niño pequeño que aparentemente ha perdido Su camino. Por supuesto, el Niño no está perdido; *nosotros* somos los que hemos perdido la conciencia de Su Presencia. La aceptación de nuestra feliz función de perdonar es lo que restaura en nosotros esta conciencia feliz.

LECCIÓN 64

Que no me olvide de mi función.

La Lección 64 es todavía más específica con respecto a la conciencia de nuestra función.

(1:1-2) La idea de hoy es simplemente otra manera de decir: "No me dejes caer en la tentación". El propósito del mundo que ves es nublar tu función de perdonar y proveerte de una justificación por haberte olvidado de ella.

En esta declaración explícita, Jesús nos vuelve a decir que el propósito del mundo es oscurecer nuestra función. El ego fabricó el mundo para asegurarse de que retengamos nuestra individualidad y nunca recordemos quiénes somos en verdad, al tiempo que no aceptemos responsabilidad por la separación de Dios. Por eso fue fabricado el mundo de lo específico: para mantener la realidad de la separación, pero proyectar la responsabilidad sobre otros, al ver el pecado en ellos y no en nosotros mismos. La Lección 161 aborda este punto de manera muy específica, como veremos más adelante.

Nuestra función de perdón es tomar conciencia de que nuestra individualidad es una ilusión que nos hemos inventado, *en nuestras mentes*. La trinidad impía de pecado, culpabilidad y miedo también es una ilusión que nosotros hemos fabricado, *en nuestras mentes*, como defensa contra [la posibilidad de] no escoger nuestra individualidad, y esto es lo que queremos deshacer. El propósito del mundo es proteger esta trinidad impía, que, a su vez, protege nuestra existencia individual. Así, el mundo fue fabricado como una gigantesca pantalla de humo que ocultaría de nosotros la corrección del Espíritu Santo. Como ya hemos visto (L-pII.1.2:3), nuestros pensamientos que no perdonan, firmemente plantados en el mundo, protegen la proyección de la culpa que tenemos en nuestra mente, de modo que nunca podamos reconocer su fuente y elegir contra ella. El ego está tentándonos continuamente para ver nuestra culpabilidad en el *cuerpo* de otro, en lugar de verla en nuestras *mentes*. Hacia el final del Texto, Jesús define la tentación como el deseo de vernos a nosotros mismos como un cuerpo:

> Así pues, mantente alerta contra la tentación, recordando que no es más que un deseo demente e insensato de convertirte en algo que no eres. Y piensa también en esa cosa que querrías ser en cambio. Pues de lo que esa cosa se compone es de locura, dolor y muerte; de traición y de profunda desesperación, así como de sueños fallidos y de haber perdido toda esperanza, salvo la de morir para así poner fin al sueño de miedo. *Eso* es todo lo que es la tentación; nada más. (T-31.VII.14:1-4).

Cuando nos vemos a nosotros mismos como cuerpos, es inevitable que veamos a otros también como cuerpos, y que los ataquemos debido al origen del cuerpo: el pensamiento de separación en nuestras mentes, ahora juzgado en otro.

(1:3-4) [El mundo] **Es asimismo la tentación de abandonar a Dios y Su Hijo adquiriendo una apariencia física. Esto es lo que los ojos del cuerpo ven.**

Nosotros, como Hijo uno, fabricamos el mundo, que seguidamente se fragmentó en billones de fragmentos. Nuestros mundos personales, por ende, se enraízan en nuestros cuerpos, tanto físicos como psicológicos. Además, el aparato sensorial, representado aquí por los ojos, informa al cerebro de que el mundo es real (y, por lo tanto, la mente *no lo es*). De esta manera el cuerpo se asegura de que el sistema de pensamiento del ego permanezca intocado y sin ser curado.

(2:1) Nada de lo que los ojos del cuerpo parecen ver puede ser otra cosa que una forma de tentación, ya que ese fue el propósito del cuerpo en sí.

Repitiendo, la tentación es hacernos creer que el sistema de pensamiento del ego es real. Esto no tiene nada que ver con las tentaciones que se localizan en el cuerpo, tal como los sistemas religiosos tradicionales las han definido. Más bien, la tentación representa un pensamiento que dice: "Yo creo que el ego tiene razón y que el Espíritu Santo está equivocado." El Espíritu Santo nos diría que el cuerpo es una ilusión, que el sistema de pensamiento subyacente es una ilusión, y que la única verdad del sueño es el principio de Expiación de que nunca abandonamos a Dios. Por lo tanto, el propósito del cuerpo no es otro que el de oscurecer la verdad. Como Jesús declara en el Texto: "Nada es tan cegador como la percepción de la forma" (T-22.III.6:7).

Nótese que Jesús dice en la primera frase: "Nada de lo que los ojos del cuerpo *parecen* ver." Esto es porque en verdad no ven, pues solo "ven" lo que la mente les dijo que hay allí: el pecado, ¡en todos los demás! E incluso si lo vemos en nosotros mismos, estamos convencidos de que no fue culpa nuestra porque nosotros no elegimos venir al mundo. Los ojos del cuerpo, y ciertamente todos nuestros órganos sensoriales, fueron hechos para percibir este mensaje: el pecado está en todo lo que nos rodea, pero no dentro. Este pensamiento es muy importante, como se evidencia por la frecuencia con que se menciona a lo largo de *Un curso de milagros.*

(2:2-4) Hemos aprendido, no obstante, que el Espíritu Santo tiene otro uso para todas las ilusiones que tú has forjado y, por lo tanto, ve en ellas otro propósito. Para el Espíritu Santo el mundo es un lugar en el que aprendes a perdonarte a ti mismo lo que consideras son tus pecados. De acuerdo con esta percepción, la apariencia física de la tentación se convierte en el reconocimiento espiritual de la salvación.

En el Texto, Jesús se refiere a esto como nuestra función especial (T-25.VI). El ego fabricó relaciones especiales para atacar, herir, y mantenernos separados; el Espíritu Santo usa esas mismas relaciones como un medio de deshacer el propósito del ego, de modo que ahora se convierten en símbolos de curación en lugar de ataque. En consecuencia, en lugar de que el mundo sea una prisión de la que nunca escaparemos, se convierte en un aula escolar en la que aprendemos a escapar, dándonos cuenta de que lo que vemos fuera de nosotros no es sino la proyección de la decisión de nuestra mente. Al enseñarnos este feliz hecho con respecto a nuestra feliz función, el Espíritu Santo nos capacita para retornar a nuestras mentes, entendiendo por fin que podemos realizar otra elección.

A propósito, es evidente que Jesús no nos está pidiendo que neguemos el mundo ni nuestros cuerpos. Simplemente está diciendo: "Traedme vuestras experiencias, de modo que yo pueda enseñaros a mirarlas de otra manera. Dejad que sea yo y no vuestro ego quien os guíe por la vida, porque yo os ayudaré a deshacer las barreras que os mantenían alejados de mi amor." Estas barreras nunca son nada externo, y solo tienen que ver con qué maestro elegimos para que nos instruya, y con qué actitud vivimos nuestra vida.

(3:1) Al repasar nuestras últimas lecciones, vemos que tu función aquí es ser la luz del mundo y que es una función que Dios Mismo te dio.

Al crearnos como una extensión de Su Amor y luz, Dios se ha asegurado de que nosotros seamos ese mismo amor y luz. Nuestra función es simplemente *ser* lo que Dios creó. Podría añadir que Jesús no quiere decir que Dios nos dio *específicamente* una misión *específica*, creencia esta que sirve muy bien al propósito de especialismo espiritual del ego: a saber, Dios (o Jesús o el Espíritu Santo) quiere que escriba su libro, que enseñe y/o que predique *Un curso de milagros,* que viaje (física o mentalmente) a un lugar problematizado del mundo para llevar curación, que ayude a esta persona específica con este problema específico etcétera. Más bien, nuestra misión en este mundo es aprender a perdonar. Esto devuelve a nuestra conciencia nuestra función de crear en el Cielo. Así, ser la luz del mundo refleja ambas funciones: el perdón deshace la oscuridad que impide que la luz de nuestra Identidad brille desde nuestras mentes y bendiga el mundo *uno* del Hijo *uno.*

(3:2-4) La arrogancia del ego es lo único que te hace poner esto en duda, y el miedo que le tienes, lo único que te induce a considerarte indigno de la tarea que Dios mismo te encomendó.

La salvación del mundo aguarda tu perdón porque a través de él, el Hijo de Dios se libera de todas las ilusiones y, por ende, de toda tentación. El Hijo de Dios eres tú.

A lo largo de *Un curso de milagros* —Texto, Libro de ejercicios, Manual para el maestro—, cuando Jesús habla de nuestra necesidad de perdonar al Hijo de Dios, o de que el Hijo de Dios necesita nuestra ayuda, él no está hablando de una persona fuera de nosotros. Está hablando de nosotros, en el contexto de una relación percibida como que está afuera. Una vez más, debe entenderse que Jesús no está hablando de una función conductual específica, sino de la función inespecífica de perdonar, que es común a todos. La nuestra es una unidad no solo de oscuridad, sino de luz; no solo de odio, sino de perdón.

(4) Solo desempeñando la función que Dios te dio podrás ser feliz. Esto no se debe a que tu función es ser feliz valiéndote de los medios mediante los cuales la felicidad se vuelve inevitable. No hay otra manera. Por lo tanto, cada vez que eliges entre si desempeñar o no tu función, estás en realidad eligiendo entre ser feliz o no serlo.

Esto hace eco a la línea del Capítulo 1 del Texto que dice: "Todo placer real procede de hacer la Voluntad de Dios" (T-1.VII.1:4). Jesús no está en contra de que tengamos placer en el mundo, simplemente está diciendo que cualquier cosa que tengamos aquí no es comparable con el placer de unirse con él en el deshacimiento de nuestros pensamientos de separación y especialismo. Ahí reside nuestra felicidad. La verdadera felicidad y alegría no se encuentran en conseguir lo que queremos aquí. Ni tampoco la verdadera paz. La flexibilidad, la alegría y la paz vienen cuando soltamos las barreras que les ponemos: pensamientos de pecado, culpabilidad, miedo, ataque, dolor, sacrificio y muerte. Así, realizar nuestra función —unirnos con el Espíritu Santo para mirar de otra manera el sistema de pensamiento del ego— es lo que nos hace felices.

Nuestro estado natural es la felicidad, pero esto, una vez más, no tiene nada que ver con el cuerpo ni con la satisfacción de sus necesidades físicas o psicológicas. En este contexto, la felicidad es idéntica a recordar Quiénes somos en Cristo. Una vez que definimos la felicidad de esta manera, cuandoquiera que estemos separados de nuestra Identidad seremos infelices. Entonces buscaremos inevitablemente la felicidad en las áreas especiales de nuestra vida, y en realidad nunca la encontraremos. La felicidad que recibamos será unas pocas miserables migajas que desaparecen casi en cuanto disfrutamos de ellas. No obstante, la felicidad que Jesús describe es duradera, porque solo tiene que ver con el pensamiento de amor que transciende completamente el espacio y el tiempo.

Un punto añadido, que ya está implicado en lo anterior: esta lección explica que, si el perdón es el *medio* mediante el cual alcanzamos el *fin* que es la felicidad, si elegimos no perdonar, en realidad estamos eligiendo no ser felices. Jesús espera que el hecho de entender la conexión causal entre la práctica del perdón y nuestra felicidad nos proporcionará la motivación para aprender y vivir su curso.

(5:1-6) Recordemos esto hoy. Tengámoslo presente por la mañana, por la noche y también a lo largo del día. Prepárate de antemano para todas las decisiones que tengas que tomar hoy, recordando que todas ellas son en realidad muy simples. Cada una de ellas te conducirá ya sea a la felicidad o a la infelicidad. ¿Puede ser acaso difícil tomar una decisión tan simple? No permitas que la forma de la decisión te engañe.

En otras palabras, procura no tomarte con demasiada seriedad las cosas *específicas* de tu día que piensas que te harán feliz o infeliz. Lo importante es su *contenido*; es decir, ¿servirán como *medios* para alcanzar el *fin* que se ha propuesto la mente de felicidad o infelicidad? La simplicidad de esta decisión hace eco a lo que ya hemos mencionado anteriormente sobre la simplicidad de la salvación. Esta es la razón por la que no hay grados de dificultad en los milagros (T-1.I.1:1); ni jerarquía de ilusiones (T-23.II.2:3); y por la que creeremos la totalidad de este curso o nada de él (T-22.II.7:4). Ciertamente, podemos decir que todo nuestro día debería estar dedicado a aprender la simplicidad del *contenido* del Espíritu Santo; una simplicidad que desmiente la complejidad de las *formas* de nuestras vidas. Este tema continúa en lo que sigue:

(5:7-10) Complejidad en lo relativo a la forma no implica complejidad en lo relativo al contenido. Es imposible que el contenido de cualquier decisión aquí en la tierra se componga de cualquier otra cosa que no sea esta simple elección. Esta es la única elección que el Espíritu Santo ve. Por lo tanto, es la única elección que existe.

Estas líneas son extremadamente importantes para contrarrestar los errores en los que caen inevitablemente la mayoría de los estudiantes, y nos recuerdan las siguientes declaraciones anteriormente citadas del Texto:

> La complejidad forma parte del ámbito del ego y no es más que un intento por su parte de querer nublar lo que es obvio (T-15.IV.6:2)

> La complejidad no forma parte de Dios. ¿Cómo podría formar parte de Él cuando solo conoce lo que es Uno? Él solamente conoce una sola Creación, una sola Realidad, una sola Verdad y un solo Hijo. Nada puede estar en conflicto con lo que es uno solo. ¿Cómo iba a poder haber entonces complejidad en Él? (T-26.III.1:1-5).

Así, el problema *no* es preguntar al Espíritu Santo qué deberías hacer: ¿Debería ir al lugar A o al B?, ¿Debería estar con la persona A o con la B?; ¿Debería hacer esto, lo otro o lo de más allá? Él solo ve una simple elección —Dios o el ego— y nos anima a plantear una sola pregunta: ¿Creo que es verdad el principio de Expiación o la separación? Como esta es la única elección que el Espíritu Santo ve, esta debería ser la única elección para la cual le pidamos Su ayuda.

Por otra parte, puesto que creemos que somos criaturas *específicas*, con necesidades *específicas*, viviendo en un mundo *específico,* nuestra experiencia es que el Espíritu Santo nos ofrece consejos *específicos* con respecto a lo que deberíamos hacer *específicamente.* Lecciones posteriores llegan a decir esto, como veremos enseguida. Sin embargo, Jesús nos dice que esto solo es nuestra experiencia. La realidad es que el Espíritu Santo solamente ve una elección posible: verdad o ilusión; la cual, por supuesto, no es una elección real.

A medida que vamos pasando el día y confrontamos las numerosas decisiones que todos tenemos que tomar —las aparentemente importantes y las sin importancia—, el único asunto al que hemos de atender es qué maestro elegiremos. Si elegimos al Espíritu Santo, sabremos automáticamente qué es lo más amoroso que podemos hacer en cualquier circunstancia. No obstante, cuando nos quedamos fijados en pedir al Espíritu Santo consejos específicos, vamos a "oír" consejos específicos. Esto significa que habremos olvidado nuestra lección, y por tanto tendremos que pedirLe ayuda cada vez que afrontemos un problema o que tengamos que hacer un plan. Como nos dice Jesús al final del Manual, vivir de esta manera no es práctico, "y el enfoque de este curso es primordialmente práctico" (M-29.5:4-7).

Jesús nos pide que seamos conscientes de su presencia tan frecuentemente como podamos, no solo preguntándole específicamente qué hacer, sino simplemente *pensando en él.* Deberíamos hacer esto especialmente cuando sintamos la tentación de tener pensamientos del ego: ansiedad, preocupaciones, e, incluso más concretamente, cuando pensemos que hay una elección significativa que ha de hacerse aquí. Si tenemos esta ilusión, ya hemos elegido por nuestra cuenta, *y nos equivocaremos.* El mundo no ofrece ninguna elección significativa, porque el significado solo puede ser hallado en nuestras mentes, en la decisión entre el ego y el Espíritu Santo.

Así, somos guiados lentamente, gradualmente y con amabilidad a pensar en Jesús con la máxima frecuencia posible a lo largo del día. Esto significa mantenernos vigilantes en nuestros pensamientos con respecto a con cuánta frecuencia *no* estamos pensando en él, con cuánta frecuencia no *queremos* pensar en él, y con cuánta frecuencia queremos hacer las cosas por nuestra cuenta, sin pedir ayuda. Nuestro deseo de preservar nuestro especialismo nos impele a evitar la ayuda que lo desharía, pero en nuestras mentes rectas nos perdonamos a nosotros mismos por olvidarnos de lo que realmente queremos. Este amable y perdonador recordatorio de la elección que tenemos que hacer es la corriente que discurre a lo largo de esta exposición, y es la razón por la que Jesús nos dice repetidamente que su curso es simple. Por cierto, esta simplicidad es el tema de las "Reglas para tomar decisiones", esa importante primera sección del Capítulo 30 del Texto (T-30.I).

Ahora Jesús continúa con instrucciones específicas para el día, diseñadas para animarnos en nuestra práctica de recordar:

(6) Practiquemos hoy, pues, con estos pensamientos:

> ***Que no me olvide de mi función.***
>
> ***Que no trate de sustituir la que Dios me dio por la mía.***
>
> ***Quiero perdonar y ser feliz.***

Por lo menos una vez hoy, dedica diez o quince minutos a reflexionar acerca de esto con los ojos cerrados. Pensamientos afines acudirán en tu ayuda si recuerdas cuán crucial es tu función para ti y para el mundo.

Esta frase de conclusión es, por supuesto, la clave. Recordaremos nuestra función de perdonar cuando reconozcamos su importancia para nosotros mismos, y por lo tanto para la Filiación.

A continuación, Jesús nos informa de que *él* lo sabe todo con respecto a nuestra resistencia:

(7) En las aplicaciones frecuentes de la idea de hoy a lo largo del día, dedica varios minutos a repasar estos pensamientos y luego a pensar en ellos y en nada más. Esto te resultará difícil, sobre todo al principio, ya que aún no tienes la disciplina mental que ello requiere. Tal vez necesites repetir: "Que no me olvide de mi función" con bastante frecuencia para que te ayude a concentrarte.

Los estudiantes tienen que tener cuidado de no *sobre*estimar su avance en el programa de estudios, pues sentirán la tentación de creer que estas lecciones son para una mentalidad simple, y están por debajo de su "elevado" estado espiritual. Es mucho mejor errar por el lado de *subestimar* el estatus espiritual de uno, si es que se puede usar una frase tan horrible. Estas lecciones, todavía tempranas, ayudan a inculcar esa humildad, la compañera de viaje que asegura el logro de nuestro objetivo.

El párrafo de conclusión y el conjunto de instrucciones vuelve a ser un ejercicio con *los ojos abiertos y cerrados*, que nos recuerda la falta de verdadera diferenciación entre el mundo externo de cuerpos que percibimos y el mundo interno de nuestros pensamientos:

(8) Hoy se requieren dos variaciones de las sesiones de práctica más cortas. Haz los ejercicios con los ojos cerrados algunas veces, tratando de concentrarte en los pensamientos que estés usando. En otras, mantén los ojos abiertos una vez que hayas repasado los pensamientos, y luego mira a tu alrededor lenta e imparcialmente, repitiendo para tus adentros:

Este es el mundo que es mi función salvar.

Reconocer que no hay diferencia entre hacer el ejercicio con los ojos abiertos o cerrados refleja nuestro reconocimiento de que el mundo que es nuestra función salvar está en la mente.

LECCIÓN 65

Mi única función es la que Dios me dio.

Cuando tengamos la tentación de pensar que tenemos una función distinta del perdón, deberíamos reconocer que estamos empleando una defensa. Muchas de las funciones que creemos tener parecen ser muy importantes: salvar al mundo, a la familia, a los amigos, o el trabajo, ser un maestro de *Un curso de milagros*, etc. Cualquiera que sea su forma, no es nuestra función, y Dios no nos la dio. Como ya hemos comentado, Dios no sabe de especificidades, y la función que Él me "dio" es simplemente recordar quién soy y que soy Su Hijo. El perdón hace que esto sea posible, y este es el tema de la lección.

(1:1-2) La idea de hoy reafirma tu compromiso con la salvación. También te recuerda que no tienes ninguna otra función salvo esa.

Recuerda, salvación significa ser salvado de nuestras mentes erradas, de creer que tenemos razón y que Jesús está equivocado. Significa deshacer la creencia de que somos individuos actuando por nuestra cuenta, necesitando que todos los demás sean responsables de la desdicha que elegimos para nosotros mismos.

(1:3) Ambos pensamientos son obviamente necesarios para un compromiso total.

"Ambos pensamientos" significa tener la función de la salvación, y no tener ninguna otra función. Significa mirar a la creencia positiva —nuestra función de perdonar— y a la creencia negativa de que tenemos otra función. En las frases siguientes, Jesús declara de manera todavía más explícita nuestra necesidad de ser conscientes de las percepciones de mentalidad recta *y* de mentalidad errada con respecto a nuestra función.

(1:4-5) La salvación no podrá ser tu único propósito mientras sigas abrigando otros. Aceptar la salvación como tu única función entraña necesariamente dos fases: el reconocimiento de que la salvación es tu función y la renuncia a todas las demás metas que tú mismo te has inventado.

Antes de poder renunciar a estos otros objetivos, primero tenemos que ser conscientes de ellos. Esto subraya la importancia de ser honestos con nosotros mismos y con Jesús con respecto a nuestra persecución de los objetivos ocultos del especialismo del ego. Aquí es aplicable el ruego que nos hace en el Texto, que viene dentro del contexto de pedirle ayuda. Es un ruego que volveremos a oír:

> Examina muy detenidamente qué es lo que estás realmente pidiendo. Sé muy honesto contigo mismo al respecto, pues no debemos ocultarnos nada el uno al otro (T-4.III.8:1-2).

> Examina honestamente qué es lo que has pensado que Dios no habría pensado y qué es lo que no has pensado que Dios habría querido que pensases. Examina honestamente tanto lo que has hecho como lo que has dejado sin hacer y cambia entonces de mentalidad para que así puedas pensar con la Mente de Dios (T-4.IV.2:4-5).

Diciéndolo de otra manera: Decir "sí" a nuestra verdadera función es decir "no" a las falsas. En la sección "La última pregunta que queda por contestar" del Texto, Jesús dice que responder "sí" (a la última de las cuatro preguntas que plantea), quiere decir que has dicho "no al no" (T-21.VII.12). En primer lugar, debemos mirar a la negación de la verdad del ego —"no"— y después decir que ya no queremos eso: "no al no". Como él dice anteriormente en el Texto, en palabras que nos resultarán cada vez más familiares:

> La tarea del obrador de milagros es, por lo tanto, *negar la negación de la verdad* (T-12.II.1:5).

Esto entraña tomar conciencia tanto de las maneras manifiestas como sutiles en las que hemos establecido lo que *nosotros* creemos que es nuestra función en la vida: el propósito por el que vinimos. Pensamos, en nuestra grandiosidad, que nacimos para algún propósito noble. ¡No es verdad! Estamos aquí para deshacer el propósito *innoble* para el que nos trajo el ego: culpar a otros por nuestro pecado, lo que nos deja libres de toda responsabilidad con respecto a cómo nos sentimos. El deshacimiento de ese propósito —el significado del perdón— es nuestra función, *y nada más lo es.*

(2:1) Esta es la única manera en que puedes ocupar el lugar que te corresponde entre los salvadores del mundo.

Al comienzo de la última sección del Texto, "Elige de nuevo", Jesús nos pide que elijamos si vamos a ocupar el lugar que nos corresponde entre los salvadores del mundo o si vamos a permanecer en el infierno, manteniendo a nuestros hermanos allí (T-31.VIII.1:5). Él nos recuerda esta declaración significativa, de manera muy parecida a como un compositor cita temas significativos de porciones anteriores de una sinfonía.

(2:2-3) Esta es la única manera en que puedes decir, y decirlo en serio: "Mi única función es la que Dios me dio". Y esta es la única manera en que puedes encontrar paz.

Merece la pena indicar que *único/a* es un calificativo fuerte. Jesús lo usa con frecuencia a lo largo de *Un curso de milagros*, y aquí lo emplea en frases sucesivas. No tenemos otra función que el perdón, y la *única* manera de encontrar paz mental es realizar esta función, que implica deshacer las falsas funciones del ego. Estas siempre requieren que nuestros cuerpos realicen algo en el mundo, haciendo así que el estado de inconsciente (sin mente) sea real en nuestra experiencia y en nuestra creencia. Un pasaje del Manual para el maestro describe, en el contexto de la ira, este proceso de alcanzar la paz a través del perdón: la ira se dirige de un cuerpo a otro, reforzando la inconsciencia; mientras que el perdón nos devuelve a nuestras mentes y a la paz de Dios.

> La Paz de Dios no puede hacer acto de presencia allí donde hay ira, pues la ira niega forzosamente la existencia de la paz. Todo aquel que de alguna manera o en ciertas circunstancias considere que la ira está justificada, proclama que la paz es una insensatez, y no podrá por menos que creer que no existe. En estas condiciones no se puede hallar la Paz de Dios. El perdón es, por lo tanto, la condición indispensable para hallarla. Lo que es más, donde hay perdón *tiene que* haber paz (M-20.3:3-7).

Elegir en contra de nuestra ira, o de cualquier otra expresión del sistema de pensamiento del ego, es la *única* manera de tomar conciencia de la verdad del Espíritu Santo, que está más allá de la cobertura defensiva del ego.

(3:1-3) Hoy, y durante los próximos días, reserva diez o quince minutos para una sesión de práctica más prolongada en la que vas a tratar de entender y aceptar el verdadero significado de la idea de hoy. La idea de hoy te ofrece el que puedas escapar de todas las dificultades que percibes. Pone en tus manos la llave que abre la puerta a la paz, la cual tú mismo cerraste.

No podemos escapar de nuestras dificultades hasta que las hemos percibido. La frase "dificultades que percibes" significa que nosotros creemos que las tenemos, aunque no son reales. Así, no podemos dejarlas ir hasta que primero tomemos conciencia del sistema de pensamiento del ego que nos hace percibirlas, como un modo de negar dicho sistema en nosotros. Así, esto es una reenunciación del primer principio de los milagros. Mirar a nuestras dificultades percibidas con Jesús nos permite reconocerlas a todas ellas como pantallas de humo del *único* problema que realmente tenemos: nuestra creencia en la realidad de la separación. De este modo, nuestras dificultades percibidas desaparecen en el problema único, que el milagro corrige delicadamente.

Más adelante, en la Lección 121, Jesús dice que el "perdón es la llave de la felicidad". La llave de la puerta que da acceso a la felicidad está en nuestras manos. No está en manos de Jesús ni en las de Dios, ni tampoco en las manos de *Un curso de milagros,* y mucho menos en las de alguna otra persona. *Está en nuestras manos* porque solo nosotros tenemos la capacidad de abrir la puerta o mantenerla cerrada: el poder de mantener nuestras mentes cerradas a la verdad o a las mentiras del ego. Fuimos nosotros quienes cerramos la puerta al Espíritu Santo; por lo tanto, nosotros somos los únicos que podemos abrirla. El Espíritu Santo está al otro lado de la puerta, pero Él no puede realizar la elección por nosotros.

Finalmente, los periodos de práctica más largos que Jesús continúa sugiriéndonos reflejan su deseo de que reflexionemos cada vez con más seriedad sobre los pensamientos que nos está presentando. Esto es similar a la instrucción que dio a Helen y Bill en el primer periodo de escritura del Curso: que ellos "estudiaran estas notas"[1*].

(3-4) Es la respuesta a la búsqueda en la que has estado enfrascado desde los orígenes del tiempo.

Cuando Jesús dice "[*tú*] has estado enfrascado desde los orígenes del tiempo", él no se está refiriendo al yo individual que tú crees ser, sino al Hijo de Dios colectivo. La búsqueda que hemos llevado a cabo —que abarca todos los niveles de la existencia— es la búsqueda de la felicidad, la paz y la ausencia de dolor. No hace falta añadir que hemos fracasado miserablemente. Parece que en nuestros días todavía hay más sufrimiento que en cualquier otro periodo de la historia. Esta percepción es una ilusión, puesto que no hay jerarquía en el mundo ilusorio de tiempo y espacio; sin embargo, evidentemente, este parece ser el caso. Parece que estamos negando menos a nuestros egos y que nuestras defensas se han vuelto menos eficaces, y por tanto buscamos, buscamos y buscamos soluciones a nuestro dolor. Buscamos, pero no encontramos porque estamos buscando en el lugar equivocado. Por eso es imperativo recordar que el perdón ocurre en la mente, y no en ninguna otra parte. El perdón manifiesta nuestra elección de soltar al ego, y de tomar a Jesús como maestro en su lugar.

1* Véase, *Absence from Felicity: The Story of Helen Schucman and Her scribing of A Course in Miracles, [Ausencia de felicidad: la historia de Helen Schucman, la escriba de* Un curso de milagros*]*, segunda edición inglesa, pp.251-52.

Una vez que hacemos la elección cuerda, nuestro nuevo maestro nos ayuda a darnos cuenta de que nuestra búsqueda ha sido en vano, puesto que buscábamos persistentemente la verdad y la felicidad donde no podían ser halladas. Como Jesús nos dice cerca del final del texto:

> La verdadera elección no es algo ilusorio. Mas el mundo no la puede ofrecer. Todos sus caminos no hacen sino conducir a la desilusión, a la nada y a la muerte. Sus alternativas no constituyen una verdadera elección. No intentes escaparte de tus problemas aquí, pues el mundo fue concebido precisamente para que *no* se pudiese escapar de ellos. No te dejes engañar por los diferentes nombres que se les han dado a sus caminos. Todos tienen la misma finalidad [...] Todos te conducen a la muerte [...] No pienses que puedes encontrar la felicidad siguiendo un camino que te aleja de ella. Eso ni tiene sentido ni puede ser la manera de hallarla. Tú que piensas que este curso es demasiado difícil de aprender, déjame repetirte que para alcanzar una meta tienes que proceder en dirección a ella, no en dirección contraria. Y todo camino que vaya en dirección contraria te impedirá avanzar hacia la meta que te has propuesto alcanzar [...] *Hay* una elección que tienes el poder de hacer una vez que hayas visto las verdaderas alternativas (T-31.IV.2:1-8,11;7:1-4;8:1).

(4:1-2) Trata, en la medida de lo posible, de llevar a cabo las sesiones de práctica a la misma hora todos los días. Trata asimismo de fijar esa hora de antemano y de luego adherirte a ella lo máximo posible.

Como he mencionado, Jesús nos proporciona instrucciones específicas para hacer estos ejercicios, y aquí nos dice que establezcamos cierta estructura para nosotros mismos, aunque a continuación dirá que esta no será una disposición permanente. Sus palabras implican que la naturaleza de nuestra mente es indisciplinada, lo que tiene su origen en el miedo a recuperar el poder de la mente para elegir. Este miedo es tan grande que, sin periodos de tiempo estructurados, fácilmente permitiríamos que el deambular mental inducido por el temor desviase nuestra práctica, diluyendo así la eficacia del Libro de ejercicios para ayudarnos a elegir de nuevo. Necesitamos disciplina externa antes de poder interiorizar las enseñanzas de Jesús, de modo que podamos aprender a pensar en él y en su mensaje tan frecuentemente como podamos.

Esta estructura que estamos tratando de imponernos a nosotros mismos también nos ofrece la maravillosa oportunidad de aprender lo profunda que es nuestra resistencia, pues nos olvidamos de nuestros periodos de práctica y después tratamos de racionalizar o negar nuestro miedo. Después comentaremos esta resistencia más extensamente.

(4:3) El propósito de esto [de este tipo de estructura] **es organizar tu día de tal manera que hayas reservado tiempo para Dios, así como para todos los propósitos y objetivos triviales que persigues.**

Jesús no nos está diciendo que renunciemos a nuestros "propósitos y objetivos triviales", sino que nos dice: "Puedes tenerlos, pero dame un poco de tiempo a mí también, y yo te ayudaré a estructurar tu día. Vas a pasar conmigo diez minutos a esta hora; diez minutos a esta otra hora; y veinte minutos en otro momento. Establece la estructura para que no tengas que renunciar a lo que quieres, pero permite también algo de espacio durante el día para pensar en mí, y déjame pasar ese tiempo contigo." Después de todo, no está pidiendo mucho. Así, Jesús nos proporciona un ejemplo de cómo deberíamos ser los unos con los otros, y también con nosotros mismos: claros y firmes, y sin embargo amables y pacientes. La verdad no nos da palos en la cabeza, simplemente nos recuerda —dentro del contexto de nuestras vidas y de nuestros valores ilusorios— lo único que es importante para nosotros. Recuerda una vez más esta importantísima idea del Texto: el Espíritu Santo no nos priva de nuestras relaciones especiales, sino que las transforma (T-17.IV.2:3).

(4:4) Esto es parte del entrenamiento a largo plazo que tu mente necesita para adquirir disciplina, de modo que el Espíritu Santo pueda valerse de ella de manera consistente para el propósito que comparte contigo.

Jesús nos dice una y otra vez que esto es un proceso; un programa a largo plazo que más adelante será menos estructurado. Sin embargo, de momento, esta estructura es extremadamente importante. Pensar que no la necesitas refleja la arrogancia del ego.

(5) Comienza la sesión de práctica más prolongada repasando la idea de hoy. Luego cierra los ojos y repite la idea para tus adentros una vez más, observando tu mente con gran detenimiento a fin de poder captar cualquier pensamiento que cruce por ella. Al principio, no trates de concentrarte exclusivamente en aquellos pensamientos que estén relacionados con la idea de hoy. Trata, más bien, de poner al descubierto cada pensamiento que surja para obstaculizarla. Toma nota de cada uno de ellos con el mayor desapego posible según se presente, y deséchalos uno por uno a medida que te dices a ti mismo:

> ***Este pensamiento refleja un objetivo que me está impidiendo aceptar mi única función.***

Jesús nos está diciendo que nuestra tarea es prestar plena atención a los pensamientos del ego, porque son estos los que nos impiden recordar la idea del día. Esta observación cuidadosa es el foco, puesto que estos pensamientos son el problema. El énfasis que se hace aquí en la búsqueda mental nos recuerda una lección anterior y, de hecho, es una práctica que debería seguir con nosotros durante mucho, mucho tiempo. Solo manteniéndonos vigilantes a estos pensamientos podemos llevarlos ante el amor de Jesús para que sean desechos —*nuestra única función*—, retirando así los obstáculos a la aceptación de nuestra verdadera Identidad. Nótese también que nuestra observación se debe hacer, en la medida de lo posible, sin ansiedad, culpa ni juicio. Esto nos ayuda a no dar a estos pensamientos el poder que al ego le gustaría hacernos creer que tienen.

(6:1-2) Después de un rato te resultará más difícil poder detectar los pensamientos que causan interferencia. Sigue tratando, no obstante, durante un minuto más o menos, intentando detectar

algunos de los pensamientos vanos que previamente eludieron tu atención, pero sin afanarte o esforzarte innecesariamente en ello.

Jesús quiere que prestemos mucha atención a estos pensamientos ociosos, aunque sean elusivos. Lo importante aquí es que queramos encontrarlos, porque esto refleja la pequeña dosis de buena voluntad que según nos dice en el Texto es lo único que el Espíritu Santo necesita para nuestra curación (por ejemplo, T-18.IV,V).

Ahora viene algo de gran importancia:

(6:3-4) Luego repite para tus adentros:

Que en esta tabla rasa quede escrita mi verdadera función.

Nuestro trabajo consiste en limpiar la pizarra de la mente, este es el énfasis principal a lo largo de *Un curso de milagros*. Nuestras mentes están desordenadas, llenas de pensamientos de separación, pecado, ataque, sufrimiento, placer, especialismo, arrogancia y muerte. Este desorden oscurece la expresión lúcida de la Expiación en nuestras mentes. Limpiamos la pizarra prestando cuidadosa atención, atención sin juicio, a los pensamientos ociosos, y dándonos cuenta de que los hemos elegido para mantener alejado el amor de Jesús. Nuestra función es elegir retirar el desorden; el amor que está un poco más allá brillará en y por sí mismo.

(6:5) No es preciso que uses estas mismas palabras, pero trata de tener la sensación de que estás dispuesto a que tus propósitos ilusorios sean reemplazados por la verdad.

Una vez más, nosotros no somos quienes los reemplazamos; ese es el trabajo de Jesús. El nuestro es simplemente llevar las ilusiones del ego ante él. Así, Jesús apela a nuestra voluntad de que las "ilusiones de propósito" sean reemplazadas por nuestra verdadera función de perdonar. Jesús siempre está apelando a esta pequeña dosis de buena voluntad: la motivación de que la oscuridad de nuestros errores sea corregida por la luz.

(7) Finalmente, repite la idea de hoy una vez más y dedica el resto de la sesión de práctica a reflexionar sobre la importancia que esta idea tiene para ti, el alivio que su aceptación te ha de brindar al resolver todos tus conflictos de una vez por todas, y lo mucho que realmente deseas la salvación, a pesar de tus absurdas ideas al contrario.

Intentamos continuamente resolver nuestros conflictos haciendo cosas externas que requieren el sacrificio de otros, y vemos el mundo como un mundo de intereses en conflicto: los nuestros contra los de todos los demás. Sin embargo, el único verdadero conflicto dentro del sueño es el conflicto que hay en nuestras mentes entre el ego y el Espíritu Santo. En verdad, por supuesto, esto también es una ilusión. Pero ese conflicto es nuestro único problema: "¿Quiero como maestro al ego o al Espíritu Santo?"

Jesús apela a nuestro deseo de salvación a pesar de nuestras necias creencias con respecto a lo que es. Así, a medida que hacemos estos ejercicios, él nos apremia a enfocarnos en las dementes y necias maneras en que creemos que la salvación vendrá a nosotros; lo que creemos nos hará felices frente a lo que realmente nos hará felices.

Otro punto, que establecimos anteriormente y vuelve a salir de nuevo en la siguiente lección, es que nuestra función es ser felices. El problema —la arrogancia del ego— es que creemos saber lo que es la felicidad. Por otra parte, la humildad dice que no entendemos lo que nos hará felices, pero hay Uno dentro de nosotros que lo entiende. Así, veamos estas secciones paralelas del Texto —"La confusión entre dicha y dolor" (T-7.X) y "La diferencia entre aprisionamiento y libertad" (T-8.II)— y los siguientes pasajes representativos:

> El Espíritu Santo te dirigirá solo a fin de evitarte dolor. Obviamente nadie se opondría a este objetivo si lo reconociera. Mas el problema no estriba en si lo que dice el Espíritu Santo es verdad o no, sino en si quieres o no escucharle. No puedes reconocer lo que es doloroso, de la misma manera en que tampoco sabes lo que es dichoso y, de hecho, eres

muy propenso a confundir ambas cosas. La función primordial del Espíritu Santo es enseñarte a distinguir entre una y otra. Lo que a ti te hace dichoso le causa dolor al ego; y mientras tengas dudas con respecto a lo que eres, seguirá confundiendo la dicha con el dolor (T-7.X.3:1-6).

Hemos dicho que el Espíritu Santo te enseña la diferencia que existe entre el dolor y la dicha. Eso es lo mismo que decir que te enseña la diferencia que hay entre estar aprisionado y ser libre. No puedes hacer esta distinción sin Él porque te has enseñado a ti mismo que el aprisionamiento es libertad. ¿Cómo ibas a poder distinguir entre una cosa y otra cuando crees que ambas son lo mismo? ¿Cómo ibas a poder pedirle a la parte de tu mente que te enseñó a creer que son lo mismo que te enseñe de qué manera son diferentes? (T-8.II.5).

(8) En las sesiones de práctica más cortas, que deben hacerse por lo menos una vez por hora, usa el siguiente modelo al aplicar la idea de hoy:

Mi única función es la que Dios me dio. No quiero ninguna otra ni tengo ninguna otra.

Cierra los ojos en algunas ocasiones al practicar esto y, en otras, mantenlos abiertos mientras miras a tu alrededor. Lo que ahora ves será totalmente diferente cuando aceptes la idea de hoy sin reservas.

Una vez más, vemos que se hace énfasis en el ejercicio de *ojos abiertos, ojos cerrados*, que refleja que *las ideas no abandonan su fuente*: nuestros pensamientos (*ojos cerrados*) permanecen dentro, a pesar de los intentos de la proyección del ego de percibirlos fuera (*ojos abiertos*). Por eso nuestras percepciones cambiarán totalmente cuando cambiemos nuestra manera de pensar.

LECCIÓN 66

Mi función y mi felicidad son una.

Esta lección continúa el tema de nuestra felicidad y función, elaborando sobre su unidad. La única manera de que podamos ser felices es dejar que Jesús sea nuestro maestro. Esta decisión refleja nuestra función de perdonar. Cualquier otra cosa no nos brindará felicidad porque no durará.

(1) Seguramente habrás notado que en nuestras lecciones más recientes hemos hecho hincapié en la conexión que existe entre desempeñar tu función y alcanzar la felicidad. Esto ha sido así porque realmente no ves la conexión. Sin embargo, se trata de algo más que una simple conexión: son una misma cosa. La manera en que cada una se manifiesta es distinta, pero el contenido es exactamente el mismo.

Otra manera de decir esto es que desempeñar nuestra función es la causa, y el efecto es nuestra felicidad. Cuando perdonamos nuestros pensamientos de culpa, odio y dolor, lo que queda es felicidad, porque causa y efecto son uno. Este tema de la unidad se expresa a lo largo de *Un curso de milagros*, y es la característica del Cielo, así como de la mente dividida. Así, causa y efecto, ideas y fuente, interno y externo, todos ellos son uno. Causa y efecto no están separados; *las ideas no abandonan su fuente*; los efectos no abandonan su causa. Una vez más, la aceptación de nuestra función es la causa, y su efecto es nuestra felicidad. En verdad son uno y no están separados.

(2:1) El ego está batallando constantemente con el Espíritu Santo en torno a la cuestión fundamental de cuál es tu función.

Para el ego, nuestra función es sobrevivir. Esto se consigue proyectando la responsabilidad por la separación sobre todos los demás, asegurando así que nunca volvamos a su fuente: la decisión de la mente a favor del ego. No hace falta añadir que esta batalla solo va en un sentido, puesto que el Espíritu Santo no sabe nada de las ilusiones del ego, excepto que hemos elegido identificarnos con ellas. Como hacen falta *dos* para guerrear, el hecho de que el Espíritu Santo, por no mencionar a Dios Mismo, no se vincule con el ego de ninguna manera asegura que no haya guerra. Esta ausencia de combatividad, también conocida como indefensión, es la esencia de la Expiación. La separación, la fuente de la guerra del ego contra Dios, nunca ocurrió porque Dios no sabe nada de ella. Una ilusión no reconocida sigue siendo una ilusión. Sin embargo, cuando se la confronta, la ilusión se hace real en nuestra *creencia,* y así nuestro sueño de separación se hace real para nosotros. Elegir la Expiación deshace esta locura, restaurando a nuestra conciencia la verdad de nuestra Identidad como Cristo.

(2:2) También batalla con Él constantemente con respecto a qué es tu felicidad.

Para el ego la felicidad es cuando matamos. Ciertamente, su lema es *mata o te matarán.* Felicidad es cuando conseguimos lo que queremos, lo que ocurre a expensas de alguien más: yo gano, tú pierdes. ¡Eso es la felicidad! Pregunta a los miembros de un equipo deportivo que gana un gran partido. Los jugadores se sienten felices porque el otro equipo ha perdido, y no se sentirían felices si el otro equipo hubiera ganado. Los deportes están establecidos de tal modo que no puede haber dos ganadores. Lo que manifestamos en un campo de deportes como participantes (o en el estadio como seguidores del equipo) refleja de una manera aparentemente benigna la malevolencia subyacente del sistema de pensamiento del ego de *uno o el otro.* Sin embargo, a todo esto, el Espíritu Santo responde dulcemente:

> Confundes tus interpretaciones con la verdad, y te equivocas. Mas un error no es un pecado ni tus errores han derrocado a la realidad de su trono. Dios reina para siempre, y solo Sus Leyes imperan sobre ti y sobre el mundo. Su Amor sigue siendo lo único que existe. El miedo es una ilusión, pues tú eres como Dios (M-18.3:7-12; cursiva omitida).

En la aceptación de este Amor se halla nuestra verdadera felicidad.

(2:3-6) No es esta una batalla que tenga dos contendientes. El ego ataca y el Espíritu Santo no responde. Él sabe cuál es tu función. Él sabe qué es tu felicidad.

El Espíritu Santo no responde porque no hay nada a lo que Él haya de responder. ¿Cómo podría Él, el reflejo de la verdad en nuestras mentes, responder a una ilusión? Si lo hiciera, la ilusión sería real. Como Jesús explica en el Texto (T-5.II.7:1-5), un pasaje al que retornaremos con frecuencia, lo único que el Espíritu Santo hace es recordar. Él no vence, ordena ni exige. Él no hace nada sino recordarnos la verdad. El pasaje continúa:

> La Voz que habla de Dios es siempre serena porque habla de paz. La paz es más poderosa que la guerra porque sana. La guerra es división, no expansión. Nadie gana en la batalla. ¿Qué saca un hombre con ganar el mundo entero si con ello pierde su propia alma? Si le prestas oídos a la voz que no debes, *pierdes* de vista a tu alma (T-5.II.7:7-12).

La paz del Espíritu Santo es el final del conflicto, mientras que la "voz equivocada" nos lleva a la guerra, en la que perdemos nuestra alma. Sin embargo, sin oposición, el aparente enemigo deja de ser, y lo que parecía un campo de batalla se disipa "en la nada de donde provino" (M-13.1:2). Las ilusiones de los ataques del ego son llevadas ante la verdad del Espíritu Santo, "y la verdad no las vio" (M-14.1:10). De esta manera son deshechos, porque su aparente realidad ni siquiera se reconoce. ¿Cómo sería posible responder a ellas?

En cualquier caso, el ego continúa intentando hacer que el conflicto sea real. En cualquier conflicto hay dos fuerzas en oposición, de las que una será la ganadora y la otra la perdedora. Al Espíritu Santo no hay fuerza que se le oponga. Solo existe Dios, y nada más. Por lo tanto, para el Espíritu Santo, el camino de salida del conflicto consiste en recordarnos que no hay conflicto;

no hay problema que resolver; no hay enemigo que se haya de confrontar y superar. Este simple hecho nos hace felices.

(3) Hoy intentaremos ir más allá de esta batalla completamente absurda y arribar a la verdad con respecto a tu función. No nos vamos a enfrascar en argumentos fútiles con respecto a lo que es tu función. No vamos a tratar inútilmente de definir lo que es la felicidad ni de determinar los medios para alcanzarla. No vamos a gratificar al ego escuchando sus ataques contra la verdad. Sencillamente nos alegraremos de poder descubrir lo que esta es.

La manera que tiene *Un curso de milagros* de deshacer el ego es hacer que lo miremos. No se requiere nada más. Cuando miramos, nos damos cuenta de que no hay nada que ver, y por lo tanto no tiene sentido definir al ego ni discutir con su sistema de pensamiento. Así, vamos más allá de su naturaleza ilusoria hacia la verdad. Citando de nuevo estas importantes líneas:

> Nadie puede escapar de las ilusiones a menos que las examine, pues no examinarlas es la manera de protegerlas. No hay necesidad de sentirse amedrantado por ellas, pues no son peligrosas. Estamos listos para examinar más detenidamente el sistema de pensamiento del ego porque juntos disponemos de la lámpara que lo desvanecerá [...] pues debemos primero examinarla para poder así ver más allá de ella, ya que le has otorgado realidad. Tranquilamente desvaneceremos juntos este error, y después miraremos más allá de él hacia la verdad.
>
> ¿Qué es la curación sino el acto de despejar todo lo que obstaculiza el Conocimiento? ¿Y de qué otra manera puede uno disipar las ilusiones, excepto examinándolas directamente y sin protegerlas? No tengas miedo, por lo tanto, pues lo que estarás viendo es la fuente del miedo, y estás comenzando a darte cuenta de que el miedo no es real (T-11.V.1:1-3,5–2:3).

El proceso de perdón entraña darse cuenta de que el ego que pensábamos que estaba ahí no tuvo efecto. Si no tuvo efecto, no pudo ser una causa; si no es una causa, no existe.

Jesús nos está entrenando para mirar a las falsas funciones del especialismo que hemos fabricado como sustitutos de nuestra verdadera función, que es perdonar, y después recordar Quiénes somos. Él solo nos pide que miremos a lo falso, porque de esta manera la ilusión es llevada ante la verdad, y en la presencia de su luz, la oscuridad del ego desaparece.

(4) El propósito de la sesión de práctica larga de hoy es que aceptes el hecho de que no solo existe una conexión muy real entre la función que Dios te dio y tu felicidad, sino que ambas cosas son, de hecho, lo mismo. Dios te da únicamente felicidad. Por lo tanto, la función de que Él te dio tiene que ser la felicidad, aunque parezca ser otra cosa. Los ejercicios de hoy son un intento de ir más allá de estas diferencias de aspecto y de reconocer un contenido común allí donde en verdad lo hay.

Aquí Jesús aborda la diferencia crucial entre apariencia y realidad, no en términos de lo que percibimos externamente, sino dentro de nuestra propia experiencia. A menudo, y reforzados por las tradiciones religiosas o espirituales, los aspirantes espirituales se aferran a la demente creencia de que Dios exige sacrificios, y que realizar nuestra función implica sufrir. Jesús aborda esta locura al comienzo del Capítulo 3 del Texto, donde comenta: "la terrible y errónea percepción de que Dios mismo persiguió a Su Propio Hijo en nombre de la salvación" (T-3.I.2:4). Elabora sobre este punto crucial usando como referente la percepción errónea de la crucifixión:

> Dios no cree en el castigo. Su Mente no crea de esa manera. Dios no tiene nada contra ti por razón de tus "malas" acciones. ¿Cómo sería posible entonces que me hubiera acusado a mí por ellas? Asegúrate de que reconoces cuán absolutamente imposible es esta suposición, y también de que procede enteramente de la proyección. Este tipo de error es responsable de una multitud de errores similares, incluyen-

> do la creencia de que Dios rechazó a Adán y lo expulsó del Jardín del Edén. Quizá por eso piensas a veces que no te estoy guiando bien [...] El sacrificio es una noción que Dios desconoce por completo. Procede únicamente del miedo, y los que tienen miedo pueden ser crueles (T-3.I.3:4-10; 4:1-2).

Esta crueldad no se dirige únicamente hacia los demás, sino también hacia nosotros mismos. Es esta dolorosa y equivocada percepción de Dios exigiendo sacrificio la que Jesús trata de corregir aquí en esta lección: *Nuestra felicidad y nuestra función son una.*

Continuando con el comentario del párrafo 5, Jesús nos presenta un silogismo, una forma tradicional de lógica en la que se prueba lógicamente que un argumento es verdad:

(5:1-4) Comienza la sesión de práctica de diez o quince minutos reflexionando sobre estos pensamientos:

> ***Dios me da únicamente felicidad.***
>
> ***Él me ha dado mi función.***
>
> ***Por lo tanto, mi función tiene que ser la felicidad.***

Si las dos primeras afirmaciones son verdad, la tercera también debe ser verdad. Por lo tanto, como la primera premisa es cierta ("Dios me da únicamente felicidad"), y también lo es la segunda ("Él me ha dado mi función"), la declaración de conclusión debe seguir lógicamente ("Mi función tiene que ser la felicidad").

El propósito de Jesús al hacernos usar este silogismo es que nos demos cuenta de que nada de lo que hacemos en este mundo traerá la felicidad. Solo al reconocer que nuestros intentos fracasan, y fracasan miserablemente, nos sentiremos motivados a decir que debe haber algo más. Entonces entenderemos que hemos estado buscando la felicidad en el lugar equivocado, y por lo tanto nunca la encontraremos. Solo es posible encontrarla si vamos dentro y se la pedimos a nuestro verdadero Maestro. Así, Jesús dice:

(5:5-6:6) Trata de ver la lógica de esta secuencia, incluso si aún no aceptas la conclusión. Únicamente si los dos primeros pensamientos son erróneos, podría ser falsa la conclusión. Reflexionemos, entonces, por un rato sobre estas premisas según practicamos.

La primera premisa es que Dios te da únicamente felicidad. Esto, desde luego, podría ser falso, pero para que fuese falso sería preciso definir a Dios como algo que Él no es. El Amor no puede dispensar maldad, y lo que no es felicidad es maldad. Dios no puede dar lo que no tiene, ni tener lo que Él no es. Si Dios no te diese únicamente felicidad, ciertamente sería malvado. Y esa es la definición que crees acerca de Él si no aceptas la primera premisa.

Jesús está diciendo que, si no crees que Dios solo da felicidad, lo estás convirtiendo en un ser dualista que te dará felicidad junto con algo más. Por ejemplo, el Dios bíblico nos otorga felicidad, pero también dolor; vida, pero también muerte; bien, pero también mal. Así, el Dios que Jesús describe en *Un curso de milagros* corrige la figura dualistamente divina de la Biblia. Él nos dice que Dios *solo* puede darnos felicidad, porque Dios solo conoce la perfecta Unidad: así solo da lo que Él mismo es, y no puede dar nada más. Esto se debe a que *no hay nada más.*

Siguiendo con este argumento: Si Dios te da felicidad *y* mal, entonces el mal también debe ser parte de Él. Recuerda, *las ideas no abandonan su fuente.* Así, si el mal existe y Dios es la fuente de todas las cosas, el mal debe tener su fuente en Dios. Esto significa que la divinidad bíblica no solo tiene a Dios dentro de Ella Misma, sino también al diablo. Así, Jesús nos anima a examinar esto, y a preguntarnos a nosotros mismos si esto podría ser verdad.

Y ahora, la segunda premisa:

(7:1-4) La segunda premisa afirma que Dios te ha dado tu función. Hemos visto que tu mente solo tiene dos partes. Una de ellas la gobierna el ego y se compone de ilusiones. La otra es la morada del Espíritu Santo, donde reside la verdad.

Esto, por supuesto, es la descripción de la mente correcta y la mente errada, las partes de la mente dividida.

La siguiente frase nos ofrece de manera implícita una declaración muy clara sobre la tercera parte de la mente, lo que llamamos el tomador de decisiones.

(7:5) Solo puedes escoger entre estos dos guías...

Por lo tanto, debe haber cierta parte de nuestras mentes que elige entre el ego y el Espíritu Santo.

(7:5) ...y los únicos resultados que pueden proceder de tu elección son el miedo que el ego siempre engendra o el amor que el Espíritu Santo siempre ofrece para reemplazarlo.

Solo hay dos resultados, efectos o contenidos que son posibles en este mundo: amor o miedo. Todo lo demás es simplemente una expresión de uno de estos dos pensamientos. Por eso, en la Lección 64 Jesús dijo: "Complejidad de forma no implica complejidad de contenido." El mundo fue hecho para confundirnos y para complicar lo que es, en esencia, una elección muy simple: yo elijo al ego, y el desdichado resultado es el miedo y el dolor; yo elijo al Espíritu Santo, y la felicidad y la paz son el feliz resultado. Simple.

(8) Así pues, o bien fue Dios Quien estableció tu función a través de Su Voz o bien fue el ego que tú inventaste para reemplazarlo a Él. ¿Cuál de estas posibilidades es verdad? A menos que hubiese sido Dios Quien te dio tu función, esta solo podría ser un regalo del ego. Mas, ¿qué regalos puede dar el ego cuando él mismo es una ilusión y lo único que puede ofrecer son regalos ilusorios?

Jesús nos dice que el ego no puede darnos ningún regalo real; y por lo tanto no puede darnos nada que sea verdad. Así, solo Dios nos da nuestra función. El problema, como siempre, es que todavía nos queda nuestra locura, que prefiere los "regalos" del ego de separación e individualidad al amoroso regalo de la Unidad de Dios. Puesto que los "regalos" que el ego nos da deben conllevar dolor y sufrimiento, nosotros soportamos alegremente su carga si conlleva que nuestra *existencia* continúa. El reto de

Jesús como maestro nuestro es convencernos de que la felicidad viene de elegir volver a *ser* nuestro verdadero Ser.

(9) Piensa en esto durante la sesión de práctica más larga de hoy. Piensa asimismo en las múltiples formas que tu ilusoria función ha adoptado en tu mente, y en las muchas maneras por las que, guiado por el ego, trataste de encontrar la salvación. ¿La encontraste? ¿Te sientes feliz? ¿Te aportaron paz? Hoy necesitamos ser muy honestos. Recuerda objetivamente los resultados que lograste y examina si en algún momento fue razonable pensar que podías encontrar felicidad en cualquier cosa que el ego propusiera. Con todo, la única alternativa para la Voz del Espíritu Santo es el ego.

Una vez más, Jesús hace énfasis en la necesidad de prestar cuidadosa atención a nuestros egos. Antes de poder recordar la función que Dios nos ha dado, primero tenemos que mirar las funciones que nos hemos dado a nosotros mismos para reemplazar los regalos de Dios. Él nos está pidiendo que seamos completamente honestos con respecto a si alguna de estas funciones, y en realidad alguna cosa de este mundo, nos ha hecho verdaderamente felices. No hace falta añadir que Jesús no está hablando de la felicidad transitoria que todos experimentamos de vez en cuando, la cual se produce cuando conseguimos lo que queremos. Él se refiere a una felicidad que es tan profunda que no puede ser deshecha por ninguna otra cosa. Esta es la honestidad que Jesús requiere de nosotros a lo largo del estudio y práctica de *Un curso de milagros*, sin la cual el ego conseguirá deslizarse hacia nuestro inconsciente sin ser notado, para causar estragos en nuestras vidas y en el mundo.

El párrafo diez es otra declaración sobre este importante tema de *uno o el otro*, Dios o el ego. En este caso, hace referencia no a uno o el otro en el sistema del ego, sino a uno o el otro en el sentido de que solo puede haber Dios *o* el ego, pero no ambos:

(10:1-4) Prestarás oídos a la locura o bien oirás la verdad. Trata de hacer tu elección mientras reflexionas sobre las premisas en las que se basa nuestra conclusión. Podemos estar de acuerdo

con esta conclusión, pero no con ninguna otra, toda vez que Dios mismo coincide con nosotros al respecto.

Como Dios mismo la comparte con nosotros, debe ser verdad. Entonces, cualquier otra cosa sería una mentira. Esta simplicidad subyace a la simplicidad de nuestra toma de decisiones: elegir a Dios es rechazar la locura del ego; elegir al ego es rechazar la verdad de Dios. Una lleva a la felicidad; la otra a la desdicha. ¿Qué podría ser más simple que eso?

(10:5-8) La idea de hoy es otro paso gigantesco hacia la percepción de lo que es lo mismo como lo mismo, y de lo que es diferente como diferente. A un lado están las ilusiones. Al otro, la verdad. Tratemos hoy de darnos cuenta de que solo la verdad es verdad.

Este tema está presente a lo largo de todo *Un curso de milagros*. Hacia el final del Libro de ejercicios, Jesús dice, por ejemplo: "El Segundo Advenimiento de Cristo le confiere al Hijo de Dios este don: poder oír a la Voz que habla por Dios proclamar que lo falso es falso y que lo que es verdad nunca ha cambiado" (L-pII.10.1:1): de nuevo el principio de *uno o el otro*. En la oración del Nuevo Año que concluye el Capítulo 15, leemos: "Haz que este año sea diferente al hacer que todo sea lo mismo" (T-15.XI.10:11). En otras palabras, en nuestra experiencia de la mente correcta, todo es lo mismo porque todo sirve al mismo propósito de perdón, que es el único que nos traerá felicidad.

Para el ego hay muchas maneras distintas de alcanzar la felicidad. Lo que establece que yo sea diferente de ti es que, si yo soy feliz, tú no lo eres. Por lo tanto, si yo quiero ser feliz, tú tienes que perder. Esto nos hace diferentes. No me doy cuenta de que, si yo soy infeliz, tú serás infeliz, y viceversa. No puede ser que yo te ataque a ti y yo mismo no sea atacado, y tampoco puedo perdonarte sin perdonarme a mí mismo, puesto que no somos diferentes, sino que somos lo mismo: un Hijo con una función de la mente errada, que es atacar, y una función de la mente correcta, que es perdonar. Este punto se resalta al final del Capítulo 22, concluyendo un comentario sobre la relación santa:

> Solo los que son diferentes pueden atacar. Y de ahí deduces que, *porque* puedes atacar, debes ser diferente de tu hermano. Sin embargo, el Espíritu Santo explica esto de otra manera. No puedes atacar *precisamente* porque no eres diferente de tu hermano. Cualquiera de esas dos posturas es una conclusión lógica. Cualquiera de ellas puede ser aceptada, pero no ambas. La única pregunta que necesita contestarse a fin de decidir cuál de las dos es verdad es si en realidad eres diferente de tu hermano. Desde el punto de vista de lo que entiendes parece que lo eres y, por lo tanto, que puedes atacar. De ambas alternativas, esta parece ser la más natural y la más afín a tu experiencia. Por eso es necesario que tengas otras experiencias más afines a la verdad, para enseñarte lo que en realidad *es* natural y verdadero (T-22.VI.13).

(11) Para las sesiones de práctica más cortas, que hoy te resultarán muy beneficiosas si las llevas a cabo dos veces por hora, sugerimos la siguiente forma de aplicación:

> ***Mi función y mi felicidad son una porque Dios me dio las dos.***

No te tomará más de un minuto, y probablemente menos, repetir estas palabras lentamente y pensar en ellas por un rato mientras las dices.

Debería resultarnos sorprendente comprobar lo fácilmente que olvidamos. En realidad, recordar dos veces por hora lo felices que nos hace el perdón no es dedicarle mucho tiempo, excepto para el ego, que ambiciona celosamente todos y cada uno de los instantes no santos. Por lo tanto, cuando no somos capaces de pensar en las palabras del ejercicio dos veces por hora, en algún punto deberíamos pensar en nuestra resistencia a hacerlo. Tal pensamiento libre de juicio —esto es lo que significa mirar con el Espíritu Santo— nos ofrecerá abundantes recompensas cada vez que nos acordemos de perdonarnos a nosotros mismos por habernos olvidado.

LECCIÓN 67

El amor me creó a Su Semejanza.

(1:1-5) La idea de hoy es una afirmación exacta y cabal de lo que eres. Por eso es por lo que eres la luz del mundo. Por eso es por lo que Dios te designó como el salvador del mundo. Por eso es por lo que el Hijo de Dios apela a ti para su salvación. Él se salva por razón de lo que eres.

El Hijo de Dios se salva por *lo que* yo soy porque el Hijo de Dios *es* lo que yo soy. Si yo soy una creación de amor, la Filiación entera debe ser una creación de amor, porque el amor es uno. Así, cuando recordamos Quiénes somos verdaderamente, estamos recordando por todos. Tal vez recuerdes el lema de los tres mosqueteros de Alejandro Dumas: *Uno para todos y todos para uno.*

(1:6) Hoy haremos todo lo posible por llegar a esta verdad acerca de ti y por darnos cuenta plenamente, aunque solo sea por un momento, de que es verdad.

El objetivo a largo plazo de *Un curso de milagros* es que tomemos conciencia de esta verdad todo el tiempo, no solo por un momento. Por lo tanto, Jesús nos dice: "Estoy dispuesto a aceptar como nuestro objetivo para hoy que tengamos al menos *un* momento de recordar que tú eres amor." Entonces entenderíamos que él está reflejándonos que este es un proceso de aceptar *gradualmente* la verdad, a medida que rechazamos *gradualmente* la ilusión, corrigiendo el autoconcepto de culpa y miedo —la sustitución del ego— por el recuerdo de que somos creados por el amor a semejanza de sí mismo.

(2:1-7) Durante la sesión de práctica más larga pensaremos en tu realidad y en su naturaleza completamente inalterada e inalterable Comenzaremos repitiendo esta verdad con respecto a ti y luego pasaremos algunos minutos añadiendo algunos pensamientos afines, tales como:

La Santidad me creó santo.

La Bondad me creó bondadoso.

La Asistencia me creó servicial.

La Perfección me creó perfecto.

Cualquier atributo que esté de acuerdo con la definición que Dios tiene de Sí Mismo es apropiado.

Jesús hace énfasis en lo que es verdad con respecto a nosotros, una verdad a la que siempre se nos pide que llevemos la ilusión. Está claro que Jesús sabe que nosotros no creemos esto con respecto a nosotros mismos. Si lo hiciéramos, no necesitaríamos este Libro de ejercicios, ni tampoco *Un curso de milagros*. Así, trata de reforzar el recuerdo que él conserva para nosotros en nuestras mentes correctas. Sin embargo, para que no nos olvidemos de que tenemos otro lado, el cual *es* el problema, él nos recuerda el viaje en el que nos está guiando, como leemos a continuación:

(2:8) Hoy estaremos tratando de enmendar tu definición de Dios y de reemplazarla por la Suya.

Jesús explica que la verdad está en nosotros, y nos recuerda continuamente su naturaleza; pero también nos recuerda que el medio para recordar la verdad es deshacer lo que fabricamos para reemplazarla. Así, el Dios de nuestro ego es una deidad dualista, lo cual significa que Su creación —nosotros— también debe ser dualista: buena tal vez, pero también mala; a veces inocente, pero también culpable. Cuando la deidad del ego se lleva ante la definición de Jesús, queda reemplazada por el Dios no dualista de inocencia y Amor.

(2:9) Y también estamos tratando de recalcar el hecho de que formas parte de Su definición de Sí Mismo.

Jesús va y vuelve entre estos dos autoconceptos porque nosotros lo hacemos. Nuestro miedo nos impulsa a escondernos en el sistema de pensamiento de separación del ego, mientras que el dolor de tal elección nos motiva a volver a casa. Vacilamos entre el miedo y el amor hasta que finalmente aceptamos la Expiación para nosotros mismos, y en ese punto todas las enseñanzas acaban a medida que desaparecemos en el amor que nos creó a semejanza de sí mismo.

(3:1-2) Una vez que hayas reflexionado sobre varios de estos pensamientos afines a la idea de hoy, trata, durante un breve intervalo preparatorio, de vaciar tu mente de todo pensamiento y de ir más allá de todas las imágenes y conceptos que tienes de ti mismo hasta llegar a la verdad en ti. Si el Amor te creó a semejanza de Su Propio Ser, ese Ser tiene que estar en ti.

Hemos visto esta idea con frecuencia. Antes de poder recordar quiénes somos verdaderamente, primero tenemos que permitirnos entrar en contacto con quien el ego nos dice que somos. Así, el camino nos lleva a través de las ilusiones de oscuridad a la luz de la verdad. Como veremos ahora, Jesús se describe a sí mismo como nuestro guía en este camino a través de las nubes de ilusión del ego.

(3:3) Y tiene que estar en alguna parte de tu mente donde lo puedas encontrar.

Esa verdad, a saber: el Amor de Dios, "está allí para que [nosotros] lo encontremos". Una vez más, el modo de alcanzar la verdad es primero ir más allá de nuestras "imágenes y preconcepciones", y no podemos hacer esto a menos que sepamos lo que son. Por eso, en nuestra práctica diaria de las lecciones, por no hablar de nuestra práctica de los principios del Curso —en todas las situaciones y relaciones—, debemos mantenernos continuamente vigilantes hacia lo que están tramando nuestros egos. No tenemos que preocuparnos con respecto a lo que esté tramando Jesús; solo tenemos que preocuparnos de nuestro ego. Si podemos mirarlo con Jesús, nuestra inversión en tener razón se reducirá, permitiendo que la verdad sea cada vez más importante para nosotros. En otras palabras, finalmente habremos *buscado* lo que realmente queremos *encontrar*. Y al buscarlo, tendremos éxito, puesto que "está allí para que [nosotros] lo encontremos".

(4) Tal vez te resulte necesario repetir la idea de hoy de vez en cuando a fin de reemplazar aquellos pensamientos que te distraigan. Puede que también descubras que aun esto no es suficiente y que necesitas seguir añadiendo otros pensamientos relacionados con la verdad acerca de ti. Sin embargo, tal vez puedas superar todo eso y, valiéndote del intervalo en el que tu mente está libre de pensamientos, quizá puedas llegar a la conciencia de una luz resplandeciente en la cual te reconoces a ti mismo tal como el Amor te creó. Confía en que hoy harás mucho por acercarte a esa conciencia, tanto si sientes que has tenido éxito como si no.

Es importante indicar que este tipo de instrucciones no deberían ser comparadas con lo que en algunos círculos de la Nueva Era se denominan "afirmaciones": declaraciones positivas que se nos pide recitar, y que acaban encubriendo los pensamientos negativos de nuestro ego, haciendo así imposible que puedan ser deshechos. El deshacimiento, tal como se describe en *Un curso de milagros*, significa *mirar* al ego primero, como prerrequisito para el proceso de ir más allá de la oscuridad a la luz. Así, de vez en cuando, como hace aquí, Jesús nos recuerda la luz ante la que llevamos la oscuridad de nuestra "inconsciencia", que consiste en los intentos del ego para distraernos con pensamientos que no son reales. Sin embargo, uno no puede recuperar la conciencia de la luz resplandeciente de nuestros verdaderos pensamientos sin antes reconocer nuestra identificación con los pensamientos irreales (o irreflexivos).

Jesús concluye este párrafo expresando su confianza en nuestra buena disposición para realizar este proceso con él, aunque muy probablemente nuestra resistencia a progresar todavía seguirá estando presente:

(5:1-2) Hoy te resultará especialmente beneficioso practicar la idea del día tan a menudo como puedas. Necesitas oír la verdad acerca de ti tan a menudo como sea posible, debido a que tu mente está llena de falsas imágenes de sí misma.

En esta frase encontramos una maravillosa yuxtaposición de las dos mitades de nuestra mente dividida, y del tema básico de *Un curso de milagros*: debemos darnos cuenta de lo preocupados que estamos por nuestras falsas autoimágenes o autoconceptos. Estos podrían incluir: yo tengo razón; yo soy santo porque tengo razón; yo soy un individuo; yo soy especial; yo sé qué es lo mejor para mis intereses. Debemos tomar conciencia de nuestra preocupación por estas autoimágenes, de otro modo nunca sabremos que hay algo entre lo que podemos elegir. Por lo tanto, Jesús nos dice, especialmente en el Libro de ejercicios: "Te recordaré con frecuencia quién eres realmente, para que puedas ver que has hecho una elección entre el glorioso Ser de Cristo y el ser miserable que has fabricado para reemplazarlo." Nuestra conciencia de nuestra capacidad de elegir entre dos autoconceptos mutuamente excluyentes es la que finalmente nos permite hacer la elección que *es* la finalidad. Llevarnos a esta conciencia es la función del milagro.

(5:3-4) Sería sumamente beneficioso que te recuerdes a ti mismo, cuatro o cinco veces por hora, o incluso más si fuese posible, que el Amor te creó a Su Semejanza. Oye en esto la verdad acerca de ti.

Aquí Jesús está elevando la apuesta. Quiere que pensemos en la lección del día con tanta frecuencia como podamos, hasta cuatro o cinco veces por hora; es decir, cada doce o quince minutos. En realidad, Jesús no espera que estemos tan enfocados en la verdad. Después de todo, escapamos de ella al mundo ilusorio de tiempo y espacio para estar distraídos de la verdad intemporal del Cielo. Sin embargo, él quiere que hagamos el esfuerzo, el cual, si lo intentamos fielmente, nos hará conscientes de hasta qué punto no queremos recordar. Como hemos visto y veremos repetidamente, tal comprensión de nuestra resistencia es extraordinariamente útil en este viaje. No podemos corregir un problema que no sabemos que tenemos, y que tenemos tantas resistencias a dejar ir.

(6) Trata de darte cuenta, durante las sesiones de práctica más cortas, de que no es tu diminuta y solitaria voz la que te dice esto. Se trata de la Voz de Dios, recordándote al Padre y a tu Ser.

Se trata de la Voz de la Verdad, sustituyendo todo lo que el ego te dice acerca de ti con la simple verdad acerca del Hijo de Dios. El Amor te creó a Su Semejanza.

El Espíritu Santo no puede reemplazar a mi ego con Su verdad a menos que yo lleve ante Él el sistema de pensamiento del ego. Por eso, diciéndolo otra vez *—y otra y otra más—*, mantente siempre muy vigilante hacia tu ego a medida que practicas estas lecciones. Pide a Jesús que se una contigo allí, de modo que pueda deshacer la oscuridad con su luz, y así recordar quién eres: fuiste creado por el amor a semejanza de sí mismo.

LECCIÓN 68

El amor no abriga resentimientos.

Como he mencionado antes, hay lugares en el Libro de ejercicios en los que las lecciones se agrupan en torno a un tema específico. Estas próximas lecciones se enfocan en el papel que el ataque —albergar juicios o resentimientos— desempeña en el plan del ego para preservar nuestra individualidad y mantener alejado el Amor de Dios. Si bien el término no se encuentra en el Libro de ejercicios, el comentario de Jesús sobre el ataque y albergar resentimientos está basado en las dinámicas de las relaciones de odio especial.

(1:1-2) Tú, que fuiste creado por el Amor a Su Semejanza, no puedes abrigar resentimientos y conocer tu Ser. Abrigar resentimientos es olvidarte de Quién eres.

Estas dos frases apuntan inequívocamente a por qué nos aferramos a los resentimientos. El propósito del sistema de pensamiento del ego es asegurarse de que no conozcamos nuestro verdadero Ser, olvidándonos así de Quiénes somos. El Espíritu Santo es el principio de Expiación, y si elegimos Su consejo en lugar del del ego, Él nos recordará nuestra Identidad como Cristo, el único Hijo de Dios, perfectamente unido con Su Padre. Así, si nos dirigiéramos al Espíritu Santo, recordaríamos automáticamente. Si el Hijo de Dios es perfecta Unidad, y nuestra Identidad como el Hijo de Dios es Amor, todo lo que necesitamos hacer para mantener esta Identidad alejada de la conciencia es acentuar las diferencias dentro de la Filiación. El ataque, los resentimientos o los juicios consiguen este objetivo transmitiendo a los demás que son diferentes y están separados de nosotros. Llegados a este punto, por supuesto, el amor ha salido por la ventana. El amor especial ciertamente es bien recibido, pero el Amor de Dios ya no tiene un hogar en nuestras mentes.

Hacer desaparecer el amor de nuestras mentes es el objetivo final del ego, y explica por qué prácticamente todo el mundo tiene problemas con la verdadera intimidad, la amistad y el amor. En estas relaciones santas no hay barreras: no hay intereses especiales, necesidades especiales ni expectativas especiales; solo una experiencia de la unidad del propósito compartido. Por lo tanto, si es esta unidad la que tememos porque refleja Quiénes somos en realidad, haremos todo lo posible por mantenerla alejada. Estas lecciones resaltan que el ataque y los agravios consiguen justamente esto.

(1:3) Abrigar resentimientos es verte a ti mismo como un cuerpo.

Esto tiene perfecto sentido cuando te das cuenta de que el cuerpo es el pensamiento de separación que ha tomado forma. Si el cuerpo es real, entonces la fuente del cuerpo —el pensamiento de estar separados de Dios— también debe ser real. En la Lección 161, Jesús habla de nuestra necesidad de cosas específicas: si vamos a odiar, debemos odiar un cuerpo. No hace falta añadir que, si yo odio un cuerpo, yo también debo ser un cuerpo. Esta identificación con el cuerpo es la motivación subyacente para todos los pensamientos de ataque y los resentimientos.

(1:4) Abrigar resentimientos es permitir que el ego gobierne tu mente y condenar el cuerpo a morir.

En mi mente consciente puedo pensar que a lo que estoy condenando a muerte con mi ataque es a tu cuerpo; pero, en realidad, como *las ideas no abandonan su fuente*, a quien estoy condenando es a mi propio ser. Una vez que se da realidad al pensamiento de separación del ego, también se da realidad a la totalidad de ese sistema de pensamiento. Así, la muerte, que es la culminación del sistema de pensamiento de pecado, culpa y miedo, es inevitable.

(1:5) Quizá aún no hayas comprendido del todo lo que abrigar resentimientos le ocasiona a tu mente.

Cuando estamos enfadados o albergamos pensamientos de disgusto o de juicio, no somos conscientes de las consecuencias. En cierto sentido, podríamos decir que el propósito de *Un curso de milagros* es hacernos ver los desastrosos efectos que tiene para nosotros albergar resentimientos. Recuerda que este es un curso para ayudarnos a recordar la relación entre causa y efecto. En este contexto, la *causa* es albergar resentimientos, y sus *efectos* son la desdicha y el sufrimiento. No obstante, si no somos conscientes de la conexión causal entre nuestros pensamientos de ataque y el dolor, no tendremos motivación para soltar los resentimientos. Una de las principales "cargas" de Jesús como maestro nuestro es hacer que nos demos cuenta de las consecuencias de aferrarnos a estos resentimientos. Y aquí está:

(1:6) Te hace sentir como si estuvieras enajenado de tu Fuente y fueras diferente de Él.

Nótese que Jesús dice "te hace sentir *como si* estuvieras enajenado". Aferrarnos a los agravios *parece* enajenarnos porque, en realidad, la separación nunca ocurrió. Dentro de nuestras pesadillescas ilusiones de ira, no solo estamos separados de la persona con la que estamos enfadados, sino también de Dios. Puesto que todo es uno dentro de nuestras mentes divididas, lo que creemos que hacemos a uno, se lo hacemos al otro. Como dice sucintamente este pasaje, en el contexto de la necesidad de perdonar a nuestro hermano:

> Él representa a su Padre, a Quien ves ofreciéndote tanto vida como muerte.
>
> Hermano, lo único que Él da es vida. Sin embargo, los regalos que crees que tu hermano te ofrece representan los regalos que sueñas que tu Padre te hace a ti (T-27.VII.15:7–16:2).

Esto que viene ahora es la razón por la que Dios está con nuestros hermanos tanto en el perdón como en la falta de perdón:

(1:7) Te hace creer que Él es como aquello en lo que tú piensas que te has convertido, pues nadie puede concebir que su Creador sea diferente de sí mismo.

Este es un concepto importante. De hecho, vamos a verlo repetido dentro de muy poco en la Lección 72. El significado de esto es: si yo creo que he atacado, y el pensamiento original de ataque es contra Dios, proyectaré automáticamente el pensamiento y creeré que Dios me atacará. Cuando escindo una parte de mí mismo que no quiero —un yo siempre asociado con la culpa— fabrico inevitablemente otro yo que es percibido fuera de mí. Este yo está hecho literalmente a mi imagen y semejanza; es un calco de un pensamiento que creo que puedo negar y del que me puedo librar. Pero como *las ideas no abandonan su fuente,* las ideas de mi ataque y culpa permanecen conmigo. No soy consciente de que esto es así porque creo que me he librado de ellas a través de la proyección, y de esta manera veo la culpa en otro. El pasaje siguiente del texto expresa muy bien esta dinámica, que inevitablemente acaba separándonos de nosotros mismos, al mismo tiempo que nos separa a unos de otros: un resultado perfecto para el ego.

> Repudias lo que proyectas, por lo tanto, no crees que forma parte de ti. Te excluyes a ti mismo al juzgar que eres diferente de aquel sobre el que proyectas. Puesto que también has juzgado contra lo que proyectas, continúas atacándolo, porque continúas manteniéndolo separado de ti. Al hacer esto de manera inconsciente, tratas de mantener fuera de tu conciencia el hecho de que te has atacado a ti mismo, y así te imaginas que te has puesto a salvo.
>
> La proyección, sin embargo, siempre te hará daño. La proyección refuerza la creencia de que tu propia mente está dividida, creencia esta cuyo propósito es mantener vigente la separación [...] La proyección y el ataque están inevitablemente relacionados, ya que la proyección es siempre un medio para justificar el ataque. Sin proyección no puede haber ira. El ego utiliza la proyección con el solo propósito de destruir la percepción que tienes de ti mismo y de tus hermanos. El proceso comienza excluyendo algo que existe en ti, pero que repudias, y conduce directamente a que te excluyas a ti mismo de tus hermanos (T-6.II.2; 3:1-2,5-8).

Esto resalta la importancia de no olvidar nunca la metafísica subyacente del Curso. Si ahí fuera no hay nadie, y el mundo no es sino una proyección de lo que creo que está dentro de mí, todo lo que veo fuera viene de mí. Cuando soñamos de noche, los personajes, los eventos, los lugares y los símbolos del sueño son partes escindidas de nuestro yo; diferentes aspectos de una personalidad que ahora percibimos fuera de nosotros en el sueño. Funciona del mismo modo en nuestros sueños de vigilia.

Así, es imposible que vea a alguien como diferente de mí, porque todo el mundo es fabricado a semejanza de mí, tanto si se trata de Dios, Jesús, el Espíritu Santo o las personas de mi vida de cada día. Por lo tanto, si me veo separado de ti, he hecho la separación real, lo que da realidad a mi separación de Dios. Esta es la fuente de mi autoacusación de que soy un pecador. Al proyectar esto fuera, también veo automáticamente a Dios como un pecador. Esta es la figura de Dios de la Biblia que conocemos y "amamos"; el Dios que está hecho literalmente a nuestra imagen y semejanza. Así, es tan demente como nosotros, y está lleno de nuestro amado especialismo. La ley de la proyección asegura que no pueda ser de otro modo.

(2:1) Escindido de tu Ser, el cual sigue consciente de Su semejanza con Su Creador, tu Ser parece dormir, mientras que la parte de tu mente que teje ilusiones mientras duerme, parece estar despierta.

Aquí Jesús yuxtapone la imagen de Cristo verdaderamente despierto, y que sin embargo *parece* estar dormido, con nuestro ego *realmente* dormido, que sin embargo sueña su vida. Este yo dividido parece estar despierto porque nosotros realmente pensamos que vivimos. Nuestro Ser (Cristo), en verdad, nunca puede quedarse dormido. Solo parece dormir, un "sueño" que está enterrado en nuestras mentes, protegido por el sistema de pensamiento del ego de culpa y ataque.

(2:2-5) ¿Podría ser todo esto el resultado de abrigar resentimientos? ¡Desde luego que sí! Pues aquel que abriga resentimientos niega haber sido creado por el Amor, y en su sueño de odio su Creador

se ha vuelto algo temible. ¿Quién podría tener sueños de odio y no temer a Dios?

Esta es una expresión de la "trinidad impía" del ego de pecado, culpa y miedo: yo creo que me he separado de Dios (*pecado*); me siento abrumado por el horror de lo que he hecho (*culpa*); proyecto mi culpa afuera y veo que Dios (así como todos los que vienen a simbolizar a este Dios vengativo) está dispuesto a robarme lo que yo creo que Le robé a Él (*miedo*). Nos resulta imposible mantener un resentimiento contra alguien y no creer que, al final, Dios nos va a castigar por ello. Esta es la dinámica que Jesús quiere que reconozcamos. Él no quiere que nos sintamos culpables porque tenemos pensamientos de ataque; simplemente quiere que seamos conscientes de por qué estamos eligiéndolos, y las consecuencias de nuestra decisión. Y también quiere que entendamos que mientras creamos que nuestra función es liberarnos de la culpa a través del ataque, nunca conoceremos la verdadera felicidad. Esta es la razón por la que nos dice que nuestra función y nuestra felicidad son una. Nuestra función es soltar los resentimientos y perdonar, permitiendo que los pensamientos de amor del Espíritu Santo salgan a la superficie, puesto que solo ellos pueden hacernos felices. La conexión entre nuestra falta de perdón y el miedo a Dios queda destacada en esta declaración procedente del último obstáculo para la paz:

> Mientras no lo perdones completamente, tú sigues sin ser perdonado. Tienes miedo de Dios *porque* tienes miedo de tu hermano. Temes a los que no perdonas. Y nadie alcanza el amor con el miedo a su lado (T-19.IV-D.11:4-7).

La importancia de que entendamos esta dinámica de causa y efecto, falta de perdón y miedo, se refleja en la frecuencia con la que Jesús retorna a ella, como seguiremos viendo en el Libro de ejercicios.

(3:1) Es tan cierto que aquellos que abrigan resentimientos forjarán una nueva definición de Dios de acuerdo con su propia

imagen, como que Dios los creó a semejanza de Sí Mismo y los definió como parte de Él.

La verdad es que Dios y Su Hijo son semejantes, pero en Amor y perfecta Unidad. El ego dice que Dios y Su Hijo son semejantes, pero en culpa y perfecta separación. Las famosas *bon mots* de Voltaire siempre son relevantes:

> Dios creó al hombre a su imagen. Y el hombre le devolvió el cumplido.

(3:2) Es tan cierto que aquellos que abrigan resentimientos sentirán culpabilidad, como que los perdonan hallarán la paz.

Tal como aprendemos en muchos otros pasajes de *Un curso de milagros*, la causa de nuestro dolor y sufrimiento, sin excepción, es la culpa. El siguiente pasaje del Texto, del que ya hemos citado, es representativo:

> Hubo un tiempo en que no eras consciente de cuál era la causa de todo lo que el mundo parecía hacerte sin tú haberlo pedido o provocado. De lo único que estabas seguro era de que entre las numerosas causas que percibías como responsables de tu dolor y sufrimiento, tu culpabilidad no era una de ellas. Ni tampoco eran el dolor y el sufrimiento algo que tú mismo hubieses pedido en modo alguno. Así es como surgieron todas las ilusiones. El que las teje no se da cuenta de que es él mismo quien las urde ni cree que la realidad de estas dependa de él. Cualquiera que sea su causa, es algo completamente ajeno a él y su mente no tiene nada que ver con lo que él percibe. No puede dudar de la realidad de sus sueños porque no se da cuenta del papel que él mismo desempeña en su fabricación y en hacer que parezcan reales (T-27.VII.7:3-9).

Lo que mantiene nuestra culpa en su lugar son nuestros pensamientos de ataque, y así podemos concluir que dichos pensamientos, nacidos de nuestra culpa, son la causa de nuestra infelicidad y desdicha. Es esencial reconocer esto si queremos sentirnos motivados para renunciar al ataque a través del perdón. Solo entonces podremos encontrar la paz que tan desesperadamente buscamos.

(3:3) Y es igualmente cierto que aquellos que abrigan resentimientos se olvidarán de Quién son, como que los que perdonan lo recordarán.

Queremos recordar nuestra motivación subyacente, que es olvidarnos de Quiénes somos. Queremos olvidar porque, por lo que conocemos de nosotros mismos, en el recuerdo de nuestra Identidad no hay especialismo, singularidad o individualidad. Lo que mantiene este recuerdo alejado es la culpa, y nos defendemos del dolor que esta provoca albergando resentimientos proyectados contra todos los demás.

(4:1-2) ¿No estarías dispuesto a abandonar tus resentimientos si creyeras que todo esto es cierto? Tal vez creas que no puedes desprenderte de tus resentimientos.

La voz del ego nos dice que *Un curso de milagros* es demasiado difícil, que nuestros juicios llenos de odio son demasiado abrumadores, que nuestro temor es demasiado grande, y finalmente que no hay esperanza de que se pueda producir un cambio significativo. No obstante, es posible que el lector recuerde el pasaje que ya hemos presentado del principio del Capítulo 31 (T-31.I.5), donde Jesús nos reprende amablemente por creer que nuestras mentes no son lo suficientemente poderosas para aprender este curso y practicar sus principios de perdón.

(4:3) Esto, sin embargo, no es más que una cuestión de motivación.

Otra manera de caracterizar *Un curso de milagros* es decir que guarda relación con la *motivación*. Por lo tanto, debemos darnos cuenta de que todos tenemos una motivación secreta, una intención oculta que dice: "Yo no quiero despertar del sueño y volver a casa; no quiero soltar mis resentimientos." Esta es la motivación oculta. Hasta que no seamos conscientes de estos pensamientos secretos, no podremos cambiarlos. Por eso es tan importante ser honestos con nosotros mismos con respecto a esta motivación secreta de no querer despertar del sueño. Si fuéramos verdaderamente honestos, nos daríamos cuenta de que lo que en realidad queremos es vivir en este mundo, pero ser más felices, y doblegar este curso para que encaje con el propósito de nuestro ego. Así, como hemos visto, Jesús nos implora en el Texto que seamos honestos con él, lo que de manera natural significa serlo con nosotros mismos. Sus palabras merecen volver a ser leídas:

> Examina detenidamente qué es lo que realmente estás pidiendo. Sé muy honesto contigo mismo al respecto, pues no debemos ocultarnos nada el uno al otro (T-4.III.8:1-2).
>
> Examina honestamente qué es lo que has pensado que Dios no habría pensado y qué no has pensado que Dios habría querido que pensases. Examina honestamente tanto lo que has hecho como lo que has dejado sin hacer y cambia entonces de mentalidad para que así puedas pensar con la Mente de Dios. Esto puede parecer difícil, pero es mucho más fácil que intentar pensar al revés de cómo piensa Él (T-4.IV.2:4-6).

Jesús nos está ayudando a darnos cuenta de que lo que estamos haciendo no nos hará felices. Las relaciones especiales pueden funcionar temporalmente, pero no nos traerán la paz de Dios, como ciertamente lo hará el perdón. Nuestra honestidad, que nos permite unirnos a él, es lo que produce este efecto feliz.

(4:4-5) Hoy trataremos de ver cómo te sentirías sin ellos. Si lo logras, aunque sea brevemente, jamás volverás a tener problemas de motivación.

Una vez que permitimos que Jesús venga a nuestras mentes, lo que significa permitirte a ti mismo ir a la *suya*, conocemos la paz de Dios. Aunque podemos volver a sentir la tentación de dejarle fuera otra vez, siempre habrá una parte de nosotros que conozca la experiencia de ser verdaderamente felices cuando estábamos con él. Cuando dejamos ir nuestros pensamientos de ataque, juicios y especialismo, somos verdaderamente felices. Si escuchamos, podemos oír que nos dice las palabras siguientes, lo que nos motivará a hacerlas nuestras. Así, repetiremos de vez en cuando:

> No tienes idea del tremendo alivio y de la profunda paz que resultan de estar con tus hermanos o contigo mismo sin emitir juicios de ninguna clase (T-3.VI.3:1).

(5:1) Comienza la sesión de práctica más larga de hoy escudriñando tu mente en busca de aquellas personas que son objeto de lo que según tú son tus mayores resentimientos.

Este es un ejercicio que Jesús repite muchas veces en el Libro de ejercicios. Es otro ejemplo de la honestidad que nos pide que practiquemos: mirar verdaderamente a aquellos contra los que albergamos resentimientos. No hace falta añadir que el propósito de este mirar es aprender a dejar ir los resentimientos. Al recordar el dolor que nos causa retenerlos, finalmente estaremos motivados para liberar a nuestros hermanos, liberándonos de esta manera a nosotros mismos.

(5:2-3) Algunas de ellas serán muy fáciles de identificar. Piensa luego en los resentimientos aparentemente insignificantes que abrigas en contra de aquellas personas a quienes aprecias e incluso crees amar.

Jesús está hablando tanto de amor especial como de odio especial. No es solo una cuestión de localizar la furia que podríamos sentir contra una persona específica; estos sentimientos son relativamente fáciles de localizar en nuestras mentes. Lo que es incluso más importante es localizar los sentimientos que son más sutiles, especialmente aquellos que se esconden debajo de la faz del amor especial. Jesús también subraya el punto establecido anteriormente en la Lección 21 de que el enfado no tiene niveles, y también lo hace en el Manual para el maestro:

> Este [el enfado] puede adoptar la forma de una ligera irritación, tal vez demasiado leve como para ser reconocida

> claramente. O puede también manifestarse en forma de una ira desbordada acompañada de pensamientos de violencia, imaginarios o aparentemente perpetrados. Esto no importa. Estas reacciones son todas lo mismo. Ponen un velo sobre la verdad, y esto no puede ser nunca una cuestión de grados. O bien la verdad es evidente o bien no lo es. No puede ser reconocida solo a medias. El que no es consciente de la verdad no puede sino estar contemplando ilusiones (M-17.4:4-11).

Cualquier cosa que no proceda de Dios es ilusoria, independientemente de su aparente magnitud.

(5:4-5) Muy pronto te darás cuenta de que no hay nadie contra quien no abrigues alguna clase de resentimiento. Esto te ha dejado solo en medio de todo el universo tal como te percibes a ti mismo.

¡A nadie le gustan estas líneas! Sin embargo, lo que Jesús dice debe ser así si la Filiación de Dios es una. Si literalmente fabriqué el mundo a mi imagen de auto odio, independientemente de cuántos billones de fragmentos existan en el universo que proyecté, habrá una parte de mí que odie a todos. Si piensas que no albergas este odio dentro de ti, piensa un momento en las personas a las que crees amar. Imagina lo que ocurre cuando ellas no hacen o dicen lo que quieres. Sentirse decepcionado, e incluso levemente molesto no es, una vez más, sino un velo corrido sobre la faz de una intensa furia.

Mientras atesores los pensamientos de ataque contra ti mismo, y creas que lo que quieres es tu individualidad, es imposible percibir *a nadie* con amor. Por lo tanto, es importante ser consciente de estos resentimientos sutiles. Recuerda, como la Filiación de Dios es una, si afirmas que tienes resentimientos contra mucha gente, pero no contra esta persona en particular, recuerda lo enfadado, molesto, herido y decepcionado que te sentiste cuando esta persona maravillosa no hizo o dijo lo que querías. El desdichado efecto de esta dinámica es que "te ha dejado solo en medio de todo el universo tal como te percibes a ti mismo". Aquí es donde comienza el ego: la creencia de que hemos asesinado a

Dios y destruido a Cristo, lo que nos deja aislados en nuestro universo de separación. Como no queremos aceptar responsabilidad por esta condición, proyectamos el pensamiento y fabricamos un universo de billones y billones de personas: las que amamos y las que odiamos. Ya no nos sentimos solos o separados, aunque ciertamente lo estamos, porque nuestro pensamiento original nunca ha abandonado su fuente: "Estoy completamente solo, y he hecho algo terrible."

Así, el especialismo es un intento de tapar la lacerante ansiedad de la separación para que podamos acabar pensando: "Yo no estoy solo en mi odio hacia estas personas, porque estos otros están de acuerdo conmigo"; o, "Yo no estoy solo porque este ser querido está conmigo". Desde el punto de vista del propósito —la única perspectiva significativa para entender el sueño—, el amor especial y el odio especial son lo mismo. Sus *formas* difieren, pero el *contenido* de separación y culpa sigue siendo el mismo.

(6:1-3) Resuélvete ahora a ver a todas esas personas como amigos. Diles a todas ellas, pensando en cada una por separado:

> ***Te consideraré mi amigo, de manera que pueda recordar que eres parte de mí y así poder llegar a conocerme a mí mismo.***

Aquí retorna el importante tema de la unidad. Ahora bien, Jesús no pretende que vayamos a tener éxito al hacer este ejercicio. Se trata de un ejercicio que él quiere que *practiquemos* para poder entender nuestra manera de pensar demente de que realmente hay algunas personas que nos podrían gustar y algunas a las que podríamos odiar. En cuanto a la forma, esto no significa que tengamos que pasar la vida con todas ellas. Más bien, cuando pasamos nuestra vida con personas específicas —las aulas escolares que todos tenemos— se trata de que, *en nuestras mentes,* no excluyamos a nadie. Cuando nos encontramos con personas a las que amamos porque satisfacen nuestras necesidades especiales, resulta muy fácil usar esa relación como estándar con el cual juzgar a las personas que nos han fallado en el pasado: por ejemplo, "Nunca he conocido antes a nadie como tú". "Nadie ha sido nunca tan bondadoso." "En realidad, nadie me ha entendido nunca hasta ahora". Este tipo de pensamientos señalan que no se está expresando el amor omniincluyente de Jesús.

(6:4-9) Pasa el resto de la sesión tratando de imaginarte a ti mismo completamente en paz con todo el mundo y con todas las cosas, a salvo en un mundo que te protege y te ama, y al que tú, a tu vez, amas. Siente como la seguridad te rodea, te envuelve y te sustenta. Trata de creer, por muy brevemente que sea, que no hay nada que pueda causarte daño alguno. Al final de la sesión de práctica, di para tus adentros:

> ***El amor no abriga resentimientos. Cuando me desprenda de mis resentimientos sabré que estoy perfectamente a salvo.***

Jesús quiere que pensemos en nuestra seguridad cuando estemos en medio de sentirnos inseguros. Él sabe que, en este momento, nuestra capacidad de hacer esto es limitada; por eso usa las palabras "por muy brevemente que sea". No obstante, él quiere que nos acostumbremos a nuestras mentes divididas: el sistema de pensamiento de peligro del ego y la corrección de seguridad del Espíritu Santo. Solo entonces podemos ejercitar el poder de la mente de llevar lo inseguro ante lo seguro, la oscuridad a la luz, el resentimiento al amor.

(7) Las sesiones de práctica cortas deben incluir una rápida aplicación de la idea de hoy tal como se indica a continuación, la cual deberá hacerse siempre que surja un pensamiento de resentimiento contra alguien, tanto si esa persona está físicamente presente como si no:

> ***El amor no abriga resentimientos. No traicionaré a mi propio ser.***

Además de eso, repite la idea varias veces por hora de la siguiente manera:

El amor no abriga resentimientos. Quiero despertar a la verdad de mi Ser dejando a un lado todos mis resentimientos y despertando en Él.

Una vez más, Jesús nos recuerda que nos mantengamos vigilantes ante las travesuras del ego, de modo que podamos mirarlas con un amor amable a nuestro lado, permitiéndoles desaparecer. Parafraseando la pregunta retórica (T-23.IV.9:8) que citamos antes: ¿A quién, que esté respaldado por el Amor de Dios, podría resultarle difícil elegir entre los resentimientos y el perdón?

LECCIÓN 69

Mis resentimientos ocultan la luz del mundo de mí.

(1:1) Nadie puede ver lo que tus resentimientos ocultan.

Esta es la idea principal. La "luz del mundo" es el Espíritu Santo en nuestras mentes, el recuerdo del amor de Dios que hemos tratado de olvidar con tanto esfuerzo. En la Lección 136, Jesús habla del doble escudo del olvido. Allí el tema es la enfermedad, pero también podríamos hablar del ataque, puesto que comparte la misma dinámica. Estamos poniendo un escudo ante la luz del mundo —el recuerdo de nuestra Identidad como Cristo— que espera que elijamos recordarlo. El primer escudo es la culpa, nuestro auto odio. El segundo escudo surge cuando proyectamos la culpa de nuestra mente y atacamos a los cuerpos. Atacarnos a nosotros mismos constituye una enfermedad; atacar a otros es ira. Así, el propósito de albergar resentimientos es que nos permiten decir: "La culpa no está en mí, sino en ti." Este segundo escudo nos protege de la culpa, que a su vez nos protege del amor.

(1:2) Debido a que tus resentimientos ocultan la luz del mundo de ti, todo el mundo se halla inmerso en la oscuridad y tú junto con ellos.

La Filiación es una. Si yo tomo la mano de Jesús y estoy en su luz, la Filiación entera está conmigo. Si le suelto la mano, mi mente vuelve a llenarse de la oscuridad del pecado y la culpa. La Filiación también está allí conmigo, al menos en mi mente engañada.

(1:3-5) Pero a medida que el velo de tus resentimientos se descorre, os liberaréis juntos. Comparte tu salvación con aquel que estuvo a tu lado cuando estabas en el infierno. Él es tu hermano en la luz del mundo que os salva a los dos.

Este levantar el velo —la esencia del perdón o del milagro— no tiene nada que ver con lo que la otra persona acepta, cree o percibe ni con lo que deja de aceptar, creer o percibir. Solo tiene que ver con lo que está en nuestras mentes, la esfera de acción del sueño. Dentro de nosotros no hay nada sino los pensamientos del Cielo o del infierno, el *nosotros* que es el Hijo uno de Dios.

(2) Intentemos hoy nuevamente llegar a la luz en ti. Antes de emprender esto en nuestra sesión de práctica más larga, dediquemos varios minutos a reflexionar sobre lo que estamos tratando de hacer. Estamos intentando literalmente ponernos en contacto con la salvación del mundo. Estamos tratando de ver más allá del velo de tinieblas que la mantiene oculta. Estamos tratando de descorrer el velo y de ver las lágrimas del Hijo de Dios desaparecer a la luz del sol.

En primer lugar y, sobre todo, tenemos que tener en mente hasta qué punto *no* queremos hacer esto. En la presencia de la luz de Cristo, nuestra individualidad desaparece. Esto es lo que tememos, aquí es donde nace nuestra resistencia a *Un curso de milagros* y, más específicamente, a este tipo de lección.

El cuadro siguiente muestra el paralelismo entre este comentario de Jesús y el de la lección siguiente. El círculo central representa el círculo de luz al que se va a referir ahora. Para el propósito de estas lecciones, esta será la ubicación de la mente recta.

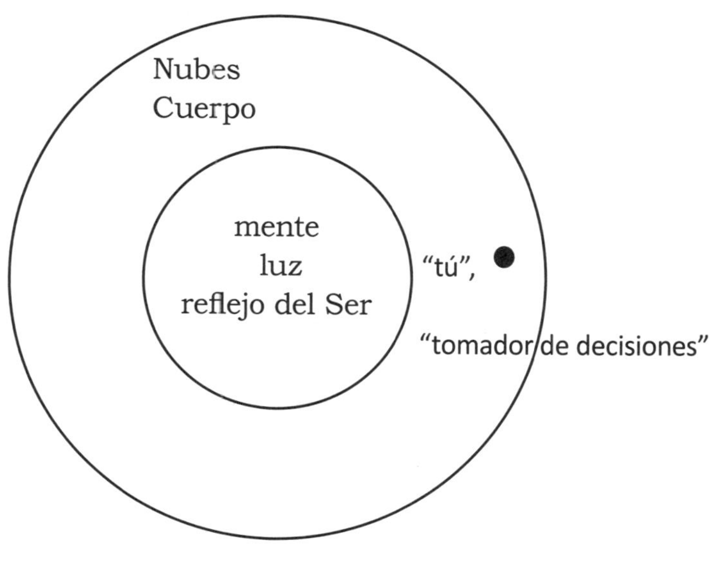

Como explicará Jesús, esto contiene el reflejo de nuestro Ser real. El verdadero Ser, por supuesto, no está en la ilusión. Cubrimos el reflejo de la verdad con un círculo de nubes, que está relacionado con nuestra experiencia física. Nosotros creemos —el *tú* al que habla Jesús— que somos un cuerpo en las nubes. El *tú* está entre comillas porque no es el tú real, y por la misma razón también está entre comillas el *tomador de decisiones*, que está en la mente.

Nosotros creemos que estamos en las nubes, y por lo tanto no vemos nada más. Si estás en medio de un banco de nubes no ves el sol. Si vuelas en un día nuboso, no verás la luz hasta que el avión atraviese las nubes. Ya hemos visto porciones de un pasaje en el que Jesús usa la imagen de nubes que ocultan nuestra culpa. Aquí vamos a leer más de ese pasaje, que comienza con las ilusiones perceptuales que encontramos en la observación del banco de nubes:

> Pero en ese banco de nubes es fácil ver todo un mundo. Las cordilleras, los lagos y las ciudades que ves son todos producto de tu imaginación; y desde las nubes, los mensajeros de tu percepción regresan a ti, asegurándote que todo eso se encuentra allí. Se destacan figuras que se mueven de un lado a otro; las acciones parecen reales, y aparecen formas que pasan de lo bello a lo grotesco. Y esto se repite una y otra vez, mientras quieras seguir jugando el juego infantil de pretender ser otra cosa. Sin embargo, por mucho que quieras jugar ese juego e independientemente de cuánta imaginación emplees, no lo confundes con el mundo que le subyace ni intentas hacer que sea real.
>
> Asimismo, debería ser con las tenebrosas nubes de la culpabilidad, las cuales son igualmente vaporosas e insustanciales. No te pueden magullar al atravesarlas. Deja que tu Guía te muestre su naturaleza insustancial a medida que te conduce más allá de ellas, pues debajo de ellas hay un mundo de luz sobre el que esas nubes no arrojan sombras. Sus sombras solo nublan el mundo que se encuen-

> tra más allá de ellas, el cual está aún más alejado de la luz. Sin embargo, no pueden arrojar sombras sobre la luz (T-18.IX.7-8).

Una vez que atraviesas las nubes, ves el sol y su luz. Estos no habían desaparecido, aunque las nubes afectaban adversamente a nuestra vista. El punto obvio es que nuestra creencia en el pecado y la culpa no ha afectado al amor que es nuestro Ser. Una vez más, esa preciosa línea: "No se perdió ni una sola nota del himno celestial" (T-26.V.5:4).

(3) Hoy daremos comienzo a nuestra sesión de práctica más larga plenamente conscientes de que esto es así y armados de una firme determinación por llegar hasta aquello que nos es más querido que ninguna otra cosa. La salvación es nuestra única necesidad. No tenemos ningún otro propósito aquí ni ninguna otra función que desempeñar. Aprender lo que es nuestra salvación es nuestra única meta. Pongamos fin a la ancestral búsqueda descubriendo la luz en nosotros y poniéndola en alto para que todos aquellos que han estado buscando con nosotros la vean y se regocijen.

Más palabras de ánimo de Jesús, apremiándonos a recordar por qué estamos aquí, a medida que dejamos de lado nuestra "antigua [y fútil] búsqueda" que no nos llevó a ninguna parte. Ahora, habiendo elegido la luz en lugar de la oscuridad, nos convertimos en recordatorios para que otros hagan la elección que nosotros hemos hecho.

(4) Y ahora, muy serenamente y con los ojos cerrados, trata de deshacerte de todo el contenido que generalmente ocupa tu conciencia. Piensa en tu mente como si fuera un círculo inmenso, rodeado por una densa capa de nubes oscuras. Lo único que puedes ver son las nubes, pues parece como si te hallaras fuera del círculo y a gran distancia de él.

El *tú,* una vez más, es el *tú* que yo he puesto entre comillas en el cuadro. El contenido que Jesús nos pide que dejemos ir incluye los resentimientos del pasado, los pensamientos de especialismo en el presente y los miedos con respecto al futuro: todos ellos tienen que ver con cuerpos. Solo vemos las nubes porque estamos en las nubes. Estamos fuera del círculo de luz y, por lo tanto, creemos estar "a gran distancia de él". La culpa es la gran cegadora del universo. Una vez que nos hemos identificado con ella, solo podemos "ver" a través de sus ojos. Pero esos ojos no fueron hechos para ver, como ya hemos comentado. Así, no podemos ver el círculo de luz, aunque nos rodea por todas partes; ciertamente, aunque él *es* nosotros.

(5:1) Desde donde te encuentras no tienes ninguna razón para creer que detrás de las nubes hay una luz brillante.

En otras palabras, y continuando con el punto que hemos establecido antes, lo único que conocemos es nuestra individualidad y especialismo: esto es lo que creemos que es real. Como percibimos un mundo de cuerpos, una locura compartida por billones de personas, creemos que esto es la realidad, y no somos conscientes de la verdad subyacente. Una vez más, la oscuridad de la culpa nos ciega a la luz. Recuerda esta importante declaración:

> Nada es tan cegador como la percepción de la forma (T-22.III.6:7).

(5:2-5) Las nubes parecen ser la única realidad. Parece como si fueran lo único que se puede ver. Por lo tanto, no tratas de atravesarlas e ir más allá de ellas, lo cual sería la única manera de convencerte realmente de su insustancialidad. Eso es lo que vamos a intentar hoy.

No intentamos atravesar e ir más allá de las nubes porque no vemos ninguna razón para hacerlo. Como los prisioneros encadenados de Platón que solo veían el fondo de la cueva y se olvidaban de la fuente de las sombras proyectadas sobre la pared, nosotros no conocemos nada más. Así, no tenemos otro recurso que el de reordenar las nubes para sentirnos mejor. Por ejemplo, fabricamos la luz artificial para poder ver: literalmente, la luz artificial de la electricidad, la luz metafísicamente artificial del sol, y, tal vez la más importante, la luz artificial de nuestro especialismo.

Al no conocer la verdadera luz, lo hacemos lo mejor que podemos. Pensamos que nuestros problemas están en los bancos de nubes del mundo, tal como creemos que nuestras soluciones también se encuentran allí. La estrategia del ego de establecer la inconsciencia o ausencia de mente como la realidad ha tenido un éxito notable.

(6:1) Después de que hayas pensado en cuán importante es para ti y para el mundo lo que estás intentando hacer...

Vuelve a darte cuenta de que Jesús no está hablando de salvar a un mundo externo: *¡El mundo externo no existe!* Él está hablando del mundo en el que creemos, proyectado desde nuestras mentes. Creemos en un mundo de separación de Dios, el hogar del pecado, la culpa, el miedo, el ataque y la muerte. Proyectamos este sistema de pensamiento, y ahora creemos que existe un mundo fuera de nosotros y que tiene que ser salvado. Una vez más, cuando Jesús dice que nosotros somos la luz que salva al mundo, está claro que no está hablando de nada externo, lo cual sería el opuesto exacto de su mensaje. Salvamos al mundo porque nos salvamos a nosotros mismos; nos salvamos a nosotros mismos porque salvamos al mundo; nuestro ser y el mundo son uno y el mismo: *las ideas no abandonan su fuente.* Lo que sigue resume sucintamente las enseñanzas de Jesús sobre la relación mente-mundo, y la naturaleza de la salvación:

> [El mundo] se compone de lo que no deseas, lo cual has proyectado desde tu mente porque tienes miedo de ello. Sin embargo, un mundo así solo se puede encontrar en la mente de su hacedor, junto con su verdadera salvación. No creas que se encuentra fuera de ti, ya que únicamente reconociendo dónde se encuentra es como podrás tener control sobre él. Y ciertamente tienes control sobre tu mente, dado que la mente es el mecanismo de decisión (T-12.III.9:7-10).

(6:1-3) [...] trata de alcanzar un estado de perfecta quietud, recordando únicamente la intensidad con la que deseas alcanzar hoy mismo, en este mismo instante, la luz que resplandece en

ti. Resuélvete a atravesar las nubes. Extiende tu mano y, en tu mente, tócalas.

Al decir "en tu mente, tócalas", Jesús está haciendo énfasis en que las nubes no son externas. Ellas son los pensamientos de ataque de la mente, proyectados como experiencia corporal. No hace falta añadir que este énfasis refleja el deshacimiento de la estrategia del ego de inconsciencia o ausencia de mente, al recordarnos que tenemos una mente. También refleja que Jesús nos anima a elegir la felicidad, que solo puede alcanzarse eligiendo ser guiado a través de las nubes de culpabilidad a la luz de la verdad.

(6:4-5) Apártalas con la mano, y siente cómo rozan tus mejillas, tu frente y tus ojos según las atraviesas. Sigue adelante; las nubes no te pueden detener.

Esta es otra forma de decir que las ilusiones no tienen poder a menos que elijamos dárselo. Lo que nos motiva a aprender esta lección es reconocer que nuestro especialismo no funciona. Así, la cesación de nuestro dolor se convierte en nuestra motivación:

> La resistencia al dolor puede ser grande, pero no es ilimitada. A la larga todo el mundo empieza a reconocer, por muy vagamente que sea, que *tiene que* haber un camino mejor (T-2.III.3:5-6).

Nuestro dolor nos hace admitir que estábamos equivocados. Albergar resentimientos, juicios y especialismo de la manera que sea no funciona. Nada funciona, *excepto dejarlos ir a todos ellos.* En algún momento llegaremos a aceptar esta verdad para nosotros mismos. Hasta entonces, solo hacemos la lección al nivel de la conducta. Las nubes de culpa no pueden detenernos a menos que nuestras mentes les den el poder de hacerlo.

(7) Si estás haciendo los ejercicios correctamente, empezarás a sentir como si estuvieras siendo elevado y transportado hacia delante. Tus escasos esfuerzos y tu limitada determinación

invocan el poder del universo para que venga en tu ayuda, y el Propio Dios te sacará de las tinieblas y te llevará a la luz. Estás actuando de acuerdo con Su Voluntad. No puedes fracasar porque tu voluntad es la Suya.

¿Cómo podemos perder? Este, evidentemente, es el punto más importante. Nuestros egos quieren perder, ¡y nosotros ni siquiera lo sabemos! Nosotros no podemos perder porque "el desenlace es tan seguro como Dios" (T-4.II.5:8). Aprendemos que esto es cierto cuando aceptamos la Expiación para nosotros mismos, lo que significa que aceptamos el hecho feliz de que la separación de Dios nunca ocurrió. Lo único que se requiere para esta aceptación es nuestro "pequeño esfuerzo y limitada determinación" —nuestra pequeña dosis de buena voluntad— para permitir que el Espíritu Santo restaure esta verdad en nuestra conciencia, tal como Jesús nos asegura en los pasajes siguientes en el contexto del instante santo:

> El instante santo es el resultado de tu decisión de ser santo [...] Preparas tu mente para él en la medida en que reconoces que lo deseas por encima de todas las cosas. No es necesario que hagas nada más; de hecho, en necesario que comprendas que no puedes hacer nada más [...] El instante santo no procede únicamente de tu pequeña dosis de buena voluntad. Es siempre el resultado de combinar tu buena voluntad con el poder ilimitado de la Voluntad de Dios (T-18.IV.1:1,4-5; 4:1-2).

> Tu papel consiste únicamente en estar dispuesto, aunque sea mínimamente, a que Él elimine todo vestigio de odio y de temor, y a ser perdonado. Sobre tu poca fe, unida a Su entendimiento, Él establecerá tu papel en la Expiación y se asegurará de que lo cumplas sin ninguna dificultad. Y con Él construirás los peldaños, tallados en la sólida roca de la fe, que se elevarán hasta el Cielo (T-18.V.2:5-7).

(8:1-2) Ten confianza en tu Padre hoy y la certeza de que Él te ha oído y contestado. Es posible que aún no reconozcas Su respuesta, pero puedes estar seguro de que se te ha dado y de que la recibirás.

Este pasaje es importante porque nos refleja que Jesús sabe que esto es un proceso: "Es posible que aún no reconozcas Su respuesta." Él no espera que atravesemos instantáneamente las nubes de ilusión hasta su luz. Tal como en muchos, muchos otros lugares, Jesús nos recuerda el objetivo, la fuerza de nuestro deseo de alcanzarlo, y cuánta práctica tenemos por delante. Una vez más, "el desenlace es tan seguro como Dios", y solo espera la disminución de nuestro miedo para que podamos aceptar la respuesta de Dios.

(8:3-5) Trata de tener presente esta certeza según intentas atravesar las nubes en dirección a la luz. Trata de recordar que por fin estás uniendo tu voluntad a la de Dios. Trata de mantener claro en tu mente el pensamiento de que lo que emprendes con Dios no puede sino tener éxito.

Este, entonces, se convierte en el prototipo para vivir en el mundo. A medida que experimentamos las nubes del ego de culpa y miedo, ansiedad y depresión, tratamos de recordar Quién va con nosotros. Solo a través de esta experiencia de confianza en un poder que no somos nosotros —el Amor de Dios y no el ego— finalmente somos capaces de atravesar las nubes hacia la luz. Como explica Jesús, hablando del círculo de miedo en palabras que ya hemos mencionado:

> Pero Dios puede llevarte hasta allí, si estás dispuesto a seguir al Espíritu Santo a través del aparente terror, confiando en que Él no te abandonará ni te dejará allí. Pues su propósito no es atemorizarte, aunque el tuyo lo sea. Te sientes seriamente tentado de abandonar al Espíritu Santo al primer roce con el anillo de temor, pero Él te conducirá sano y salvo a través del temor y más allá de él (T-18.IX.3:7-9).

Debido a nuestro Compañero debemos tener éxito, porque la verdad siempre triunfará sobre la ilusión, puesto que la verdad es lo único que existe.

(8:6) Deja entonces que el Poder de Dios obre en ti y a través de ti, para que se haga Su Voluntad y la tuya.

Como acabamos de ver, no somos nosotros, sino el poder de Dios, lo que produce esta unión. Esto en realidad se refiere al Espíritu Santo, el Cual restaura en nuestra conciencia la unidad de voluntades que es nuestra única realidad.

(9:1-2) En las sesiones de práctica más cortas, que te conviene llevar a cabo tan a menudo como sea posible en vista de la importancia que la idea de hoy tiene para ti y tu felicidad, recuérdate a ti mismo que tus resentimientos ocultan la luz del mundo de tu conciencia. Recuerda también que no la estás buscando solo y que sabes dónde encontrarla.

Aquí Jesús no se está refiriendo a sí mismo o al Espíritu Santo. *Ellos* no buscan. Él quiere decir que no estamos buscando la luz solos, porque nuestros hermanos son uno con nosotros en la Filiación de Dios. Esta comprensión viene cuando pedimos ayuda al Espíritu Santo en lugar de al ego demente, cuando quiera que sentimos la tentación de albergar un resentimiento.

La motivación para este cambio viene con el reconocimiento de que nuestra felicidad depende de él:

(9:3-6) Di entonces:

> ***Mis resentimientos ocultan la luz del mundo de mí. No puedo ver lo que he ocultado. Mas por mi salvación y por la salvación del mundo, deseo que me sea revelado.***

No solo *nuestra* felicidad depende de ello, sino nuestra salvación del infierno de la culpa; no solo *nuestra* salvación, sino la de toda la Filiación puesto que, una vez más, nuestras mentes son una.

(9:7-8) Si sientes hoy la tentación de albergar algún resentimiento contra alguien, asegúrate asimismo de decir para tus adentros:

Si abrigo este resentimiento la luz del mundo quedará velada para mí.

En otras palabras, Jesús nos dice que deberíamos monitorizar nuestras mentes en busca de todos los pensamientos de ataque —"grandes" o "pequeños", "justificados" o "no justificados" — y darnos cuenta de que ellos están ocultándonos la luz del mundo. Dejando a un lado el hecho de que nuestros resentimientos ocultan la luz de esta otra persona, ellos nos mantienen a *nosotros* en la oscuridad. Nuestra liberación es la motivación —la única motivación que verdaderamente funcionará— para dejarlos ir.

LECCIÓN 70

Mi salvación viene de mí.

Esta es una lección importante que solemos citar con frecuencia. La razón de su importancia estriba en su declaración explícita de que el problema de la culpa está en nuestras mentes. En otras palabras, la causa de nuestra inquietud está dentro, como también lo está su deshacimiento. Ambos no están, y no pueden ser hallados, en nada externo.

(1:1) Toda tentación no es más que una variante de la tentación básica de no creer la idea de hoy.

Este es el propósito de todas las relaciones especiales, que proclaman: mi salvación viene de ti, quienquiera o cualquiera que parezca ser esa persona, sustancia o actividad especial. Lo que me hace feliz no proviene de la elección de mi mente, sino de lo que es externo a ella. La verdad, por supuesto, es que la *salvación* solo puede venir de mi mente, puesto que la *esclavitud*[2*] (caer en algún juego mundano) también solo puede venir de la mente.

(1:2-3) La salvación parece proceder de cualquier parte excepto de ti. Lo mismo se puede decir del origen de la culpa.

Lo atractivo del Libro de ejercicios es que la mayor parte del tiempo no tiene las complicadas exposiciones que se encuentran en el Texto. Estas declaraciones son tan claras que te asombrará comprobar cómo tus ojos las pasan de largo. Si has hecho el Libro de ejercicios en el pasado y estás releyéndolo, te sorprenderá cuánto de él no recuerdas e incluso cuánto de él no captaste la primera vez. Lo anterior es un ejemplo de tal simplicidad.

(1:4-6) Tú no crees que la culpa y la salvación estén en tu mente y solo en tu mente. Cuando te des cuenta de que la culpa es solo una invención de la mente, te darás cuenta también de que la

---

2* Aquí el autor juega con las palabras inglesas *salvation* y *slavation*, que estando compuestas por las mismas letras significan respectivamente salvación y esclavitud (N. del t.).

culpa y la salvación tienen que encontrarse en el mismo lugar. Al entender esto te salvas.

El propósito del sistema de pensamiento del ego es mantener el problema alejado de la respuesta. El ego fabrica la culpa como una defensa contra la salvación: la aceptación de la Expiación que está en nuestras mentes rectas. Nos dice que tomemos el problema de la culpa y que lo proyectemos sobre alguien más. Ahora nuestro problema es culpa de alguna otra persona, no nuestra. Así pasamos el resto de nuestras vidas —como individuos y como sociedad— intentando resolver el problema mental de la culpa que es percibida fuera de nosotros. Tratamos de aliviar el dolor mediante la conducta externa, sin embargo, en todo momento, el verdadero problema —nuestra elección de ser un individuo especial y culpable— queda enterrado de manera segura por la estrategia defensiva del ego. Este es el *doble escudo de olvido* —culpa y cuerpo— que ya hemos comentado.

(2:1) El aparente coste de aceptar la idea de hoy es el siguiente: significa que nada externo a ti puede salvarte ni nada externo a ti puede brindarte paz.

Esto incluye *Un curso de milagros,* su autor, y Dios. No hay nadie ni nada externo que pueda salvarnos. Desde la perspectiva del Curso, esto significa el final de todos los gurús, en la expresión popularizada de esta práctica oriental. Solo el poder de elegir de nuestra mente —y esto no puede decirse con la frecuencia suficiente— puede aportarnos salvación y paz.

(2:2) Significa también que nada externo a ti puede hacerte daño, perturbar tu paz o disgustarte en modo alguno.

Si lo uno es cierto, lo otro también debe serlo, porque *no hay nada que esté fuera de nuestras mentes.* Nadie de fuera puede ayudarnos porque no hay nadie fuera; nada de fuera puede dañarnos porque no hay nada fuera. Esta es otra forma de entender "la simplicidad de la salvación" (T-31.I).

(2:3-5) La idea de hoy te pone a cargo del universo, donde te corresponde estar por razón de lo que eres. No es este un papel que se pueda aceptar parcialmente. Y seguramente habrás comenzado a darte cuenta de que aceptarlo es la salvación.

Esto no se refiere al universo del Cielo, sino al universo de nuestras mentes y el mundo. Nosotros estamos al cargo porque nosotros somos los que lo elegimos. El tú que está al cargo del universo, una vez más, es el *tomador de decisiones*. Ha elegido estar en el sueño, pero con la misma facilidad puede elegir estar fuera de él.

Decir que este papel no puede ser aceptado parcialmente significa que nosotros no podemos afirmar legítimamente: "Sí, yo puedo ayudarme a mí mismo aquí, pero alguien tiene que ayudarme allí"; o "Puedo pedir ayuda a Jesús para este problema particular, pero no para los otros". El perdón funciona en todo momento o bien no funciona en absoluto. Recuerda que este es un curso de *todo o nada*.

(3:1-2) Es probable, no obstante, que aún no esté claro para ti por qué razón reconocer que la culpa está en tu mente conlleva asimismo darte cuenta de que la salvación también está allí. Dios no habría puesto el remedio para la enfermedad donde no te pudiese servir de nada.

Como breve resumen de lo comentado en el Prefacio a estos volúmenes, permíteme volver al tema del lenguaje de *Un curso de milagros*. Si se toma literalmente, la frase 3:2 significaría que Dios hace cosas. Haciéndolo real de manera evidente, Él ha visto el error del pecado y la enfermedad, y nos da la respuesta. Esto es lo que dicen las palabras de Jesús, como a veces también lo hacen en el Texto.[3*] No obstante, repitiendo un punto importante, estas palabras son metafóricas. Dios no tiene un plan en respuesta a la separación, y tampoco crea al Espíritu Santo y Lo ubica en nuestras mentes. Además, nuestro Creador no establece un elaborado plan de Expiación mediante el cual sus Hijos

3* Véase "Pocos eligen escuchar", Vol. 2 de El Mensaje de *Un curso de milagros,* para encontrar un comentario completo de estas características lingüísticas del Curso, junto con los ejemplos relevantes.

despertarán del sueño. Jesús acaba de decirnos que no hay nada externo que pueda salvarnos. Sin embargo, ¡aquí dice que Dios nos salva! Si es así, Él debe ser un Ser dualista que es externo a aquel a quien salva.

Jesús usa este lenguaje dualista en *Un curso de milagros* porque es un lenguaje con el que nosotros podemos identificarnos; una manera reconfortante de hablar, ya que nos es familiar. Recuerda el pasaje que comentamos antes de "El vínculo con la Verdad" (T-25.I.5-7): estando totalmente identificados con un yo separado (dualista), el estado de perfecta Unidad es desconocido para nosotros, como también lo es el "lenguaje" que habla de él. Así, Jesús utiliza "el marco de referencia del ego" para expresar sus enseñanzas: el *reflejo* de la no dualidad es lo que en última instancia nos conducirá a la no dualidad.

Volvemos ahora a la frase que acabo de leer, y continúo:

(3:2-3) Dios no habría puesto el remedio para la enfermedad donde no te pudiese servir de nada. Así es como funciona tu mente, pero no la Suya.

En otras palabras, nuestras mentes han separado el problema de la solución. Por fortuna, "Dios piensa de otra manera" (T-23.I.2:7). El recuerdo de su Amor nos permite llevar el problema (proyectado desde la mente) de vuelta a la solución (en la mente).

(3:4) Él quiere que sanes, y por eso mantiene la Fuente de la curación allí donde hay necesidad de curación.

Repito, Dios no quiere que sanes. Si lo quisiera, reconocería que estás enfermo. De ser así, estaría haciendo el error real. Vuelvo a decirlo: este es un conjunto de símbolos reconfortantes que a todos nos tranquilizan. Es importante entender que esta es la razón por la que *Un curso de milagros* está escrito de manera dualista. La verdad no dualista es que Dios, por virtud de Su propia naturaleza, es la Fuente de curación que siempre está presente: Su recuerdo en nuestras mentes separadas, y por tanto enfermas.

(4:1) Tú has tratado de hacer justamente lo contrario, intentando por todos los medios, no importa cuán distorsionados o extravagantes, separar la curación de la enfermedad a la que estaba destinada, conservando de ese modo la enfermedad.

Ya hemos comentado que el verdadero miedo del ego no es al Amor de Dios, del que no sabe nada, sino al poder de la mente de hacer la elección correcta, a la capacidad del tomador de decisiones de decir: "Elegí falsamente al ego, pero todavía hay un principio de verdad que está disponible en mi mente para que lo elija." Esta capacidad de corregir la decisión equivocada es lo que atemoriza al ego, y esto le motiva para llevar a cabo su estrategia de hacer que el Hijo de Dios no tenga mente, protegiéndose de esta manera a sí mismo del "ataque" del poder del Hijo para cambiar de mentalidad.

La solución, por tanto, está en nuestras mentes, porque esa es la fuente del problema, que no reside en el sistema de pensamiento del ego mismo, sino en nuestra decisión de identificarnos con él. En consecuencia, la solución no reside en cambiar el sistema de pensamiento del ego (el primer escudo del olvido), y todavía menos en cambiar la expresión material del sistema de pensamiento del ego (el segundo escudo del olvido). La solución reside en cambiar de mentalidad con respecto al sistema de pensamiento del ego. Volviendo a citar esta maravillosa línea:

> No trates, por lo tanto, de cambiar el mundo, sino elige más bien cambiar de parecer acerca de él (T-21.in.1:7).

Por lo tanto, *Un curso de milagros* trata sobre el cambio de nuestras mentes, como vemos una y otra vez en estas lecciones. A estas alturas, este objetivo del Curso ya debería resultar muy evidente, como también lo debería ser el lugar que ocupa el Libro de ejercicios dentro de su programa de estudios.

Permíteme releer la primera frase del párrafo: "Tú has tratado de hacer justamente lo contrario, intentando por todos los medios, no importa cuán distorsionados o extravagantes, separar la curación de la enfermedad a la que estaba destinada, conservando de este modo la enfermedad." Esto es lo que queremos: conservar la enfermedad del especialismo. El intrincado sistema de pensamiento del ego y el complejo mundo que surgió de él solo tienen un propósito: conservar la enfermedad de creer que somos especiales, autónomos y que estamos separados de Dios.

(4:2-3) Tu propósito ha sido asegurarte de que la curación no tuviese lugar. El propósito de Dios ha sido asegurarse de que sí lo tuviera.

Recuerda, el *tú* de cuyo propósito está hablando Jesús es el tomador de decisiones, al que le gusta la idea de estar por su cuenta. Esto pone al Hijo en oposición directa a Dios, Cuya Voluntad es que Él y Su Hijo sean uno y nunca estén separados, como refleja el párrafo siguiente:

(5) Nuestra práctica de hoy consiste en darnos cuenta de que la Voluntad de Dios y la nuestra coinciden completamente en esto. Dios quiere que sanemos y nosotros no queremos realmente estar enfermos, pues eso no nos hace felices. Al aceptar la idea de hoy, por lo tanto, estamos en realidad de acuerdo con Dios. Él no quiere que estemos enfermos. Nosotros tampoco. Él quiere que nos curemos. Nosotros también.

Jesús tiene que convencernos de que aferrarnos a los resentimientos nos hace infelices. Es posible que también haga infelices a todos los demás. Sin embargo, la única motivación que funcionará es la de acabar con nuestra desdicha y nuestro dolor. No vamos a estudiar y practicar *Un curso de milagros* porque Jesús dice que deberíamos hacerlo, sino porque finalmente hemos reconocido que todo lo que hemos probado por nuestra cuenta ha fracasado. Por fin aceptamos que solo unirnos con Jesús nos hará felices. Nuestra decisión de estar con él refleja así la unión de nuestra voluntad con la de Dios, reflejando la decisión de sanar la separación.

(6) Hoy estamos listos para dos sesiones de práctica largas, cada una de las cuales debe tener una duración de diez a quince

minutos. Dejaremos, no obstante, que seas tú quien decida cuándo llevarlas a cabo. Seguiremos esta norma en varias de las lecciones sucesivas, por lo que una vez más sería mejor que decidieras de antemano la mejor hora para llevar a cabo cada una de las sesiones de práctica y que luego te adhirieras lo más fielmente posible al horario establecido.

Una vez más, vemos que Jesús nos está pidiendo que impongamos cierta estructura en nuestra práctica. No es gran cosa, sin duda, pero es un comienzo. Su propósito aquí, como siempre, es animarnos a continuar con nuestro entrenamiento de querer pensar junto con él, de modo que podamos olvidar nuestros egos y recordar a Dios.

(7) Empieza estas sesiones de práctica repitiendo la idea de hoy, añadiendo una afirmación en la que se vea expresado tu reconocimiento de que la salvación no procede de nada externo a ti. Podrías, por ejemplo, decir lo siguiente:

> ***Mi salvación procede de mí. No puede proceder de ninguna otra parte.***

Dedica después varios minutos, con los ojos cerrados, a revisar algunas de las fuentes externas en las que en el pasado buscaste la salvación: en otra gente, en posesiones, en diversas situaciones y acontecimientos, y en conceptos de ti mismo que intentaste convertir en realidad. Reconoce que la salvación no se encuentra en nada de eso, y dite a ti mismo:

> ***Mi salvación no puede proceder de ninguna de esas cosas.***
>
> ***Mi salvación procede de mí y solo de mí.***

Este es el propósito de nuestras relaciones especiales: la creencia de que algo distinto de Dios nos puede salvar y hacer felices. El propósito de este ejercicio es revisar lo importante que este concepto ha sido en nuestras vidas, y cuán doloroso. Esto es lo que finalmente nos impulsará a realizar la elección que nos aportará verdadera ayuda y felicidad.

(8:1-5) Tratemos ahora nuevamente de llegar a la luz en ti, que es donde realmente se encuentra tu salvación. No puedes encontrarla en las nubes que rodean la luz, y es ahí donde la has estado buscando. No está ahí. Está más allá de las nubes, en la luz que se encuentra tras ellas. Recuerda que tienes que atravesar las nubes antes de poder llegar a la luz.

El cuadro mencionado anteriormente (véase página---) también nos va a servir aquí para ilustrar el proceso de ir más allá de las nubes a la luz; más allá de las ilusiones de nuestras relaciones especiales a la verdad del perdón. Estas líneas hacen una declaración muy importante: no podemos ir directamente desde donde creemos estar al Cielo; primero debemos atravesar las nubes de ilusiones. Por eso Jesús nos enseña que la libertad reside en mirar las relaciones de odio especial (T-16.IV.1:1). Debemos mirar a nuestros pensamientos alterados, enfermos, dementes y llenos de odio antes de poder ir más allá de ellos al amor que está debajo. La salvación no se puede hallar en las nubes del mundo, sino solo en la luz de la Expiación que el ego ha mantenido oculta, pero que nunca ha dejado de brillar en nuestras mentes.

(8:6) Pero recuerda también que jamás encontraste nada que fuese duradero, o que realmente quisieras, en los tapices de nubes que te imaginabas.

En realidad, no nos creemos esto; hay una parte de nosotros que todavía cree que hay esperanza para algo de lo de aquí. Aún creemos que nuestro especialismo funcionará; simplemente tenemos que hacerlo mejor. Este tipo de pensamiento es la razón por la que sentimos que *Un curso de milagros* no nos ayuda. Y por eso se nos tiene que recordar, y recordar continuamente, que nada en este mundo ha satisfecho ni satisfará nuestro anhelo de amor y paz.

(9) Puesto que todas las ilusiones de salvación te han fallado, seguramente no querrás quedarte en las nubes buscando en vano ídolos falsos cuando te sería tan fácil llegar hasta la luz de la verdadera salvación. Trata de ir más allá de las nubes utilizando

cualquier medio que te atraiga. Si te resulta útil, piensa que te estoy llevando de la mano y que te estoy guiando. Y te aseguro que esto no será una vana fantasía.

Este es uno de los pocos lugares del Libro de ejercicios en los que Jesús habla de sí mismo. No hace falta añadir que se trata de una declaración poderosa. Él está diciendo: "Te va a ir mucho mejor atravesando las nubes conmigo." De hecho, como Jesús deja claro en otros lugares: "*No puedes* atravesar las nubes sin mí." Esta es la razón por la que, por ejemplo, él dice que te necesita tanto como tú le necesitas a él (T-8.V.6:10), una referencia que ya hemos visto. Mientras creas que eres un cuerpo individual, necesitas otro cuerpo individual para ayudarte; una mano que agarrar para que te guíe a través de la ciénaga del especialismo. Cuando tratas de atravesar las nubes de la culpa por tu cuenta, estás condenado al fracaso, porque tal intento es un sombrío fragmento del error original de intentar existir y crear por nuestra cuenta, *sin Dios.*

Al final, no hay tú, no hay Jesús, no hay nubes, solo Dios. Pero eso es al final. Mientras te identifiques a ti mismo como un estudiante de su Curso, la ayuda de Jesús es extraordinariamente significativa. Esto hace eco al ruego que se nos hace en la clarificación de términos, que dice que, aunque es el mensaje de Jesús lo que en último término es importante, él todavía puede ayudarnos:

> Mas para ti, Jesús es el portador del único mensaje de Cristo acerca del Amor de Dios. No tienes necesidad de ningún otro. Es posible leer sus palabras y beneficiarse de ellas sin aceptarlo en tu vida. Mas él te ayudaría todavía más si compartieras con él tus penas y alegrías, y renunciaras a ambas para hallar la Paz de Dios (C-5.6:4-7).

Así, Jesús dice: "No hagas este viaje sin mí."

(10) Para las sesiones de práctica cortas y frecuentes de hoy, recuérdate a ti mismo que la salvación procede de ti y que nada,

salvo tus propios pensamientos, puede impedir tu progreso. Estás libre de toda interferencia externa. Estás a cargo de tu salvación. Estás a cargo de la salvación del mundo. Dí, entonces:

> ***Mi salvación procede de mí. No hay nada externo a mí que me pueda detener. En mí se encuentra mi propia salvación y la del mundo.***

La lección acaba con el importante recordatorio de que ya no tenemos justificación para cambiar la responsabilidad de nuestros impedimentos espirituales de nosotros mismos a las influencias externas. Jesús quiere recordarnos a lo largo del día, con tanta frecuencia como sea posible, que la salvación solo viene de nosotros. Esto son malas noticias para nuestro ego, pero son las mejores noticias para la parte de nuestra mente que quiere volver a casa. Nada en el mundo puede impedir este retorno, y puesto que esto es lo que realmente queremos, no podemos evitar tener éxito.

LECCIÓN 71

Solo el plan de Dios para la salvación tendrá éxito.

Este no es un pensamiento muy feliz para el ego, porque nosotros todavía pensamos que nuestros planes para la salvación funcionarán. Lo digo otra vez: Dios no tiene un plan. Se usan términos como estos porque nos son familiares y fáciles de entender. Sin embargo, debemos recordar siempre que son los símbolos de perdón de Jesús para corregir los símbolos de pecado y castigo del ego. En la Biblia, y en las religiones que han surgido de la Biblia, Dios ciertamente tiene un plan. El plan del que Jesús habla aquí es muy distinto, como ya hemos visto, y volveremos a ver en esta lección.

(1:1-2) Tal vez aún no te hayas percatado de que el ego ha urdido un plan para la salvación que se opone al de Dios. Ese es el plan en el que crees.

Cuando vivimos nuestras relaciones de amor y de odio especial, la mayoría de nosotros no pensamos que estamos eligiendo activamente en contra de Dios. Por eso Jesús pregunta en el Texto que, si supiéramos que nuestras relaciones especiales serían un triunfo sobre Dios, ¿las desearíamos? (T-16.V.10:1). Él está ayudándonos a entender que no solo tenemos un plan para salvarnos a nosotros mismos del dolor, sino que dicho plan se opone directamente a Dios. Resulta de ayuda pensar en este aspecto *uno-o-el-otro* de nuestras vidas, porque percibir la situación tal como es nos permitirá cambiar de mentalidad y hacer la elección correcta.

(1:3) Dado que es lo opuesto al de Dios, crees también que aceptar el plan de Dios en lugar del ego es condenarte.

Esto es lo que nosotros creemos: si aceptamos el plan de Dios y perdonamos, nuestra individualidad se acaba y quedamos condenados al olvido eterno. Esto recuerda el comentario crucial del Texto en el que Jesús explica el pensamiento invertido del ego: lo bueno es malo y lo malo es bueno; el perdón ha de evitarse y se ha de abrazar la culpa:

> Gran parte del extraño comportamiento del ego se puede atribuir directamente a su definición de la culpa. Para el ego, *los inocentes son culpables*. Los que no atacan son sus "enemigos" porque, al no aceptar su interpretación de lo que es la salvación, se encuentran en una posición excelente para poder abandonarla [...] Cuando el ego se enfrentó con la verdadera inocencia del Hijo de Dios, intentó darle muerte, y la razón que adujo fue que la inocencia es una blasfemia contra Dios. Para el ego, *ego* es Dios, y la inocencia tiene que ser interpretada como la máxima expresión de culpa que justifica plenamente el asesinato. (T-13.II.4:1-3; 6:2-3).

(1:4-5) Esto, desde luego, parece absurdo. Sin embargo, una vez que hayamos examinado en qué consiste el plan del ego, quizá te des cuenta de que, por muy absurdo que parezca, ciertamente crees en él.

Tal vez recuerdes que en "Las leyes del caos" Jesús dice lo mismo. Él describe la demencia de las cinco leyes del ego y después dice:

> Sostienes —y piensas que es verdad— que no crees en estas leyes insensatas ni que tus acciones están basadas en ellas. Pues cuando examinas de cerca lo que postulan, ves que no se puede creer en ellas. Hermano, *crees* en ellas (T-23.II.18:1-3).

Jesús sabe que creemos en el plan del ego, porque creemos que estamos aquí. Esto significa que creemos que la proyección es la salvación, porque nos protege del principio de Expiación de la mente, el hogar donde reside el recuerdo del Amor de Dios.

(2:1) El plan del ego para la salvación se basa en albergar resentimientos.

No se podría pedir una declaración más simple, ni que refleje de manera más directa el uso que el ego hace de la proyección. Esto conduce a una descripción convincente del especialismo:

(2:2-5) Mantiene que, si tal persona actuara o hablara de otra manera, o si tal o cual acontecimiento o circunstancia externa cambiase, tú te salvarías. De este modo, la fuente de la salvación se percibe constantemente como algo externo a ti. Cada resentimiento que abrigas es una declaración y una aseveración en la que crees, que reza así: "Si esto fuese diferente, yo me salvaría." El cambio de mentalidad necesario para la salvación, por lo tanto, se lo exiges a todo el mundo y a todas las cosas excepto a ti mismo.

No hay persona en este mundo que no se identifique con este sistema de pensamiento, porque es lo que fabricó y sustenta el mundo. En *La interpretación de los sueños,* Freud establece su teoría de que todos los sueños son cumplimientos de deseos. Jesús toma este mismo principio y lo amplía a *todos* los sueños: los que tenemos cuando estamos dormidos *y* despiertos. El mundo físico como macrocosmos, y nuestro mundo individual como microcosmos, se hicieron específicamente para satisfacer el deseo secreto del ego de mantener la separación, pero trasladando la responsabilidad por ella a otros. Así, todos tenemos el pastel —la separación de nuestro ego— y podemos comerlo y disfrutar de él porque algún otro pagará el precio que cuesta. "El cuadro de la crucifixión" ofrece una expresión incisiva de esta dinámica de egoísmo y de odio, en la que preservamos nuestra inocencia a expensas de la culpa de algún otro, por la cual otro será castigado en nuestro lugar:

> Mas cada vez que sufres, ves en ello la prueba de que él es culpable de haberte atacado. De esta manera, te conviertes a ti mismo en la evidencia de que él ha perdido su inocencia y de que solo necesita contemplarte para darse cuenta de que ha sido condenado. Pero la justicia se encargará de que él pague por todas las injusticias cometidas contra ti. La injusta venganza por la que tú estás pagando ahora, es

> él quien debería pagar por ella y cuando recaiga sobre él, tú te liberarás [...]
>
> Siempre que consientes sufrir, sentir privación, ser tratado injustamente o tener cualquier tipo de necesidad, no haces sino acusar a tu hermano de haber atacado al Hijo de Dios. Presentas ante sus ojos el cuadro de la crucifixión, para que él pueda ver que sus pecados están escritos en el Cielo con tu sangre y con tu muerte, y que van delante de él, cerrándole el paso al umbral celestial y condenándolo al infierno (T-27.I.2:2-5; 3:1-2).

Volveremos a este componente esencial del plan del ego para la salvación.

(3:1-2) El papel de tu mente en este plan consiste, pues, en determinar qué es lo que tiene que cambiar —a excepción de ella misma— para que tú te puedas salvar. De acuerdo con este plan demente, cualquier cosa que se perciba como una fuente de salvación es aceptable siempre y cuando no sea eficaz.

En el párrafo siguiente Jesús describe esto como la máxima del ego —"Busca pero no halles"—, que es lo que hace todo el mundo. Está tan claramente expresada aquí que no hay necesidad de elaborarla. Es la esencia de la proyección, el corazón del sistema de pensamiento del ego, y lo que asegura que nada cambiará nunca en la mente del Hijo de Dios.

(3:3-4) Esto garantiza que la infructuosa búsqueda continúe, pues se mantiene viva la ilusión de que, si bien esta posibilidad siempre ha fallado, aún hay motivo para pensar que podemos hallar lo que buscamos en otra parte y en otras cosas. Puede que otra persona nos resulte mejor; otra situación tal vez nos brinde el éxito.

Más adelante en el Libro de ejercicios, Jesús dice: "Siempre es posible encontrar otra" (L-pI.170.8:7). Si somos verdaderamente honestos con nosotros mismos, nos daremos cuenta de que estamos haciendo precisamente lo que se ha descrito. Por lo tanto, lo último que queremos hacer es abrazar este curso totalmente, tanto intelectualmente como en la práctica. En cambio, queremos hacer concesiones con respecto a sus enseñanzas para que no nos ayude: exactamente lo que acabamos de leer, que es la esencia del especialismo del ego.

(4) Tal es el plan del ego para tu salvación. Seguramente habrás notado que está completamente de acuerdo con la doctrina básica del ego que reza: "Busca, pero no halles." Pues, ¿qué mejor garantía puede haber de que no hallarás la salvación que canalizar todos tus esfuerzos en buscarla donde no está?

Recuerda, lo que el ego no quiere que descubramos es que tenemos una mente, porque entonces nos daríamos cuenta de que podríamos elegir de otra manera, y eso marcaría el final del ego y de nuestro yo especial. Por lo tanto, dirigimos nuestros esfuerzos a buscar la salvación donde *no* está. Podemos ver que Jesús nos ha estado llevando gradualmente a esta comprensión, tanto a nivel intelectual como experiencial. Él quiere que sepamos cómo usamos el mundo para distraernos de *encontrar* la paz que realmente *buscamos*, convenciéndonos a nosotros mismos de que todavía la *encontraremos* en el mundo externo, tal como leemos en el siguiente pasaje del Texto:

> No hay nadie que venga aquí que no abrigue alguna esperanza, alguna ilusión persistente o algún sueño de que hay algo fuera de sí mismo que le puede brindar paz y felicidad [...] Y así, vaga sin rumbo, creyendo ser lo que no es, en busca de algo que no puede encontrar.
>
> Esta persistente ilusión le impulsará a buscar miles de ídolos, y más allá de estos, mil más (T-29.VII.2:1,5–3:1).

No hace falta añadir que todos los ídolos fracasarán: esta es la intención oculta del ego.

(5:1-2) El plan de Dios para la salvación es eficaz sencillamente porque bajo su dirección buscas la salvación allí donde se

encuentra. Pero si has de tener éxito, como Dios promete que lo has de tener, tienes que estar dispuesto a buscarla solo allí.

Aquí está la trampa. Todos los que estudian *Un curso de milagros* dirán: "Por supuesto que quiero seguir al Espíritu Santo (con el significado de "Dios" aquí); por supuesto que quiero perdonar, pero no quiero hacer *solo* eso. También quiero mi especialismo, para disfrutar de sus placeres de vez en cuando. Leeré el texto y haré fielmente las lecciones del Libro de ejercicios... *pero*, también haré las cosas de mi especialismo, haciendo real al cuerpo e ignorando la mente ("donde está [la salvación]"). Por desgracia para el ego, la salvación no es compatible con tales concesiones. Este pasaje de "Salvación sin transigencias" afirma esto de manera explícita, en el contexto del intento del ego de atacar y amar a la vez:

> La salvación no transige en absoluto. Transigir es aceptar únicamente una parte de lo que quieres: es tomar solo un poco y renunciar al resto [...] Si se le permite la entrada a la idea de transigir, se pierde la conciencia del propósito de la salvación porque no se reconoce. Dicho propósito se niega cuando la idea de transigir se ha aceptado, pues es la creencia de que la salvación es imposible. La idea de transigir mantiene que puedes atacar un poco, amar un poco, y ser consciente de la diferencia [...]
>
> Este curso es fácil precisamente porque no transige en absoluto [...] El perdón no se puede negar solo un poco. Tampoco es posible atacar por una razón y amar por otra, y entender lo que es el perdón (T-23.III.3:1-2,5-7; 4:1,5-6).

Es esta naturaleza de no hacer concesiones de *Un curso de milagros* la que es su mayor fuerza y la mayor prueba para el ego, empeñado en mantener el especialismo del cuerpo.

(5:3-4) De lo contrario, tu propósito estará dividido e intentarás seguir dos planes de salvación que son diametralmente opuestos

en todo. El resultado no podrá ser otro que confusión, infelicidad, así como una profunda sensación de fracaso y desesperación.

Podemos ver que las primeras lecciones del Libro de ejercicios nos llevan a afirmaciones como las de estas dos frases. Las lecciones nos han ayudado a entender que no hay un mundo externo, y lo que vemos fuera es una proyección de lo que está dentro. De hecho, la Lección 22 dice que son nuestros pensamientos de ataque los que fabrican el mundo. Así, Jesús ha estado entrenando nuestras mentes para entender que el problema está dentro, no en nuestros cuerpos o cerebros. Esta lección ofrece una declaración explícita que él no podría haber hecho sin antes habernos enseñado todo lo que nos ha enseñado previamente. Ciertamente el desarrollo sinfónico de estas ideas es magistral de contemplar.

También resulta interesante contemplar los paralelismos entre el Texto y el Libro de ejercicios. Aunque el desarrollo de cada libro es muy distinto, las ideas centrales están presentes en cada uno de ellos. Por ejemplo, el punto que Jesús establece aquí sobre la dificultad de seguir planes diametralmente opuestos para la salvación va en paralelo con el siguiente pasaje del Texto, incluso en el uso del lenguaje:

> El plan de estudios de la Expiación es el opuesto al que tú elaboraste para ti, y lo mismo se puede decir de su resultado. Si el resultado de tu plan de estudios te ha hecho infeliz, y deseas otro diferente, obviamente es necesario que se efectúen cambios en el plan de estudios. El primer cambio que debe efectuarse es un cambio de dirección. Un plan de estudios que tenga sentido no debe ser inconsistente. Si lo planean dos maestros que creen en ideas diametralmente opuestas, no puede ser un plan integrado. Si esos dos maestros lo ponen en práctica simultáneamente, cada uno de ellos no hará sino ser un obstáculo para el otro [...]
>
> Antes de que pueda efectuarse un auténtico cambio de dirección es necesario reconocer plenamente la total insensatez de semejante plan de estudios. No puedes aprender

> simultáneamente de dos maestros que están en completo desacuerdo con respecto a todo. Su plan de estudios conjunto constituye una tarea de aprendizaje imposible. Te están enseñando cosas completamente diferentes de forma completamente diferente, lo cual sería imposible si no fuera porque las enseñanzas de ambos son acerca de ti. Ninguno de ellos puede alterar tu realidad, pero si los escuchas a los dos, tu mente estará dividida con respecto a lo que es tu realidad (T-8.I.5:1-6; 6).

Dentro de este contexto, podemos entender que el propósito de Jesús en *Un curso de milagros* es presentarnos dos currículos "diametralmente opuestos" de dos maestros "diametralmente opuestos", pidiéndonos que hagamos la única elección significativa que se abre ante nosotros: Cielo o infierno, Dios o el ego, felicidad o desdicha.

(6) ¿Cómo puedes librarte de todo esto? Muy fácilmente. La idea de hoy es la respuesta. Solo el plan de Dios para la salvación tendrá éxito. En esto no puede haber realmente ningún conflicto porque no existe ninguna alternativa al plan de Dios que te pueda salvar. El Suyo es el único plan cuyo desenlace es indudable. El Suyo es el único plan que tendrá éxito.

Esta elección no es algo que haya que pensarse dos veces, usando la expresión popular. Solo un plan traerá el final de la desdicha y el dolor. No obstante, esto no tiene sentido a menos que se reconozca que el problema reside en la mente, la fuente de todo sufrimiento. Por eso el Libro de ejercicios ha sido tan enfático con respecto al papel que desempeña la mente en la salvación.

(7) Que nuestra práctica de hoy consista en reconocer esta certeza. Y alegrémonos de que haya una respuesta para lo que parece ser un conflicto sin solución. Para Dios todo es posible. Alcanzarás la salvación por razón de Su plan, el cual no puede fallar.

La alegría de hacer la elección correcta es nuestra motivación última para hacerla. El final del conflicto es el final del dolor y la desdicha, y el comienzo de la alegría y la felicidad. Jesús nunca se cansa de recordarnos el alegre resultado de elegir la Respuesta.

(8:1-2) Comienza hoy tus dos sesiones de práctica más largas pensando en la idea de hoy y observando que consta de dos partes, las cuales contribuyen en igual medida al todo. El plan de Dios para tu salvación tendrá éxito, pero otros planes no.

Es esta segunda frase la que es la asesina. Estaríamos dispuestos a aceptar la primera si no tuviéramos que aceptar también la segunda. Por desgracia para nuestros egos, la salvación no hace concesiones. Ya hemos comentado antes que en *Un curso de milagros* decir "sí" significa decir "no al no". Decir "sí" al plan de Dios significa decir "no" al del ego, rechazando el sistema de pensamiento que es la fuente de nuestra existencia. No hace falta añadir que esta es la base de nuestra resistencia a aceptar las enseñanzas de Jesús. Estas líneas, por tanto, reflejan la naturaleza del sistema de pensamiento del Curso, ajena a hacer concesiones: la verdad es verdad y nada más lo es; Cristo es nuestra verdadera Identidad, la del ego es la ilusión. Volveremos felizmente a este principio a lo largo del resto del Libro de ejercicios.

(8:3-6) No permitas que la segunda parte te cause depresión o enfado, pues esa parte es inherente a la primera. Y la primera te releva totalmente de todos tus intentos descabellados y de todos tus planes disparatados para liberarte a ti mismo. Todos ellos te han llevado a la depresión y a la ira, pero el plan de Dios triunfará. Su plan te conducirá a la liberación y a la dicha.

En esta etapa surgen el enfado y la depresión porque todavía queremos hacer las cosas a nuestra manera. Cuando nos sentimos ansiosos o deprimidos, en lugar de entrar dentro y pedir ayuda a Jesús para deshacer los pensamientos que nos han llevado a esos sentimientos desagradables, elegimos taparlos al involucrarnos en una relación especial. Este es el origen de todas las adicciones: a las personas o a las sustancias. El dolor es demasiado grande, y en lugar de resolverlo en la mente —la fuente de nuestra inquietud— usamos el cuerpo para apagar el dolor. A fin de practicar realmente *Un curso de milagros* debemos darnos cuenta de que el plan del ego no funciona. Insistir en que nos aportará felicidad y alivio asegura que el dolor siempre estará allí, aunque aparecerá bajo distintas formas.

El párrafo siguiente nos pide que preguntemos literalmente a Dios qué deberíamos hacer. De nuevo aquí debes entender que Jesús no espera que Dios nos responda literalmente. De hecho, él nos dice más adelante en el Libro de ejercicios que Dios ni siquiera entiende palabras ni responde a oraciones (véase Lección 184). Sin embargo, sus palabras se encuentran con nosotros donde estamos, de modo que hemos de preguntar a Dios:

(9:1-5) Teniendo esto presente, dediquemos el resto de las sesiones de práctica más largas a pedirle a Dios que nos revele Su plan. Preguntémosle muy concretamente:

¿Qué quieres que haga?

¿Adónde quieres que vaya?

¿Qué quieres que diga y a quién?

En otros lugares de *Un curso de milagros* Jesús explica que implorar a Dios con palabras no tiene efecto. Por ejemplo, en el Manual para el maestro comenta "el papel que desempeñan las palabras en el proceso de curación" y dice:

> Dios no entiende de palabras, pues fueron hechas por mentes separadas para que las mantuvieran en la ilusión de la separación. Las palabras pueden ser útiles, especialmente para el principiante, ya que lo ayudan a concentrarse y a facilitar la exclusión o, al menos, el control de los pensamientos superfluos. No olvidemos, no obstante, que las palabras no son más que símbolos de símbolos. Por lo tanto, están doblemente alejadas de la realidad (M-21.1:7:10).

Además, Jesús deja claro en las primeras páginas de *El canto de la oración* que pedir cosas específicas equivale a —en mis palabras y parafraseando el principio del ego del *perdón-para-destruir*— "pedir-para-destruir". Como se explica en los pasajes siguientes, cuando pedimos cosas específicas estamos reforzando la creencia del ego en el principio de escasez (*Un curso de milagros,* Prefacio, p.xi) —"sentimientos de debilidad e inadecuación"— y por tanto pidiendo a Dios que se una a nosotros allí. Sin embargo, la enseñanza central de *Un curso de milagros* es que llevamos nuestras creencias en la escasez y carencia ante Él, y en Su Amor todas estas ilusiones se disipan y los problemas obtienen respuesta:

> El secreto de la verdadera oración es olvidarte de las cosas que crees que necesitas. Pedir algo específico es igual que ver el pecado primero y luego perdonarlo. Del mismo modo, al orar pasas por alto tus necesidades específicas tal como las ves, y las dejas en Manos de Dios. Ahí se convierten en los regalos que Le haces, pues Le dicen que no antepondrás otros dioses a Él y que no quieres otro amor que el Suyo. ¿Cuál podría ser Su respuesta sino tu recuerdo de Él? ¿Puedo esto cambiarse por un insignificante consejillo para un problema de apenas un instante de duración? La Respuesta de Dios es para toda la eternidad. Sin embargo, todas las pequeñas respuestas están contenidas en ella (S-1.I.4).

Sin embargo, debido a que nosotros todavía "no estamos seguros de [nuestra] Identidad", Jesús nos dice en esta lección que, de hecho, deberíamos pedir a Dios cosas específicas, porque él nos responde en las diferentes etapas de nuestro crecimiento: en los distintos peldaños de la escalera, el término que usa el panfleto para el proceso de perdón:

> La oración no tiene principio ni fin. Es parte de la vida. Pero sí cambia de forma y crece a medida que uno va aprendiendo, hasta que alcanza su estado amorfo y se funde en una comunicación total con Dios. En su aspecto peticionario no necesita apelar a Dios —lo que, de hecho, rara vez hace— y

> ni siquiera entraña creencia alguna en Él. En estos niveles la oración es un simple desear que surge de un sentido de carencia y escasez.
>
> Estas formas de oración, o de pedir-desde-la-necesidad, siempre entrañan un sentimiento de debilidad e insuficiencia, y un Hijo de Dios que sepa Quién es jamás haría uso de ellas. Nadie, pues, que esté seguro de su Identidad, podría orar de esa manera. Pero no es menos cierto que nadie que no tenga certeza sobre su Identidad puede evitar hacerlo (S-1.II.1:1-2:3).

Los estudiantes deben tener cuidado de no tomar afirmaciones como estas fuera de su contexto general en *Un curso de milagros*. De otro modo, estarían arrancando su *forma* del tejido de *contenido* del Curso, alterando así su significado al hacer que *Un curso de milagros* enseñe lo opuesto exacto de lo que realmente quiere decir. Este es un curso sobre deshacer la *causa* —la decisión de la mente a favor de la separación— y no sobre modificar el *efecto*: las cosas específicas de nuestra vida cotidiana.

Resumiendo este importante punto: en *Un curso de milagros* Jesús nos guía a "ascender por la escalera que la separación [nos] hizo descender" (T-28.III.1:2). Comenzamos nuestro ascenso en el primer peldaño, lo que se refleja en que adoptamos el sistema de pensamiento dualista de pecado, culpa y miedo del ego, y la realidad del mundo material. En este nivel, Dios debe ser percibido inevitablemente como un cuerpo:

> ¿Cómo podrías tú, que te ves a ti mismo dentro de un cuerpo, saber que eres una idea? Identificas todo lo que reconoces con cosas externas, con algo fuera de sí mismo. Ni siquiera puedes pensar en Dios sin imaginártelo en un cuerpo o en alguna forma que creas reconocer (T-18.VIII.1:5-7).

Este cuerpo divino, hecho a nuestra imagen y semejanza —el símbolo de nuestra creencia en el pecado, la culpa y el miedo—

es percibido por nuestros egos como un Dios vengativo y punitivo, obsesionado con nuestra destrucción. Así, Jesús, nuestro amoroso hermano mayor, corrige amablemente este atemorizante mito proveyéndonos otro más bondadoso, una ilusión de perdón en la que Dios —*todavía percibido como un cuerpo*— se muestra amorosamente atento a nuestras necesidades, en lugar de castigarnos por ellas. Una vez que ascendemos por la escalera de la oración con el Espíritu Santo como Guía, reconocemos la naturaleza ilusoria de estos símbolos y vamos más allá de ellos al amor que está "más allá del mundo de los símbolos":

> Un poder completamente ilimitado ha venido, no a destruir, sino a recibir lo suyo [...] Dale la bienvenida al Poder que yace más allá del perdón y del mundo de los símbolos y las limitaciones (T-27.III.7:2,8).

(9:6-7) Deja que Él se haga cargo del resto de la sesión de práctica y que te indique qué es lo que tienes que hacer en Su plan para tu salvación. Él responderá en la misma medida en que tú estés dispuesto a oír Su Voz.

Esta afirmación es muy importante. La Lección 49 nos dijo que la Voz de Dios nos habla durante todo el día. En esa lección, como señalé, Jesús no dice que nosotros *oigamos* la Voz de Dios a lo largo del día, sino solo que el Espíritu Santo está continuamente presente para nosotros. El problema es que nos cerramos a Él. Por lo tanto, nuestra disposición a oír Su Voz es lo que nos permitirá oírLe. No hace falta añadir que Jesús no está hablando literalmente de una voz tal cual ni de palabras específicas, sino de una experiencia del Amor de Dios que viene cuando, de hecho, decimos: "Solo el Amor de Dios me traerá felicidad; el amor especial del ego no lo hará." Por lo tanto, no es el miedo separador del ego lo que buscamos, sino la Unidad del Amor de Dios, experimentado como una Voz. Este pasaje del Manual para el maestro lo explica de esta manera, en una continuación del pasaje antes citado sobre que las palabras son "símbolos de símbolos":

> En cuanto que símbolos, las palabras tienen connotaciones muy específicas. Aun en el caso de las que parecen ser más abstractas, la imagen que evocan en la mente tiende a ser muy concreta. A menos que una palabra suscite en la mente una imagen concreta en relación con dicha palabra, esta tendrá muy poco o ningún significado práctico y, por lo tanto, no supondrá ninguna ayuda en el proceso de curación. La oración del corazón no pide realmente cosas concretas. Lo que pide es siempre alguna clase de experiencia, y las cosas que específicamente pide son las portadoras de la experiencia deseada en opinión del peticionario. Las palabras, por consiguiente, son símbolos de las cosas que se piden, pero las cosas en sí no son sino la representación de las experiencias que se anhelan (M-21.2).

Por lo tanto, una vez que elegimos en contra del miedo del ego y a favor del Amor del Espíritu Santo, experimentaremos el efecto de tal elección de una forma que entenderemos, lo que refleja que nosotros, un cuerpo separado, estamos necesitados de otro cuerpo separado (incluso uno desencarnado) para ayudarnos.

(9:8-10) No te niegues a oírla. El solo hecho de que estés llevando a cabo los ejercicios demuestra que en cierto modo estás dispuesto a escuchar. Esto es suficiente para que seas acreedor a Su respuesta.

Jesús está informándonos una vez más de que esto es un proceso. El hecho de que hayamos llegado hasta aquí, de que estemos haciendo el Libro de ejercicios y leyendo el Texto, dice que hay un parte de nosotros que quiere ese otro camino. Al final "nuestra [pequeña] buena voluntad de escuchar" asegura el final feliz que se nos promete. No obstante, lo que nos acelerará en este proceso es darnos cuenta de hasta qué punto no queremos este otro camino, y pedir a Jesús que nos ayude a perdonar nuestro miedo.

(10) Durante las sesiones de práctica cortas repite con frecuencia que el plan de Dios para tu salvación y solamente el Suyo, tendrá

éxito. Mantente alerta hoy para no caer en la tentación de abrigar resentimientos, y responde a esas tentaciones con esta variación de la idea de hoy:

> ***Abrigar resentimientos es lo opuesto al plan de Dios para la salvación. Y únicamente Su plan tendrá éxito.***

Trata de recordar la idea de hoy unas seis o siete veces por hora. No puede haber mejor manera de pasar medio minuto, o hasta menos, que recordando la Fuente de tu salvación y viéndola allí donde se encuentra.

La lección acaba, como muchas de ellas, con Jesús apremiándonos a mantenernos tan vigilantes como podamos a nuestra decisión a favor de la separación, la culpa y el ataque como defensa contra volver al Hogar en el corazón del Amor. Jesús nos pide que comparemos continuamente —incluso *más* que cada diez minutos— su plan con el del ego; el perdón con abrigar resentimientos. Así nos estaremos recordando a nosotros mismos lo que realmente queremos, y que elegir el ataque y la culpa solo interfiere con el deseo de retornar a nuestra Fuente.

LECCIÓN 72

Abrigar resentimientos es un ataque contra el plan de Dios para la salvación.

Viendo las lecciones como una serie, diferentes movimientos de una sinfonía gigantesca, vemos que cada uno de ellos forma parte de un todo mayor, y que las lecciones se van construyendo sobre sí mismas a medida que evoluciona la música del perdón. En esta lección Jesús habla mucho del cuerpo. Sin embargo, el problema no es el cuerpo, sino nuestra creencia en él. Esto nos defiende contra la fuente del cuerpo: la culpa en nuestras mentes.

(1:1) Aunque hemos reconocido que el plan del ego para la salvación es el opuesto al de Dios, aún no hemos puesto de relieve que es un ataque directo contra Su plan y un intento deliberado de destruirlo.

Si realmente experimentáramos este "intento deliberado" en el instante de empezar a hacer juicios y abrigar resentimientos, nos detendríamos al instante. El ego separa el efecto de la causa, de modo que no seamos conscientes de lo que estamos haciendo, lo que nos permite seguir haciéndolo alegremente. Jesús establece el mismo punto en el Texto cuando comenta la crueldad de la relación especial, no solo para destruir el "plan" de perdón de Dios, sino para destruir a Dios mismo. Ya hemos comentado la frase que da comienzo al párrafo:

> Si percibieras la relación especial como un triunfo sobre Dios, ¿la desearías? No pensemos en su naturaleza aterradora ni en la culpa que necesariamente conlleva, ni tampoco en la tristeza o en la soledad. Pues esos no son sino atributos de la doctrina de la separación y de todo el contexto en que se cree que esta tiene lugar. El tema central de su letanía al sacrificio es que para que tú puedas vivir, Dios tiene que morir. Y ese es el tema que se exterioriza en la relación especial (T-16.V.10:1-5).

Es esencial que reconozcamos los efectos de nuestros juicios; de otro modo, elegir contra ellos no tendría significado y, ciertamente, no podría ocurrir nunca.

(1:2) En dicho ataque se le adjudican a Dios aquellos atributos que de hecho le corresponden al ego, mientras que el ego parece asumir los de Dios.

Este es un tema importante en *Un curso de milagros*, y nos ayuda a entender por qué el mundo ha fabricado unas imágenes tan horribles de Dios: destructor, vengador, castigador, árbitro del especialismo, etc. Proyectamos nuestros pensamientos inconscientes con respecto a nosotros mismos, y hacemos que ahora sean Dios. Comentamos esto en la lección anterior, cuando citamos la declaración del Texto sobre la imposibilidad de *no* percibir a Dios como un cuerpo una vez que creemos que somos cuerpos: *la proyección da lugar a la percepción*. Y no solo proyectamos sobre Dios nuestra creencia en el cuerpo, sino también el sistema de pensamiento subyacente de pecado, culpa y miedo. Dada la naturaleza inmutable de este principio fundamental de la mente —una vez más, *la proyección da lugar a la percepción*—, no podría darse el caso de que nosotros *no* proyectásemos nuestros atributos inconscientes de egoísmo y odio sobre nuestro Creador; Él, el gran asesino. En las imágenes siguientes del sol y el rayo de sol, del océano y la ola, el pequeño yo percibe a Dios como el monstruo:

> En su increíble arrogancia, ese pequeño rayo ha decidido que él es el sol, y esa ola casi imperceptible se exalta a sí misma como si fuese todo el océano. Piensa cuán solo y asustado tiene que estar ese diminuto pensamiento, esa ilusión infinitesimal, que se mantiene separado del universo y enfrentado a él. El sol se vuelve el "enemigo" del rayo de sol al que quiere devorar, y el océano aterroriza a la pequeña ola y se la quiere tragar (T-18.VIII.3:4-6).

Además, tampoco puede no darse el caso de que creamos —siguiendo el principio del ego de *uno o el otro*— que lo que una vez fue de Dios ahora es nuestro. *Nosotros,* el yo ego separado y autónomo, nos hemos convertido en los creadores. Volveremos a estas dinámicas fundamentales del ego más adelante en el Libro de ejercicios.

(2) El deseo fundamental del ego es suplantar a Dios. De hecho, el ego es la encarnación física de ese deseo. Pues es este deseo lo que parece encerrar a la mente en un cuerpo, manteniéndola sola y separada e incapaz de llegar a otras mentes, excepto a través del mismo cuerpo que fue hecho para aprisionarla. Poner límites en la comunicación no es la mejor manera de expandirla. No obstante, el ego quiere hacerte creer que lo es.

Estas son afirmaciones explícitas sobre la esencia del ego, la realidad desnuda de su deseo de volverse autónomo, independiente y libre, *¡y a continuación cree que ha logrado esta imposibilidad!* El cuerpo, entonces, "es la encarnación física del deseo [del ego]" de reemplazar a Dios y de estar por su cuenta. En el Texto, Jesús enseña que el cuerpo es un límite que se impone al amor (T-18.VIII.1:2). No obstante, en el Curso, la *comunicación* es la canción de amor ilimitado que el Padre y el Hijo se cantan el uno al otro, una canción de perfecta unidad. El cuerpo mantiene esa realidad separada de nuestra conciencia. La sección "El pequeño jardín" también expresa la idea de que el cuerpo nos mantiene separados de Dios, como vemos en este pasaje representativo:

> Dios no puede hacer acto de presencia en un cuerpo, ni tú puedes unirte a Él ahí. Todo límite que se le imponga al amor parecerá siempre excluir a Dios y mantenerte a ti separado de Él. El cuerpo es una diminuta cerca que rodea a una pequeña parte de una idea que es completa y gloriosa. El cuerpo traza un círculo, infinitamente pequeño, alrededor de un minúsculo segmento del Cielo, lo separa del resto, y proclama que tu reino se encuentra dentro de él, donde Dios no puede hacer acto de presencia (T-18.VIII.2:3-6).

En los dos párrafos siguientes, Jesús explica que cuando abrigamos resentimientos, siempre son contra un cuerpo. Esto guarda relación con la Lección 161, que mencioné anteriormente, de que el odio es específico. Si voy a odiar, debe haber un cuerpo ahí fuera para ser odiado. Jesús está ayudándonos a darnos cuenta de que nuestros resentimientos siempre guardan relación con cuerpos, la antítesis de nuestra identidad y de la identidad de nuestros hermanos como espíritu:

(3) Aunque el intento de mantener las limitaciones que un cuerpo impone es obvio aquí, tal vez no sea tan evidente por qué razón abrigar resentimientos constituye un ataque contra el plan de Dios para la salvación. Examinemos, pues, cuáles son las cosas contra las que tienes la tendencia a abrigar resentimientos. ¿Acaso no están siempre asociadas con algo que un cuerpo hace? Una persona dice algo que no te gusta. O bien hace algo que te desagrada. Dicha persona "delata" sus pensamientos hostiles con su comportamiento.

Recuerda que el cuerpo juega un papel esencial en su plan de mantener al Hijo de Dios sin mente, inconsciente. Ello no solo solidifica la pretensión del ego de que la separación realmente ocurrió, sino también la esperanza mágica de que el cuerpo de alguna otra persona será el seguro depositario de nuestra culpa. Así, los ojos de nuestro cuerpo deambulan cruelmente en torno a su mundo, listos para lanzarse sobre cualquier prueba de que nuestro hermano es el pecador, dejando que nosotros seamos inocentes y libres de cualquier amenaza de castigo. Nuestro hermano "dice algo que [a nosotros] no nos gusta" porque nosotros queremos que diga algo que no nos gusta. Esto no significa que seamos responsables de lo que se dice, pero sí somos definitivamente responsables de nuestra interpretación de lo que él dijo. En otras palabras, nosotros *queremos* que la hostilidad esté en el otro, dirigida hacia nosotros, y por tanto la vemos allí, como retrata este gráfico pasaje sobre "los hambrientos perros del miedo" del ego (T-19.IV-A.15:6):

> A los mensajeros del miedo se les ordena con aspereza que vayan en busca de culpa y que hagan acopio de cualquier retazo de maldad y de pecado que puedan encontrar sin que

> se les escape ninguno so pena de muerte, y que los depositen ante su señor y amo respetuosamente [...] A los mensajeros del miedo se les adiestra mediante el terror [...] Sus mensajeros saquean culpablemente todo cuanto pueden en su desesperada búsqueda de culpa, pues su amo los deja hambrientos y a la intemperie, instigando en ellos la crueldad y permitiéndoles que se sacien únicamente de lo que le llevan. Ni el más leve atisbo de culpabilidad se escapa de sus ojos hambrientos. Y en su despiadada búsqueda de pecados se abalanzan sobre cualquier ser vivo que vean, y dando chillidos se lo llevan a su amo para que lo devore [...] Pues te traerán noticias de carne, pellejo y huesos. Se les ha enseñado a buscar lo corruptible y a retornar con los buches repletos de cosas podridas y descompuestas. Para ellos tales cosas son bellas, ya que parecen mitigar las crueles punzadas del hambre (T-19.IV-A.11:2; 12:3,5-7; 13:2-4).

Sin el cuerpo, estos perros temerosos no tendrían nada que devorar, y su culpa los devoraría como castigo por su pecado.

(4:1-4) En este caso no estás tratando con lo que la persona realmente es. Por el contrario, en lo único que te fijas es en lo que esa persona hace en el cuerpo. Y no solo no la estás ayudando a librarse de las limitaciones de su cuerpo, sino que estás tratando activamente de atarla al cuerpo al confundirla con este y juzgar que ella y su cuerpo son una misma cosa.

La sección "Sombras del pasado" también nos dice que no vemos a las personas como el Cristo que son, sino como cuerpos sombríos basados en la proyección de culpa: el mal percibido en nosotros lo vemos en ellas. El pasaje siguiente describe el uso impío que el ego hace del cuerpo, "como medio de venganza":

> Las tenebrosas figuras son los testigos que traes contigo para probar que el Hijo de Dios hizo lo que no hizo [...] Representan el mal que crees que se te infligió. Las traes contigo solo para poder devolver mal por mal, con la

> esperanza de que su testimonio te permita pensar que otro es culpable sin que ello te haga daño a ti [...] Te ofrecen las "razones" por las cuales deberías entablar alianzas no santas a fin de apoyar los objetivos del ego y hacer de tus relaciones testimonios de su poder [...] Tales relaciones tienen, sin excepción, el propósito de excluir la verdad del otro, así como la verdad acerca de ti. Por eso es por lo que ves tanto en ti como en el otro lo que no está ahí, haciendo de ambos los esclavos de la venganza. Y por eso es por lo que cualquier cosa que te recuerde tus resentimientos pasados te atrae y te parece que es amor, independientemente de cuán distorsionadas sean las asociaciones que te llevan a hacer esa conexión. Y finalmente, esa es la razón por la que todas las relaciones de este tipo se convierten en intentos de unión a través del cuerpo, pues solo los cuerpos pueden considerarse medios de venganza. Es evidente que los cuerpos son el foco central de todas las relaciones no santas (T-17.III.1:6, 9-10,12; 2:3-7).

Hablando estrictamente, yo no puedo mantenerte en el infierno del ego; pero ciertamente puedo reforzar tu elección de estar allí al equipararte con el cuerpo, el propósito de la relación especial. Así, cada relación especial —por desgracia eso significa casi todas nuestras relaciones— está basada en una ilusión. Comienza con la ilusión que abrigamos con respecto a nosotros mismos —"la morada del mal, de las tinieblas y del pecado" (L-pI.93.1:1)— de la que a continuación tratamos de deshacernos proyectándola en otros. Nuestra creencia de que estamos separados, ahora proyectada sobre otro, nos lleva a ese pensamiento proyectado al que se da forma y *se hace real*. Así, nuestro hermano *es* un cuerpo, y si nosotros lo somos también, no es culpa nuestra. Las sombras pecaminosas y culpables de nuestra decisión errónea del pasado se han vuelto realidad para nosotros, y nuestra realidad como espíritu se ha convertido en la ilusión.

(4:5-6) De este modo se ataca a Dios, pues si Su Hijo no es más que un cuerpo, eso es lo que Él necesariamente debe ser también.

Es inconcebible que un creador pueda ser radicalmente distinto de su creación.

En la Lección 68 me referí al concepto de que Dios es cualquier cosa que concibamos que es Su Hijo. Así, una vez más, si nos vemos a nosotros mismos y a otros como cuerpos, es imposible que no veamos también a Dios como un cuerpo. Esto se debe a que todas las creencias que tenemos sobre los demás vienen directamente de nuestras creencias con respecto a nosotros mismos: *la proyección da lugar a la percepción*. La forma en que nos percibimos a nosotros mismos debe ser la forma en que percibimos a Dios, Jesús y a todos los demás en la Filiación, *sin excepción*. Esta es la razón por la que, repitiendo este importante punto, Jesús habla de Dios como si Él fuera un cuerpo. Le llama "Padre", nos pide que mantengamos una conversación con Él, y que Le hagamos preguntas. No obstante, esto no se debe a que Dios sepa de la ilusión, como deja claro la continuación del pasaje del sol y del océano, que son metáforas de Dios:

> Mas ni el sol ni el océano se dan cuenta de toda esta absurda e insensata actividad. Ellos sencillamente continúan existiendo, sin saber que son temidos y odiados por un ínfimo fragmento de sí mismos (T-18.VIII.4:1-2).

Una vez más, Jesús nos habla *como si* Dios supiera de nosotros, porque así es como *nosotros* experimentamos a Dios: lo parecido percibe lo parecido, los cuerpos perciben cuerpos, las ilusiones perciben ilusiones.

(5:1-5) Si Dios fuese un cuerpo, ¿cuál sería Su plan para la salvación? ¿Qué otra cosa podría ser sino la muerte? Y al tratar de presentarse a Sí Mismo como el Autor de la Vida y no de la muerte, resultaría ser un mentiroso y un impostor lleno de falsas promesas, que ofrece ilusiones en vez de la verdad. La aparente realidad del cuerpo hace que esta perspectiva de Dios parezca convincente. De hecho, si el cuerpo fuese real, sería imposible no llegar a esta conclusión.

Este pasaje describe muy bien al Dios bíblico. Cuando hacemos real nuestro sistema de pensamiento de individualidad, hacemos real el cuerpo. Esto significa que creemos haber destruido al verdadero Dios, reemplazándoLo por una deidad hecha literalmente a nuestra imagen corporal, una deidad mentirosa y engañosa. Si el cuerpo es real, algo que realmente creemos, esta imagen de Dios también *debe* ser real. El sistema de pensamiento del ego, como puedes recordar, es totalmente coherente e internamente consistente. Así, si el cuerpo es real, el sistema de pensamiento que lo fabricó y todavía lo informa también es real. Y Dios, que ahora es la proyección de nuestra culpa, también debe ser un ego. Con este mismo argumento comienza el Capítulo 13 del Texto, siendo el contexto el mundo de cuerpos, fabricado "por aquellos a los que la culpabilidad ha enloquecido".

> La aceptación de la culpa en la mente del Hijo de Dios fue el comienzo de la separación, de la misma manera en que la aceptación de la Expiación será su final. El mundo que ves *es* el sistema ilusorio de aquellos a quienes la culpa ha enloquecido. Contempla detenidamente este mundo y te darás cuenta de que así es. Pues este mundo es el símbolo del castigo, y todas las leyes que parecen regirlo son las leyes de la muerte. Los niños vienen al mundo con dolor y mediante el dolor. Su crecimiento va acompañado de sufrimiento y muy pronto aprenden lo que son las penas, la separación y la muerte. Sus mentes parecen estar atrapadas en sus cerebros y sus fuerzas parecen decaer cuando sus cuerpos se lastiman. Parecen amar, y sin embargo abandonan y son abandonados. Y parecen perder aquello que aman, la cual es quizá la más descabellada de todas las creencias. Sus cuerpos se marchitan, exhalan el último suspiro, se les da sepultura y dejan de existir. Ni uno solo de ellos ha podido dejar de creer que Dios es cruel.
>
> Si este fuera el mundo real, Dios *sería* ciertamente cruel. Pues ningún padre podría someter a sus hijos a eso como pago por la salvación y al mismo tiempo *ser* amoroso (T-13 in.2:1-3:2).

No es de extrañar que el Dios bíblico sea una criatura tan despreciable. ¡Él es *nosotros*!

(5:6-9) Cada resentimiento que abrigas reitera que el cuerpo es real. Cada resentimiento que abrigas pasa por alto completamente lo que tu hermano es. Refuerza tu creencia de que él es un cuerpo y lo condena por ello. Y afirma que su salvación tiene que ser la muerte, al proyectar este ataque sobre Dios y hacerlo responsable de ello.

Una vez más, ¡la proyección viene al rescate del ego! Qué mejor manera de mantener oculta nuestra verdadera Identidad que ver solo al cuerpo sin mente como real. Qué mejor manera de mantener la realidad del cuerpo que verlo continuamente como el objeto y el perpetrador de ataques. ¡Qué mejor manera de mantener real la creencia en el ataque que castigándolo a través de la ley "natural" de la muerte! Finalmente, qué diabólicamente astuto por parte del ego hacer que esta ley sea inmutable atribuyéndosela a Dios Todopoderoso Mismo, como la Biblia afirma de manera tan patente. Uno solo puede admirar el ingenio del ego, aunque suframos bajo su yugo cargado de culpa.

(6) A este escenario cuidadosamente preparado, donde animales feroces acechan a sus presas y la clemencia no puede hacer acto de presencia, el ego viene a salvarte. "Dios te hizo un cuerpo. Muy bien. Aceptemos esto y alegrémonos. En cuanto que cuerpo, no te prives de nada de lo que el cuerpo ofrece. Apodérate de lo poco que puedas. Dios no te dio nada. El cuerpo es tu único salvador. Representa la muerte de Dios y tu salvación."

Este es un pasaje bastante fuerte, pero si somos honestos con nosotros mismos, nos daremos cuenta de que esto no solo es lo que las religiones han creído, sino lo que nosotros creemos también. Ciertamente las religiones enseñan esto porque fueron fabricadas por el ego.

Aquí se hace referencia a los pocos residuos de especialismo que estamos tan desesperados por conseguir, y con los cuales nos conformamos tan lastimosamente. Por eso, en el Texto, Jesús dice que el problema no es que pidamos demasiado, sino demasiado poco (T-26.VII.11:7); y esta es la razón por la que nos pide que consideremos el uso que hacemos del cuerpo:

> Pensar que podrías estar contento y satisfecho con tan poco es herirte a ti mismo... (T-19.IV-A.17:12).

En *El canto de la oración,* él nos apremia a no conformarnos con las partes de la canción, y a buscar en cambio la experiencia de la canción misma. En otras palabras, no deberíamos aceptar los andrajosos y específicos sustitutos del especialismo del ego cuando Jesús nos está ofreciendo la totalidad del Amor de Dios:

> No puedes, por lo tanto, pedir el eco. El canto es lo que constituye el regalo. Con él vienen las resonancias, las armonías, los ecos, más todo eso es secundario. En la verdadera oración solo escuchas el canto. Lo demás simplemente se agrega. Has buscado primero el Reino de los Cielos, y todo lo demás ciertamente se te ha dado por añadidura (S-1.I.3).

El ego nos ha dicho que Dios no nos ha dado nada, porque Él nos dio el cuerpo y nos dejó aquí, y no hay nada que podamos hacer al respecto. Además, Él va a matarnos. Por lo tanto —continúa el ego— mientras estemos aquí, saquemos el máximo provecho, ¡y obtengamos las migajas de placer corporal que podamos! En las pesimistas palabras de Isaías, dignas del autor del Libro del Eclesiastés: "Comamos y bebamos [y alegrémonos, añade Eclesiastés 8:15]; pues mañana moriremos" (Isaías 22:13). Así, el ego cree que él reirá el último, porque el hecho mismo de que hay un cuerpo que puede vivir *y* morir significa que la realidad de Dios y Cristo como espíritu eterno debe ser ilusoria. De este modo somos salvados *del* Amor de Dios, y *para* el especialismo del ego.

(7) Esta es la creencia universal del mundo que ves. Hay quienes odian al cuerpo y tratan de lastimarlo y humillarlo. Otros lo veneran y tratan de glorificarlo y exaltarlo. Pero mientras tu cuerpo siga siendo el centro del concepto que tienes de ti mismo, estarás atacando el plan de Dios para la salvación y abrigando

resentimientos contra Él y contra Su Creación a fin de no oír la Voz de la Verdad y acogerla como Amiga. El que has elegido como tu salvador ocupa Su lugar. Él es tu amigo; Dios, tu enemigo.

No hay nadie en este mundo que no crea que el cuerpo nos salva de Dios, porque cada uno de nosotros ha elegido venir a este mundo como un cuerpo. ¿Y quiénes, sino los dementes, elegirían venir al infierno en lugar de quedarse en el Cielo? Todos nos hemos reído al escuchar la respuesta del Gato de Cheshire a la pobre Alicia, tal vez reconociendo la sabiduría de Lewis Carroll:

> —En esa dirección —dijo el Gato, moviendo su pata derecha— vive un Sombrerero; y en esa dirección —dijo moviendo la otra pata— vive la Liebre de Marzo. Visita a quien tú quieras, los dos están locos.
>
> —Pero yo no quiero estar entre gente loca —comentó Alicia.
> —¡Oh, no puedes evitar eso! —dijo el Gato—: aquí todos estamos locos. Yo estoy loco. Tú estás loca.
> —¿Cómo sabes que yo estoy loca? —dijo Alicia.
> —Debes estarlo —dijo el Gato— pues de otro modo no habrías venido aquí.

Para el ego demente, si acogemos el cuerpo o sentimos repulsa hacia él no marca ninguna diferencia. En ambos casos lo hemos hecho real. Por eso Jesús nos dice (¡dos veces!) en las secciones sobre los obstáculos para la paz, que es irrelevante si el cuerpo es percibido como placentero o como doloroso, mientras creamos que tiene esa capacidad (T-19.IV-A.17:10-11; T-19.IV-B.12). Así, lo hemos hecho real en nuestra percepción, y hemos convertido al espíritu en una ilusión. Estos lados opuestos —placer y dolor— de la misma moneda corporal se vuelven a comentar en la Lección 155.

Esta devoción al cuerpo va directamente al corazón de nuestra motivación: no queremos oír la Voz de la verdad, que señala el final de nuestro yo del ego. Por lo tanto, primero silenciamos al Espíritu Santo mediante la culpa, y después glorificamos al cuerpo como nuestro amigo y salvador.

(8) Hoy trataremos de poner fin a estos absurdos ataques contra la salvación, y en lugar de ello, trataremos de darle la bienvenida. Tu percepción invertida ha sido la ruina de tu paz. Te has visto a ti mismo como que estás dentro de un cuerpo y a la verdad como algo que se encuentra fuera de ti, vedada de tu conciencia debido a las limitaciones del cuerpo. Ahora vamos a tratar de ver esto de otra manera.

Una vez más, después de establecer su caso, Jesús nos llama a escuchar, y por lo tanto a elegir de nuevo. Al final del Texto, Jesús hace esta misma llamada todavía más enfáticamente:

> La lección que la tentación siempre quiere enseñar, en cualquier forma que se presente e independientemente de donde ocurra, es esta: quiere persuadir al santo Hijo de Dios de que él es un cuerpo, nacido dentro de lo que no puede sino morir, incapaz de librarse de su fragilidad y condenado a lo que el cuerpo le ordene sentir. El cuerpo fija los límites de lo que el Hijo de Dios puede hacer. Su poder es la única fuerza de la que el Hijo de Dios dispone, y el dominio de este no puede exceder el reducido alcance del cuerpo. ¿Querrías seguir siendo eso, si Cristo se te apareciera en toda Su Gloria pidiéndote únicamente esto?:
>
> > *Elige de nuevo si quieres ocupar el lugar que te corresponde entre los salvadores del mundo o si prefieres quedarte en el infierno y mantener a tus hermanos allí.*
>
> Él *ha* venido, y eso *es* lo que te está pidiendo (T-31.VIII.1).

La pregunta es clara, el problema todavía más claro. La respuesta solo espera nuestra inevitable decisión.

(9) La luz de la verdad está en nosotros, allí donde Dios la puso. El cuerpo es lo que está fuera de nosotros, y no es algo que nos concierne. Estar sin un cuerpo es estar en nuestro estado natural. Reconocer la luz de la verdad en nosotros es reconocernos a

nosotros mismos tal como somos. Ver que nuestro ser es algo separado del cuerpo es poner fin al ataque contra el plan de Dios para la salvación y, en lugar de ello, aceptarlo. Y dondequiera que Su plan sea aceptado, ya se ha cumplido.

Refiriéndonos a nuestro cuadro (véase página 72), la luz de la verdad está en nuestras mentes —el círculo interno— y el cuerpo está en las nubes: el círculo externo. Una vez más, la decisión es nuestra. Resulta útil volver al propósito básico del Libro de ejercicios: entrenarnos a retornar a nuestras mentes, dentro de las cuales tenemos elección entre el estado innatural del cuerpo —que refleja el sistema de pensamiento innatural del ego— y el estado natural de nuestro Ser como espíritu. Lo que posibilita la decisión es el reconocimiento de la dolorosa futilidad de aferrarnos a nuestros resentimientos, cuando en su lugar podríamos tener la paz de Dios.

(10) Nuestro objetivo para las sesiones de práctica más largas de hoy es hacernos más conscientes de que el plan de Dios para la salvación ya se ha realizado en nosotros. Para lograr este objetivo tenemos que reemplazar el ataque por la aceptación. Mientras sigamos atacando, no podremos entender cuál es el plan de Dios para nosotros. Estaremos, por lo tanto, atacando lo que no reconocemos. Vamos a tratar ahora de suspender todo juicio y de preguntarle a Dios cuál es Su plan para nosotros:

> ***¿Qué es la salvación, Padre? No lo sé. Dímelo, para que lo pueda entender.***

Luego esperamos en silencio Su respuesta. Hemos atacado el plan de Dios para la salvación sin habernos detenido a escuchar en qué consistía. Hemos expresado nuestros resentimientos con gritos tan ensordecedores, que no hemos escuchado Su Voz. Hemos utilizado nuestros resentimientos para cubrirnos los ojos y para taparnos los oídos.

Ya hemos comentado extensamente el uso del lenguaje dualista en *Un curso de milagros*, que se ve aquí y no requiere más comentario.

Jesús nos está pidiendo que dejemos a un lado nuestros juicios y resentimientos, porque estos son los “chillidos estridentes” del ego que nos impiden oír la amable Voz que refleja el plan de Dios para la salvación: la Expiación. Volviendo a citar un importante pasaje sobre el especialismo:

> ¿Qué respuesta del Espíritu Santo podría llegar hasta ti, cuando a lo que escuchas es a tu deseo de ser especial, que es lo que pregunta y lo que responde? Tan solo prestas oídos a su mezquina respuesta, la cual ni siquiera se oye en la melodía que en amorosa alabanza de lo que eres fluye eternamente desde Dios a ti. Y este colosal himno de honor que amorosamente se te ofrece por razón de lo que eres parece silencioso e inaudible ante el “poderío” de tu especialismo. Te esfuerzas por escuchar una voz que no tiene sonido y, sin embargo, la Llamada de Dios Mismo te resulta insonora (T-24.II.4:3-6).

Así, nuestros juicios están calculados por el ego inconsciente para desviar nuestra atención de la culpa en nuestras mentes y enfocarla en el cuerpo, ¡en el de nuestro pecaminoso hermano!

(11) Ahora queremos ver, oír y aprender. “¿Qué es la salvación, Padre?” Pregunta y se te contestará. Busca y hallarás. Ya no le estamos preguntando al ego qué es la salvación ni dónde encontrarla. Se lo estamos preguntando a la verdad. Ten por seguro entonces, que la respuesta será verdadera, en virtud de Aquel a Quien se lo estás preguntando.

Jesús está asumiendo que hemos hecho una elección, hemos soltado nuestros resentimientos y somos libres de oír la verdad. Hemos *buscado* la respuesta donde puede ser *hallada*, donde ha esperado nuestro retorno. En realidad, la salvación no es una respuesta sino una decisión, que ahora tomamos felizmente.

(12) Cada vez que sientas que tu confianza flaquea y que tu esperanza de triunfo titubea y se extingue, repite la pregunta y

tu petición, recordando que le estás preguntando al infinito Creador de lo infinito, Quien te creó a semejanza de Sí Mismo:

> ***¿Qué es la salvación, Padre? No lo sé. Dímelo, para que lo pueda entender.***

Él te contestará. Decídete a escuchar.

Como casi siempre hace al final de una lección, Jesús nos apremia a recordar su verdad cuando sintamos la tentación de olvidar nuestra función y abrazar la ilusión de ataque y de juicio. Recuerda de nuevo que el juicio está motivado por la decisión de no oír la Voz que habla a favor de la Expiación: la salvación de la separación y el dolor. Dicho recuerdo trae a la mente nuestro propósito de recordar el Amor que es la Respuesta a todos nuestros problemas y preocupaciones.

(13) Hoy solo será necesario una o quizá dos sesiones de práctica cortas por hora, ya que serán un poco más largas que de costumbre. Los ejercicios deben comenzar con lo siguiente:

> ***Abrigar resentimientos es un ataque contra el plan de Dios para la salvación. Lo aceptaré en vez de atacarlo. ¿Qué es la salvación, Padre?***

Luego espera en silencio un minuto más o menos, preferiblemente con los ojos cerrados, y aguarda Su respuesta.

Las instrucciones de hoy piden menos periodos de práctica que antes, y podemos ver que Jesús no quiere que estemos sujetos a una estructura rígida. Su objetivo es que dependamos del *contenido* de su mensaje, no de la *forma* en la que viene y con la que practicamos. Así, él varía la *forma* de los ejercicios diarios, aunque apenas varía su *contenido*.

LECCIÓN 73

Mi voluntad es que se haga la luz.

En esta lección Jesús continúa hablando sobre resentimientos. Sin embargo, comienza contrastando la *voluntad* con el *deseo*, una distinción que se explica más completamente en el Texto (véase, por ejemplo,T-7.X.4-7): el ego desea; el espíritu ejerce la voluntad.

(1:1-2) Hoy vamos a examinar la voluntad que compartes con Dios. Dicha voluntad no es lo mismo que los vanos deseos del ego, de los cuales emanan las tinieblas y la nada.

El vano deseo del ego es estar separado de la Voluntad de Dios, un yo individual separado de Su Unidad viviente. De este deseo ilusorio surgen la nada y la oscuridad: en primer lugar, el sistema de pensamiento del ego de pecado, culpa y miedo; y después el mundo.

(1:3-7) La voluntad que compartes con Dios encierra dentro de sí todo el poder de la Creación. Los vanos deseos del ego no se pueden compartir y, por lo tanto, no tienen poder alguno. Sus deseos no son infructuosos en el sentido de que pueden dar lugar a un mundo de ilusiones en el cual puedes llegar a creer ciegamente. Desde el punto de vista de la Creación, no obstante, son ciertamente infructuosos, pues no dan lugar a nada que sea real.

Los vanos deseos del ego no tienen poder en la realidad, pero ciertamente lo tienen en el sueño. En el nivel de la verdad, el ego no es absolutamente nada, pero dentro de su propio sistema de pensamiento es muy poderoso. Después de todo, cree que destruyó el Cielo. No obstante, como el ego está solo, carece del poder de la Unidad del Cielo, que es el poder de la creación. El "poder" del ego de crear erróneamente solo puede fabricar ilusiones; por lo tanto, es vano. He mencionado antes que en el Texto Jesús hace esta misma distinción. Aquí vemos un extracto de sus comentarios:

> Sin embargo, Dios dispone, no desea. Tu voluntad es tan poderosa como la Suya porque *es* la Suya. Los deseos del ego no significan nada porque el ego desea lo imposible. Puedes desear lo imposible, pero solo puedes ejercer tu voluntad en armonía con la de Dios. En eso estriba la debilidad del ego, así como tu fortaleza (T-7.X.4:6-11).

(2) Los vanos deseos y los resentimientos son socios o co-fabricantes del mundo tal como lo ves. Los deseos del ego dieron lugar al mundo, y la necesidad del ego de abrigar resentimientos —los cuales son indispensables para sustentar este mundo— lo pueblan de figuras que parecen atacarte y hacer que tus juicios estén "justificados". Estas figuras se convierten en los intermediarios que el ego emplea en el tráfico de resentimientos. Se interponen entre tu conciencia y la realidad de tus hermanos. Al contemplar dichas figuras, no puedes conocer a tus hermanos ni a tu Ser.

Cuando Jesús habla de "co-fabricar el mundo que ves", él no quiere decir que haya un mundo ahí fuera que nosotros simplemente percibimos erróneamente. Él está hablando del *mundo de la percepción* que vemos. No es solo que nosotros vemos por medio de nuestros pensamientos erróneos. El hecho de que veamos, en sí mismo, es el objeto de la corrección de Jesús. El mundo perceptual —"el sistema ilusorio de aquellos a quienes la culpa ha enloquecido" (T-13.in.2:2)— fue fabricado por el deseo de proteger la decisión de nuestra mente de estar separada. Y la dinámica de la proyección, que logró esto, también se utiliza para proteger la proyección original (o primaria). Nuestros resentimientos contra otros —las proyecciones secundarias, por así decirlo— perpetúan el sistema ilusorio de separación al mantenerlos separados de nosotros, considerándolos al mismo tiempo pecadores que merecen castigo. Todo esto —la relación de amor y de odio especiales que son el pan y la sal del ego— ataca continuamente nuestra realidad y la realidad de nuestros hermanos como Cristo: el Hijo uno de Dios, indiferenciado e indiviso. Nuestro especialismo las viste con la oscuridad de nuestras necesidades y exigencias, ocultando la luz que nos une a todos como un Ser.

(3) Pierdes conciencia de tu voluntad en esta extraña negociación en la que la culpa se trueca una y otra vez, y los resentimientos aumentan con cada intercambio. ¿Podría un mundo como este haber sido creado por la Voluntad que el Hijo de Dios comparte con su Padre? ¿Acaso creó Dios desastres para Su Hijo? La Creación es la voluntad conjunta de Ambos. ¿Hubiese creado Dios un mundo que Lo pudiese destruir?

Una vez más, Jesús no está hablando de un mundo en el que existe la muerte física, donde los aviones chocan, o se producen otras ocurrencias desastrosas; él está hablando de un mundo físico, *punto.* El mundo de la percepción es el mundo de la dualidad; el mundo de las relaciones especiales en el que cada participante regatea con el otro por algunas migajas de especialismo. Cada uno de ellos trata de dar el mínimo y de recibir el máximo de vuelta. Esta extraña e innatural manera de relacionarse —un yo del ego tratando de negociar con otro yo del ego por lo que en último término no tiene valor— queda retratado de manera muy explícita en este pasaje de "La decisión de alcanzar la compleción":

> Lo más curioso de todo es el concepto del yo que el ego fomenta en las relaciones especiales. Este "yo" busca relaciones para completarse a sí mismo. Pero cuando encuentra la relación especial en la que piensa que puede lograrlo, se entrega a sí mismo y trata de "intercambiarse" por el yo del otro. Eso no es unión, pues con ello no hay aumento ni extensión. Cada uno de ellos trata de sacrificar el yo que no desea a cambio de uno que cree que prefiere. Y se siente culpable por el "pecado" de apropiarse de algo y de no dar nada valioso a cambio. ¿Qué valor le puede adjudicar a un yo del que quiere deshacerse para obtener uno "mejor"? (T-16.V.7).

Al leer la Biblia, un estudiante de *Un curso de milagros* puede ver que la deidad bíblica está directamente involucrada en estos extraños trueques, intercambiando continuamente resentimientos con sus hijos. Este refuerzo de los principios de especialismo del ego explica la gran atracción que la Biblia ha tenido para sus lectores y adherentes, y uno puede preguntar justificadamente si el Dios de Amor y Unidad podría estar implicado en tal demencia.

(4) Hoy trataremos una vez más de ponernos en contacto con el mundo que es acorde con tu voluntad. La luz está en él porque no se opone a la Voluntad de Dios. No es el Cielo, pero la luz del Cielo resplandece sobre él. Las tinieblas han desaparecido, y los vanos deseos del ego se han disipado. Sin embargo, la luz que resplandece sobre dicho mundo es un reflejo de tu voluntad. Por lo tanto, es dentro de ti donde la buscaremos.

Este es el mundo real. Aunque sigue siendo una ilusión, ya refleja la realidad del Cielo, puesto que no se opone a la Voluntad de Dios en ningún sentido. En este pacífico estado nos alzamos fuera del sueño, viendo el mundo físico tal como es. Hemos aceptado la Expiación para nosotros mismos al elegir, *de una vez por todas,* en contra de los deseos de separación del ego. Todo lo que queda es la luz de la verdad de la Expiación dentro de nuestras mentes, esperando pacientemente nuestra decisión de buscarla.

(5:1-4) Tu imagen del mundo tan solo puede reflejar lo que está dentro de ti. Ni la fuente de la luz ni la de la oscuridad pueden encontrarse fuera de ti. Tus resentimientos nublan tu mente y, como consecuencia de ello, contemplas un mundo tenebroso. El perdón despeja las tinieblas, reafirma tu voluntad y te permite contemplar un mundo de luz.

Tanto la Verdad como las ilusiones están dentro de nuestras mentes; no fuera, como al ego le gustaría hacernos creer. Esta idea ya nos resulta más que familiar a estas alturas: lo que vemos fuera es una proyección de lo que primero hemos visto dentro: *la proyección da lugar a la percepción.* Si queremos ver luz fuera, primero debemos verla dentro, y no podemos alcanzarla sin atravesar la oscuridad. Por lo tanto, el perdón —el deshacimiento de la culpa de la mente— es el medio de alcanzar este resultado feliz y lleno de luz.

(5:5-8) Hemos subrayado repetidas veces que es fácil salvar la barrera de los resentimientos, y que esta no puede interponerse entre tu salvación y tú. La razón es muy simple. ¿Quieres realmente estar en el infierno? ¿Quieres realmente gemir, sufrir y morir?

La barrera es fácil de superar porque no consiste en otra cosa que en nuestra decisión de estar en el infierno de la separación y el ataque. Una vez que Jesús nos enseña que todo el sufrimiento, e incluso la muerte, han venido de esta decisión, la respuesta es muy simple: cambiar nuestra mentalidad y perdonar.

(6:1-4) Olvídate de los argumentos del ego que tratan de probar que todo eso es realmente el Cielo. Tú sabes bien que no lo es. Eso no puede ser lo que deseas para ti mismo. Hay un punto más allá del cual las ilusiones no pueden pasar.

En otras palabras, las ilusiones nunca nos harán felices. Tenemos que aceptar esta afirmación como un hecho antes de estar dispuesto a pedir ayuda a Jesús. Las ilusiones de especialismo pueden ciertamente aportarnos felicidad y placer, pero estos nunca pueden durar porque nuestras relaciones especiales fueron hechas para *no* durar. Este es "el punto más allá del cual las ilusiones no pueden pasar". ¿Por qué querríamos buscar lo que inevitablemente nos fallará? Jesús retorna repetidamente a este punto, puesto que su llamada es lo que él espera que finalmente nos aleje del infierno.

(6:5-6) El sufrimiento no es felicidad, y la felicidad es lo que realmente deseas. Eso es lo que en verdad es tu voluntad.

Una vez más, Jesús apunta a nuestra necesidad de darnos cuenta de que lo que hacemos en este mundo no nos hace felices. Hasta que podamos aceptar esto, y aceptar que nada de nuestro especialismo va a acabar con nuestro dolor o aportarnos alegría, no vamos a pedirle ayuda, al menos no de manera sincera. Como hemos visto antes, algo intrínseco a este proceso es el reconocimiento de que solo él puede enseñarnos la diferencia entre dolor y alegría, aprisionamiento y libertad, sufrimiento y felicidad.

(6:7-9) Y por ende, la salvación es asimismo tu voluntad. Tú quieres tener éxito en lo que nos proponemos hacer hoy. Así que lo emprendemos con tu bendición y grata conformidad.

Jesús no puede ayudarnos a menos que demos nuestra bendición a su ayuda. Por eso debe convencernos primero de que él tiene razón y nosotros estamos equivocados, y de que realmente preferimos ser felices a tener razón (T-29.VII.1:9). Sin tal convicción, nunca elegiríamos seguirle. Por eso es por lo que él nos necesita tanto a nosotros como nosotros le necesitamos a él (T-8.V.6:10). Necesitamos querer ser ayudados; solo entonces podemos lograr nuestra salvación.

(7) Tendremos éxito hoy si recuerdas que lo que quieres para ti es la salvación. Quieres aceptar el plan de Dios porque eres parte integrante de él. No tienes ninguna voluntad que realmente se pueda oponer a ese plan ni tampoco es ese tu deseo. La salvación es para ti. Por encima de todo quieres tener la libertad de recordar Quién eres realmente. Hoy es el ego el que se encuentra impotente ante tu voluntad. Tu voluntad es libre y nada puede prevalecer contra ella.

Otra charla de Jesús para infundirnos ánimos, en la que nos pide que recordemos cuánto queremos su salvación en lugar de la salvación del ego; que nuestra libertad reside en nosotros mismos, como también nuestro aprisionamiento. Cuando sentimos la tentación de olvidar, él nos recuerda que por más poderoso que el ego parezca ser —en lo externo *y* en lo interno— no puede tener poder sobre nosotros a menos que elijamos permitírselo. Por eso es por lo que nada puede prevalecer contra nuestra voluntad, tal como nos dice en el Texto:

> El Reino está perfectamente unido y perfectamente protegido, y el ego no prevalecerá contra él (T-4.III.1:12; cursiva omitida).

Esta es la fuente de nuestra esperanza y alegría.

(8) Abordaremos los ejercicios de hoy, por lo tanto, con entusiasmo y confianza, seguros de que encontraremos lo que es tu voluntad encontrar y de que recordaremos lo que es tu voluntad recordar. Ningún deseo vano puede detenernos ni engañarnos con ilusiones de fuerza. Deja que hoy se haga tu voluntad, y pon fin de una vez por todas a la absurda creencia de que prefieres el infierno al Cielo.

Las palabras de ánimo continúan, pues Jesús quiere hacernos entender la debilidad inherente de los deseos ilusorios del ego, que de ningún modo pueden compararse con la fuerza de nuestra voluntad, siempre una con la Voluntad de nuestro Creador y Fuente.

(9) Comenzaremos nuestras sesiones de práctica más largas reconociendo que el plan de Dios para la salvación y solo el Suyo, es el que está en completo acuerdo con tu voluntad. No es el designio de un poder extraño que se te impone en contra de tu voluntad. Es el único objetivo aquí con el que tú y tu Padre estáis perfectamente de acuerdo. Triunfarás hoy: la hora señalada para la emancipación del Hijo de Dios del infierno y todos los deseos vanos. Su voluntad queda ahora reinstaurada en su conciencia. Él está dispuesto hoy mismo a contemplar la luz que mora en él y a salvarse.

Jesús nos pide que pongamos en práctica lo que ha estado enseñándonos; que durante los periodos de práctica largos del día reflexionemos seriamente sobre nuestro error al pensar que, si pudiéramos, querríamos oponernos a la Voluntad de Dios. Él nos pide que veamos que este error nos ha hecho muy infelices, y lo felices que podríamos ser simplemente dejando a un lado la oposición del ego a la verdad. De este modo damos la bienvenida a la Voluntad de Dios donde ya se encuentra, a medida que la conciencia del Cielo es restaurada a nuestras mentes en lugar del infierno que habíamos creado en su lugar.

Es importante entender que debemos aceptar verdaderamente esta enseñanza; de otro modo, podríamos elegir practicar estas lecciones *a nivel de la conducta,* sin querer hacerlas realmente.

Al principio del Texto Jesús nos advierte contra este mismo error de entrar en el conflicto de no querer hacer lo que sentimos que él nos pide, aunque haciéndolo de todos modos:

> Puedes comportarte de acuerdo a como crees que debes, mas sin querer hacerlo realmente. Esto da lugar a un comportamiento congruente, pero conlleva gran tensión. En ambos casos la mente y el comportamiento están en desacuerdo, lo cual da lugar a una situación en la que realmente estás haciendo algo que realmente no quieres hacer. Esto suscita una situación de coerción que normalmente produce furia, y es muy probable que también dé lugar a proyecciones (T-2.VI.5:4-7).

Por eso Jesús está haciendo énfasis continuamente en los beneficios de soltar nuestros resentimientos. Él quiere que *queramos* perdonar. Solo entonces elegiremos hacerlo alegremente y de verdad.

(10) Después de que te hayas recordado esto a ti mismo y hayas resuelto mantener tu voluntad claramente en tu mente, repite para tus adentros estas palabras con templada determinación y tranquila certeza:

> ***Mi voluntad es que se haga la luz. Quiero contemplar la luz que refleja la Voluntad de Dios y la mía.***

Deja entonces que tu voluntad se afirme a sí misma, unida al Poder de Dios y en unión con tu Ser. Pon el resto de la sesión de práctica bajo Su dirección. Únete a Ellos que te señalan el camino.

Hacemos nuestra parte uniendo a Dios y a Cristo en nuestras mentes. Esto permite que nuestra Voluntad conjunta brille a través de nosotros, abrazando a la Filiación en la unidad del amor. Este proceso de reflejar la voluntad de luz de la creación —la esencia de la sanación— encuentra una preciosa expresión en el principio final de los obradores de milagros, conocido por muchos estudiantes de *Un curso de milagros* como la "Oración para la Salvación":

> *Estoy aquí únicamente para ser útil.*
> *Estoy aquí en representación de aquel que me envió.*
> *No tengo que preocuparme por lo que debo decir ni por lo que debo hacer, pues Aquel que me envió me guiará.*
> *Me siento satisfecho de estar dondequiera que Él desee porque sé que Él estará allí conmigo.*
> *Sanaré a medida que le permita enseñarme a sanar* (T-2.V.18:2-6).

Así, cada día somos guiados a sanar tal como somos sanados, a perdonar tal como somos perdonados, y a amar tal como somos amados.

(11:1-5) En las sesiones de práctica más cortas, declara nuevamente lo que realmente deseas. Di:

> ***Mi voluntad es que se haga la luz. La oscuridad no es mi voluntad.***

Debes repetir esto varias veces por hora.

Nuestra decisión se refleja en nuestra disposición a recordar —con tanta frecuencia como podamos— que nuestra voluntad y la de Dios son una, a pesar de las ilusiones de grandiosidad del ego. Reforzamos esta disposición debido a nuestro reconocimiento de que las ilusiones alimentan la oscuridad, mientras que la verdad nos libera por virtud de su luz: *nuestra* luz como el Hijo de Dios, el Ser que Él creó a semejanza de Sí Mismo.

(11:6-7) Es de suma importancia, no obstante, que apliques esta idea de inmediato si te sientes tentado de abrigar cualquier clase de resentimiento. Esto te ayudará a desprenderte de todos ellos en lugar de seguir abrigándolos y ocultándolos en la oscuridad.

Jesús siempre está pidiéndonos que prestemos cuidadosa atención a nuestros pensamientos de ataque y resentimientos. Así nos damos cuenta de que no nos harán felices, porque son un ataque activo al plan de Dios para la salvación. Hemos llegado a entender que hemos atesorado nuestros juicios debido a su capacidad para mantener nuestra individualidad segura y la luz de

Cristo en la oscuridad, y el costo para nosotros de atesorar tales defensas es demasiado grande. Este reconocimiento hace que sea cada vez más fácil soltar nuestros resentimientos y elegir la luz del Espíritu Santo en lugar de la oscuridad del ego.

LECCIÓN 74

No hay más voluntad que la de Dios.

(1:1) La idea de hoy se puede considerar como el pensamiento central hacia el cual se dirigen todos nuestros ejercicios.

Esta es la manera que tiene Jesús de expresar en una frase nuestra única responsabilidad, que es aceptar la Expiación para nosotros mismos. La pequeña idea loca, una vez que el ego la toma en serio, dice que la separación de Dios es un hecho, y que el Hijo tiene una voluntad separada y diferente de la Voluntad de su Creador. Ahora esta "voluntad" del Hijo puede establecer su propia realidad como una entidad autónoma. A partir de esta premisa básica, el sistema del ego sigue lógicamente hasta (e incluyendo) la fabricación del universo físico. Así, el ego es una declaración que dice que ciertamente hay una voluntad aparte de la de Dios. Esto va en contra del principio de Expiación, que dice que no hay otra voluntad que la de Dios. Cualquier otro pensamiento es ilusorio, y por lo tanto no ha ocurrido nunca. Esta idea está captada sucintamente en las siguientes líneas del Manual para el maestro, en el contexto de la idea de separación:

> En el tiempo, esto ocurrió hace mucho. En la realidad, nunca ocurrió (M-2.2:7-8).

Jesús dice de nuevo que esta idea —"no hay otra voluntad que la de Dios"— es el pensamiento central de estos ejercicios. De hecho, el objetivo de *Un curso de milagros* es enseñarnos a aceptar la Expiación para nosotros mismos; negar la aparente realidad del sistema de pensamiento del ego, que se basa en la pequeña idea loca tomada en serio —"[A causa de que el Hijo olvidó reírse de la pequeña idea loca], ese pensamiento se convirtió en una idea seria (T-27.VIII.6:3)— y en un yo individual del que se cree que tiene una voluntad autónoma, fuera de la Voluntad de Dios.

(1:2-3) La Voluntad de Dios es la única Voluntad. Cuando hayas reconocido esto, habrás reconocido que tu voluntad es la Suya.

Esto es lo último que el ego querría que entendiéramos, porque si nuestra voluntad es la Suya, no hay separación: esta es otra manera de enunciar el principio de Expiación, que deshace el ego. Además, si no hay nada más que Dios, no puede haber elección y, por tanto, no puede haber tomador de decisiones. El Espíritu Santo mantiene este pensamiento de Expiación en nuestras mentes, y el temor del ego de que elijamos identificarnos solo con esto le motiva a desarrollar la estrategia de la inconsciencia o ausencia de mente: el mundo de los cuerpos. Este miedo está resumido sucintamente en la siguiente declaración del Texto:

> Tienes miedo de conocer cuál es la Voluntad de Dios porque crees que no es la tuya. Esta creencia es la que da lugar a la enfermedad y al miedo (T-11.I.10:3-4).

(1:4) La creencia de que el conflicto es posible habrá desaparecido.

En estas lecciones encontramos —y por eso las estudiamos tan de cerca— la totalidad del sistema de pensamiento del ego, que se presenta más plenamente en el Texto. Si yo tengo una voluntad que está separada de la de Dios, el ego me dice que la he ganado triunfando sobre mi Gran Adversario. Al ganar así el gran conflicto, merezco los maravillosos frutos de la individualidad. Sin embargo, a esta ganancia el ego la llama *pecado*, y viene seguida de *culpa*, cuya proyección nos hace fabricar un Dios a nuestra imagen y semejanza: Uno contra Quien se ha pecado, y que ahora con justo enfado busca venganza, un ataque que nosotros *tememos* justificadamente. Como tal vez recuerdes de nuestro comentario anterior, las segunda y tercera leyes del caos (T-23.II.5-8) abordan específicamente este asunto de un Dios enfadado y vengativo; una imagen presente en cada uno de nosotros, independientemente de nuestra religión o ausencia de la misma. En el mundo occidental, la imagen se basa en el Dios bíblico: una deidad vengativa que cree en la realidad del pecado.

Una vez que proyectamos nuestro pecado, se establece un campo de batalla aparentemente eterno en nuestras mentes. *Ese* es el conflicto entre nosotros y Dios, puesto que Él es a Quien creemos haber atacado, y nuestra culpabilidad exige Su venganza. No hace falta añadir que este no es el verdadero Dios. Sin embargo, dentro de nuestro sueño demente, que comienza con la creencia de que somos individuos autónomos, este conflicto es muy real. Nos lleva a reprimir el pensamiento terrorífico, y —a través de la proyección— fabricar un mundo en el que vemos el conflicto rodeándonos por todas partes, pero ya no dentro de nuestras mentes. Creemos que todas las personas y las cosas están en guerra con nosotros, siendo estas las sombras fragmentadas del conflicto original. Tanto si esto toma la forma de enemigos directos —lo que llamamos odio especial, o de los enemigos más sutiles a los que llamamos nuestros amores especiales—, el conflicto permanece. Es una batalla no solo con individuos, sino con la vida misma, cuya principal característica es la muerte. De ahí que, según enseñó Freud, desde el momento en que nacemos estamos preparándonos para morir. Por lo tanto, el principal conflicto que experimentamos aquí es el pensamiento último de la muerte, y sin embargo esto no es sino un fragmento del conflicto original, basado en el pensamiento de que tenemos una voluntad separada de la de Dios. Ganamos esa voluntad destruyendo a Dios y ahora Él va a levantarse de la tumba y destruirnos, recuperando la vida que creemos haber tomado de Él.

(1:5-6) La paz habrá reemplazado a la extraña idea de que te atormentan objetivos conflictivos. En cuanto que expresión de la Voluntad de Dios, no tienes otro objetivo que el Suyo.

Recuerda por un momento las Lecciones 24 y 25, en las que Jesús explica que no sabemos lo que más nos conviene. Uno de los ejercicios nos pedía que tomáramos un problema y pensáramos en su solución óptima. Jesús nos dice que, si realmente hiciéramos esto con cuidado, nos daríamos cuenta de que tenemos objetivos en conflicto, y así no podríamos estar seguros de qué es lo mejor para nosotros. En un momento pensamos en algo que funcionará bien, y al siguiente pensamos en otra cosa. Esto nos obliga a decidir entre dichos objetivos cambiantes, y esta es la manera que tiene Jesús de enseñarnos que no entendemos nada, y ciertamente no sabemos lo que nos conviene.

Los objetivos en conflicto que experimentamos reflejan el conflicto original en nuestras mentes entre Dios y nosotros, conflicto que en realidad está dentro de nosotros mismos. Este Dios proyectado es una fabricación del ego. Así, Él no está verdaderamente allí, pues no es más que una parte escindida de nuestras mentes, que ya están divididas. El conflicto del ego es *uno o el otro, mata o te matarán*; un conflicto que se despliega dentro de nuestras mentes, porque las figuras de nuestras vidas que creemos que están victimizándonos no son más que personajes de nuestros propios sueños: figuras alucinatorias de nuestro sistema de pensamiento engañoso. Sin embargo, cuando nos alejamos del sistema de pensamiento del ego —conflicto, pecado e individualidad— y volvemos con el Espíritu Santo, hemos aceptado la Expiación. Entonces solo hay *un* objetivo, ya aceptado, que consiste en recordar Quiénes somos y volver a casa.

(2:1) La idea de hoy encierra una gran paz, y lo que los ejercicios de hoy se proponen es encontrarla.

De hecho, *solo* podemos encontrar paz a través de esta idea. La idea se presenta de muchas, muchas formas distintas, pero su esencia es que encontramos la paz al aceptar la idea de que nunca nos hemos separado de Dios, y por lo tanto no estamos separados de nada ni de nadie.

(2:2-4) La idea en sí es completamente cierta. Por lo tanto, no puede dar lugar a ilusiones. Sin ilusiones, el conflicto es imposible.

Las ilusiones son todas las cosas que el ego nos dice que son verdad. Así, una vez que empezamos con la premisa básica de que hay otra voluntad además de la de Dios —la pequeña idea loca tomada en serio, que nos lleva a creer que existimos como individuos separados—, las demás ilusiones siguen lógicamente: soy pecaminoso, culpable y temo el castigo; este es mi destino inevitable si sigo estando en mi mente. A fin de proteger este yo recién adquirido, tengo que proteger el conflicto básico entre yo y mi imagen de Dios, fabricando un mundo en el que experimento un nuevo conjunto de problemas, todos ellos percibidos fuera de mi mente.

Estas, por tanto, son las ilusiones, y surgen de que no aceptamos el principio de Expiación de que no hay otra voluntad que la de Dios, lo que significa que la separación nunca ocurrió. Por lo tanto, una vez que estas ilusiones se miran y se dejan ir no puede haber conflicto, pues el conflicto se da entre la parte culpable y pecaminosa de nosotros mismos que no queremos dejar que entre en nuestra conciencia, y la parte culpable y pecaminosa de nosotros mismos que hemos proyectado en la imagen de Dios. Cuando ya no se tiene fe en el pensamiento de pecado, no puede haber ilusiones o conflicto; y por lo tanto no puede haber dolor ni sufrimiento.

(2:5–3:1) Trataremos hoy de reconocer esto y de experimentar la paz que este reconocimiento nos brinda.

Comienza las sesiones de práctica más largas repitiendo lentamente los pensamientos que siguen a continuación varias veces, con la firme determinación de comprender su significado y de retenerlos en la mente:

Ya he mencionado antes que muchas de las declaraciones del Libro de ejercicios pueden ser comprendidas erróneamente como afirmaciones, similares a las que se encuentran en muchos sistemas Nueva Era, donde se usan para acallar los egos de la gente al reemplazar los pensamientos negativos por otros positivos. Es muy obvio que esto no funciona, pues lo único que consigue es reprimir nuestros malos pensamientos dentro del inconsciente, y cualquier cosa que se reprima tiene maneras muy desafortunadas de encontrar un camino para volver a salir, bien atacando a otros (juicio) y/o atacándonos a nosotros mismos (enfermedad).

Jesús no está animándonos a llevar la verdad a la ilusión —la verdad de estas declaraciones a la ilusión en la que creemos— más bien nos enseña a llevar las ilusiones de los pensamientos de nuestro ego ante esta verdad. Por tanto, cuando tengamos la tentación de sentirnos disgustados, hemos de llevar ese disgusto y todas sus aparentes causas ante la verdad: nosotros hemos fabricado esto. Y sabemos que lo hemos hecho porque no hay otra Voluntad que la de Dios.

Repito, estas no son declaraciones que debamos usar para acallar nuestros egos. Más bien, debemos llevar los estridentes chillidos de nuestro ego, de culpa y juicio, al amable pensamiento de la lección. Este proceso no solo es válido para estos ejercicios, sino para todos los demás. Así, decimos:

> **(3:2-3)** ***No hay más voluntad que la de Dios. No puedo estar en conflicto.***

Esto significa que cuando te sientas infeliz o molesto a lo largo del curso del día y mires honestamente a tu ego, te darás cuenta de que estás molesto porque crees estar en conflicto: algo o alguien te ha producido dolor, y esa es la "causa" del problema. Si recuerdas esta declaración —"No hay otra voluntad que la de Dios. No puedo estar en conflicto"— reconoces que todo lo que ahora percibes viene del pensamiento de que estás en conflicto con Dios. Sufres a manos de otra persona, estás enfermo, o has perdido tu paz como resultado de las condiciones del mundo... y todo ello porque crees que te separaste de tu Creador. Dicho de otra manera: conflicto significa dualidad, que es la esencia del estado ilusorio de separación del ego. Por otra parte, la Voluntad de Dios expresa la verdad no dualista de la unidad de nuestra realidad como el Hijo de Dios.

Esta lección continúa con el proceso de entrenamiento que nos lleva a revisitar siempre —no solo aquí, sino siempre— el sistema de pensamiento del ego, que subyace a nuestro estar disgustados, enfadados, deprimidos, enfermos, ansiosos o temerosos. Cuando miramos al ego con Jesús a nuestro lado, hacemos automáticamente lo que él nos pide en esta lección. Como nos dice al comienzo del Texto, él es la Expiación (T-1.III.4:1): la experiencia y el símbolo dentro de nuestro sueño de que no hay otra voluntad que la de Dios. Su amorosa presencia en nuestras mentes es la prueba de que nada se interpone entre nosotros y el Amor de Dios, y que, además, nada podría interponerse entre nosotros y este Amor, como leemos ahora:

(3:4-9) Dedica entonces varios minutos a añadir pensamientos afines, tales como:

Estoy en paz.

Nada puede perturbarme. Mi voluntad es la de Dios.

Mi voluntad y la de Dios son una.

La Voluntad de Dios es que Su Hijo esté en paz.

Jesús continúa diciéndonos cómo proceder en estos ejercicios:

(3:10-13) Durante esta fase introductoria, asegúrate de hacerle frente enseguida a cualquier pensamiento conflictivo que pueda cruzar tu mente. Di de inmediato:

No hay más voluntad que la de Dios.

Estos pensamientos conflictivos no significan nada.

Una vez más, Jesús no quiere que acallemos nuestro dolor ni que neguemos nuestra experiencia de conflicto con nadie ni con nada, sino que le llevemos nuestro sufrimiento a él. Esto es análogo a lo que el gran maestro indio Krishnamurti resaltaba en sus enseñanzas: *Estate con el dolor.* Esto no era una llamada al masoquismo. Era un ruego a sus estudiantes para que no encubrieran el dolor, sino que continuaran con él hasta atravesarlo y llegar al amor que está más allá. En *Un curso de milagros*, Jesús es el que nos conduce a través del dolor, que primero hemos llevado ante él, hasta la paz que nos espera más allá del velo de conflicto del ego.

(4:1) Si algún asunto parece ser muy difícil de resolver, resérvalo para un examen más detenido.

Como hemos visto a lo largo de estas lecciones, Jesús está pidiéndonos que prestemos cuidadosa atención a nuestras mentes para que busquemos y encontremos en ellas los pensamientos de conflicto. Entonces pasamos de nuestra infelicidad y tensión al pensamiento subyacente de separación, que es la base de la experiencia de los conflictos específicos. En lugar de intentar evitar esa situación conflictiva particularmente difícil, Jesús nos anima a que le prestemos atención —a "reservarla para un examen más detenido"—, lo que significa llevársela a él, de modo que podamos mirar y soltar la culpa de la mente.

(4:2-5) Piensa en él brevemente, aunque de manera muy concreta, identificando a la persona o personas en cuestión y la situación o situaciones de que se trate, y di para tus adentros:

> ***No hay más voluntad que la de Dios. Yo la comparto con Él.***
>
> ***Mis conflictos con respecto a ______ no pueden ser reales.***

No puedo darme cuenta de que los conflictos entre tú y yo son irreales a menos que acepte el hecho de que los he hecho reales, *muy reales*. Primero tenemos que mirar al conflicto tal como lo experimentamos, y después hacerle el seguimiento hasta su fuente. Este proceso de mirar es la suma y sustancia de *Un curso de milagros*, un proceso que resulta imposible a menos que miremos en el lugar adecuado: la parte tomadora de decisiones de nuestra mente, donde se cometió el error original. El cierre del Capítulo 5 del Texto nos proporciona un ejemplo de la enseñanza explícita de Jesús en este sentido:

> [...] el proceso de des-hacimiento, que no procede de ti, se encuentra no obstante en ti porque Dios lo puso ahí. Tu papel consiste simplemente en hacer que tu pensamiento retorne al punto en que se cometió el error y en entregárselo allí a la Expiación en paz (T-5.VII.6:4-5).

En otra parte del Texto, Jesús comenta el conflicto y cómo se resuelve mediante la visión del Espíritu Santo, siendo el compartir de dicha visión el objetivo de *Un curso de milagros*:

> El Espíritu Santo desvanece las ilusiones sin atacarlas, ya que no puede percibirlas en absoluto. Por consiguiente, no existen para Él. Resuelve el aparente conflicto que estas engendran percibiendo cualquier conflicto como algo sin sentido. He dicho anteriormente que el Espíritu Santo

> percibe el conflicto exactamente como es, y el conflicto *no tiene* sentido. El Espíritu Santo no quiere que entiendas el conflicto; quiere, no obstante, que te des cuenta de que el conflicto no es comprensible puesto que no tiene sentido (T-7.V.6:1-5).

Por eso es por lo que Jesús quiere que percibamos el conflicto; para que podamos mirar *más allá* de él a la verdad.

Esto concluye la primera parte del ejercicio. La segunda parte sigue:

(5:1) Después de que hayas despejado tu mente de esta manera, cierra los ojos y trata de experimentar la paz a la que tu realidad te da derecho.

En otras palabras, en primer lugar, tenemos que ser conscientes de nuestros pensamientos oscuros, las nubes que en la anterior lección Jesús nos dijo que nos ayudará a atravesar (Lección 70). Más allá de estas nubes de defensa está la paz de Dios. Jesús nos recuerda de manera consistente que la paz no puede llegar sin que antes deshagamos el conflicto; solo volvemos a la luz cuando atravesamos la oscuridad; y no es posible recordar el amor a menos que miremos al odio.

(5:2-4) Sumérgete en ella y siente cómo te envuelve. Puede que te asalte la tentación de confundir estas prácticas con el ensimismamiento, pero la diferencia entre ambas cosas es fácil de detectar. Si estás llevando a cabo el ejercicio correctamente, sentirás una profunda sensación de dicha y mayor agudeza mental en vez de somnolencia y enervamiento.

Muchas personas experimentan una tendencia a caer dormidas cuando empiezan a meditar o a hacer una lección. Este es el punto de referencia que Jesús está usando aquí, y él nos ayuda a entender que tiene el propósito defensivo de proteger nuestro miedo. La somnolencia no se produce porque estemos demasiado cansados ni porque no seamos estudiantes sinceros. Viene porque tenemos miedo del estado de paz. Cuando somos conscientes de nuestros pensamientos de conflicto, no nos quedamos dormidos. Por lo tanto, deberíamos preguntarnos por qué estamos despiertos con estos pensamientos, y nos dormimos cuando estamos a punto de ir más allá de ellos a la paz de Dios. La respuesta es obvia. La paz resulta amenazadora porque dice que no hay otra voluntad que la de Dios, y que la nuestra es una con la Suya. Si la separación nunca ocurrió, entonces *nosotros* tampoco ocurrimos nunca. *Ese* es el miedo; el miedo de perder nuestro yo individual.

Es importante que cuando empieces a distraerte —cuando te sientas cansado, caigas dormido, o estés pensando en todo excepto en el ejercicio— no te juzgues a ti mismo ni te sientas culpable, sino que te des cuenta de que la distracción viene de tu miedo al objetivo de la lección.

(6) La paz se caracteriza por la dicha. Cuando experimentes dicha sabrás que has alcanzado la paz. Si tienes la sensación de estar cayendo en el ensimismamiento, repite la idea de hoy de inmediato y luego vuelve al ejercicio. Haz esto cuantas veces sea necesario. Es ciertamente ventajoso negarse a buscar refugio en el ensimismamiento, aun si no llegas a experimentar la paz que andas buscando.

Lo que resulta útil de estas declaraciones es la amabilidad con la que Jesús apunta a nuestra potencial resistencia a estas lecciones. Si él espera que tengamos dificultades y no nos juzga por ello, no hay razón para juzgarnos a nosotros mismos cuando nos olvidamos de hacer los ejercicios, o cuando los empezamos y enseguida nos quedamos dormidos.

Cuando nos permitimos ir más allá de los pensamientos de enfado, depresión y conflicto, sentimos alegremente la paz de saber que nuestros pecados son perdonados y no han tenido efecto en el amor y la luz internos. Esta alegría es imposible si primero no aceptamos nuestros autoconceptos de pecado, culpa y fracaso. "Fracasar" en el intento de hacer el Libro de ejercicios nos ofrece la oportunidad perfecta para mirar a estos conceptos del ego, y después ir más allá de ellos a la verdad con respecto a nosotros mismos.

(7) En las sesiones más cortas, que hoy se deben llevar a cabo a intervalos regulares previamente determinados, di para tus adentros:

No hay más voluntad que la de Dios. Hoy busco Su Paz.

Trata entonces de hallar lo que buscas. Dedicar uno o dos minutos cada media hora a hacer este ejercicio —con los ojos cerrados a ser posible— será tiempo bien empleado.

Si verdaderamente nuestro objetivo es la paz, también estaremos contentos de emplear los medios para conseguirla. Nuestros recuerdos constantes a lo largo del día reflejan esta actitud. Por lo tanto, una vez más, olvidarnos "del minuto o dos" que se nos pide que dediquemos cada treinta minutos nos ayuda a entrar en contacto con nuestra ambivalencia con respecto al objetivo. Esto nos alerta ante nuestro conflicto interno, y nos provee constantes oportunidades de perdonarnos a nosotros mismos por el "pecado" de empujar lejos a Dios. De vez en cuando volveremos a este muy importante aspecto de nuestra práctica con el Libro de ejercicios.

LECCIÓN 75

La luz ha llegado.

En esta lección, Jesús habla del mundo real; y como ocurre en otras lecciones, nos ofrece unas palabras de ánimo. A pesar de lo que dice abiertamente, es obvio que Jesús no espera que sus estudiantes se identifiquen con la luz en este día particular. Si lo hiciera, este mensaje no estaría en otras lecciones. Estas palabras de ánimo nos dicen que más allá de las nubes de ilusión —la complejidad de nuestros enfados, juicios, sufrimiento y ansiedad—, realmente hay una luz. Es la luz del mundo real, la verdad que brilla fuera de los oscuros sueños de separación y locura del ego.

Permíteme comentar también sobre el tema que discurre a lo largo de esta lección como un *leitmotiv* musical, que no nos dice tanto que la luz ha llegado, sino que *nosotros hemos venido a la luz*. Nuestra experiencia es que la luz ha venido a nosotros, pero en verdad nunca nos fuimos, porque siempre está presente en nuestras mentes. Por tanto, como somos nosotros los que abandonamos la luz, debemos ser nosotros los que volvamos a ella. Si las declaraciones del Libro de ejercicios se aceptaran de manera literal, parecería que nosotros no tenemos nada que ver con la venida de la luz. Simplemente vino por su cuenta, lo que implica que en algún otro punto se había ido.

Esto vuelve a señalar la importancia de entender que las palabras de *Un curso de milagros* son simplemente símbolos. La verdadera dinámica que está operando aquí es que fuimos nosotros los que abandonamos la luz al aferrarnos a la ilusión de separación e individualidad del ego. Por lo tanto, somos nosotros los que debemos darnos cuenta de nuestra decisión equivocada: la oscuridad de nuestras ilusiones no nos hace felices. Esta comprensión nos conduce finalmente a decir que debe haber otra manera, y entonces buscamos la luz que abandonamos. De hecho, hay algo más que el simple hecho de que la abandonáramos. El ego nos dice que fuimos infieles a la luz por haber traicionado, abandonado y destruido su amor. Por lo tanto, nos acusamos a nosotros mismos de este pecado, a partir del cual, como hemos visto muchas veces, vienen la experiencia de la culpa y el horror que nos impelen a librarnos de dicha culpa a través de la proyección, fabricando así a un Dios a nuestra imagen y semejanza, y un mundo que también refleja nuestro autoconcepto de separación, culpa y ataque.

Si nos diéramos cuenta de que simplemente cometimos un error, de que tomamos el camino equivocado porque escuchamos al guía equivocado, recordaríamos al Guía a Quien realmente podríamos pedir ayuda. Su Amor nos enseñaría que nuestro "pecado" fue un error que ya ha sido corregido. Por lo tanto, no puede haber pecado, culpa, negación o proyección, y tampoco mundo. En este punto venimos a la luz interna, a la que *Un curso de milagros* se refiere como el mundo real.

(1:1-2) La luz ha llegado. Te has curado y puedes curar.

Si estoy curado, eso significa que el pensamiento de separación en mi mente ha sido deshecho, junto con el dolor y el sufrimiento, y lo único que queda es el Hijo de Dios tal como Él lo creó. Así es como me convierto en un sanador: aceptando la luz sanadora de la Expiación en lugar de la oscuridad del ego. Puesto que la Filiación es una conmigo, también está sanada. Esto, de nuevo, es lo que quiere decir la Lección 137: "Cuando me curo no soy el único que se cura."

(1:3-4) La luz ha llegado. Te has salvado y puedes salvar.

Esto, por supuesto, va en paralelo con "Estás sanado y puedes sanar". Eres salvado de la prisión de tu propia elección equivocada, del dolor y el sufrimiento de la culpa de tu mente. En el instante santo te conviertes en el Hijo uno de Dios, que simboliza, como también lo hace Jesús, la elección de la mente correcta a favor de la luz en lugar de la oscuridad.

(1:5) Estás en paz y llevas la paz contigo dondequiera que vas.

Esto se debe a que *las ideas no abandonan su fuente*. A lo largo del día —dondequiera que vamos, y hagamos lo que hagamos— nuestras mentes están llenas de la luz que siempre está allí. No es algo que literalmente llevemos con nosotros, sino algo que ocurre automáticamente, y es tan natural para la mente como respirar para el cuerpo. *Las ideas no abandonan su fuente*: el cuerpo y el uso erróneo que hace del ataque y el juicio nunca han dejado su fuente: el pensamiento de culpa en la mente errada. El cuerpo como instrumento del amor de Jesús nunca ha abandonado su fuente: el pensamiento de luz en la mente correcta. Esta luz de la paz se extiende automáticamente por la mente del Hijo de Dios, y esto es lo que significa "llevas la paz contigo dondequiera que vas".

(1:6-7) Las tinieblas, el conflicto y la muerte han desaparecido. La luz ha llegado.

Recuerda que es *uno o el otro*. El ego usa este principio para justificar el ataque: si yo no te mato, tú me matarás a mí. El mismo principio opera también con Jesús, pero con un contenido diferente. Si me uno con la luz, no puede haber ninguna oscuridad, no porque yo la haya atacado, sino porque la oscuridad desaparece en presencia de la luz. Así, para Jesús, *uno o el otro* es un principio no dualista. Si hay luz y unidad, no puede haber oscuridad y separación; como mi mente y mi voluntad son una con las de Dios, y no hay más Mente y Voluntad que las Suyas, ¿cómo podría existir la separación? Así, el principio de *uno o el otro* es válido para ambos maestros: para el ego significa ataque y asesinato; para Jesús refleja el hecho reconfortante de la Expiación: la separación de Dios nunca ocurrió.

(2:1) Hoy celebramos el feliz desenlace de tu largo sueño de desastres.

Considera esta como otra de las charlas de Jesús para darnos ánimos. Si sientes inquietud o infelicidad el día de hoy, no uses esta afirmación para juzgar que eres un fracasado. El hecho de que existe el resto del Libro de ejercicios —y Jesús concluye el Libro de ejercicios diciendo que este curso es un comienzo y no un final— te informa de que él no espera que acabes con el sueño del ego aquí y ahora. Sin embargo, él quiere recordarte el principio de la Expiación: la luz ha llegado porque nunca se fue.

Esta es otra manera de decirnos —como hace Jesús a lo largo del Libro de ejercicios— que hay otro sistema de pensamiento en nuestras mentes que está totalmente separado del ego. Nosotros creemos que no existe *nada más* que el ego, y nuestras interpretaciones de Dios, Jesús y la salvación están basadas en nuestro especialismo, según el cual esperamos mágicamente que alguien o algo fuera de nosotros sea nuestro salvador. No sabemos de otro maestro, de un Jesús que está fuera del sueño y que no es la figura familiar que en gran medida forma parte de los sueños del ego: "un sueño que viene en son de burla" (*Los regalos de Dios*, p. 121). Por lo tanto, las lecciones como esta son la manera que tiene Jesús de decirnos que hay otro maestro en nuestras mentes; son su manera de comunicarnos —a nosotros que justo estamos empezando a aprender sus lecciones de perdón— nuestro objetivo último: la luz al final del túnel del ego que brilla felizmente disipando nuestros sueños de desastre y muerte. Ciertamente este resultado de luz es tan seguro como su Fuente.

(2:2) Ya no habrá más sueños tenebrosos.

Desde un punto de vista diferente, podemos considerar que en esta lección Jesús nos provee el ideal, aunque él sabe que tenemos millas por delante antes de despertar —parafraseando a Robert Frost— e identificarnos con la luz. Al menos ahora sabemos que hay un objetivo; y él nos enseña cómo alcanzarlo. Otra manera de entender la lección es considerarla como la manera que tiene Jesús de decirnos: "Si me sigues, haces estas lecciones fielmente y lees mis textos con cuidado, estarás en paz y tus sueños oscuros se acabarán. Sin embargo, si persistes en pensar que sabes más que yo, por desgracia tus sueños de separación, especialismo e individualidad desgraciadamente continuarán. ¿Merecen realmente la pena?"

(2:3-4) La luz ha llegado. Hoy comienza la era de la luz para ti y para todos los demás.

No se puede repetir las veces suficientes que, si la luz de Cristo brilla para mí, debe brillar para todos, puesto que Cristo es uno. Por lo tanto, no es solo que la luz haya llegado, en el sentido de que he elegido aceptarla en lugar de los oscuros sueños de intereses separados del ego, sino que la luz ha llegado para toda la Filiación, ya que los sueños felices del Espíritu Santo contemplan los intereses de todos como lo mismo.

(2:5-7) Es una nueva era, de la que ha nacido un nuevo mundo. Y cuando el anterior pasó de largo, no dejó rastro alguno sobre el nuevo. Hoy vemos un mundo diferente porque la luz ha llegado.

Cuando Jesús dice que el viejo mundo "no dejó rastro alguno sobre el nuevo" se hace eco de las encantadoras palabras que nunca me canso de citar: "No se perdió ni una nota del himno celestial" (T-26.V.5:4). Los pecados del pasado no tienen efecto sobre el presente; no el presente culpable del ego, sino el presente del instante santo. Una vez que estamos en el nuevo mundo —el mundo real— y que aceptamos el perdón como principio rector en lugar del ataque, el sistema del ego desaparece. Cuando a veces los estudiantes preguntan si recordarán su mundo cuando despierten del sueño, la respuesta es "no": *no hay nada que recordar.* El viejo mundo no dejó rastro alguno sobre el nuevo. Lo que se ha ido, se ha ido porque nunca fue.

(3:1) Nuestros ejercicios de hoy serán ejercicios felices, pues en ellos daremos gracias por la desaparición de lo viejo y el comienzo de lo nuevo.

"La desaparición de lo viejo" no es algo que Jesús o *Un curso de milagros* hagan, sino que es un logro nuestro cuando ejercitamos el poder de la mente para elegir. Jesús nos ofrece un vislumbre de lo maravilloso que será todo cuando soltemos nuestras ilusiones de individualidad, especialismo y juicio, como nos dice al principio del Texto, y nosotros repetimos una y otra vez:

> No tienes ni idea del tremendo alivio y de la profunda paz que resultan de estar con tus hermanos o contigo mismo sin emitir juicios de ninguna clase (T-3.VI.3:1).

(3:2) Ya no quedan sombras del pasado que puedan nublar nuestra vista y ocultar el mundo que el perdón nos ofrece.

Esta es una declaración explícita de que las sombras de nuestro pasado —alguna expresión de pecado— "ocultan el mundo que el perdón nos ofrece". En otras palabras, nuestros pensamientos de ataque y juicio tienen un propósito y no ocurren sin más. Los elegimos para ocultar el mundo de luz que el perdón nos ofrece. Al ser la llave, el perdón abre la puerta cerrada en nuestras mentes, detrás de la cual se alza la amorosa presencia de Jesús. La puerta se abre cuando miramos a nuestras defensas: las sombras de culpa que proyectamos sobre nuestros hermanos. En el cierre mismo del Texto, se vuelve a enunciar este pensamiento, ahora familiar, de una manera muy hermosa:

> Ya no se le otorga fe a ninguna ilusión ni queda una sola mota de oscuridad que pudiera ocultarle a nadie la faz de Cristo (T-31.VIII.12:5).

(3:3-5) Hoy aceptaremos el nuevo mundo como lo que deseamos ver. Lo que anhelamos se nos concederá. Nuestra voluntad es ver la luz; la luz ha llegado.

Jesús apela a nuestra motivación para ser felices, porque la felicidad es lo que realmente queremos. Ahora bien, sin este deseo, nunca la encontraremos. Así, se nos está enseñando, como se enfatiza en el Texto, a asociar la luz del perdón con la felicidad y la paz, y la oscuridad de la culpa con la desdicha y el dolor. En los pasajes siguientes del Texto, Jesús habla sobre la filosofía de su enseñanza. Como cualquier buen teórico del refuerzo, él sabe que "es más eficaz aprender a base de recompensas que a base de dolor" (T-4.VI.3:4). Así, nos está enseñando a asociar la alegría con valorar su enseñanza, y la desdicha con ignorarla. De este modo llegamos a desear su enseñanza de luz por la alegría que nos brinda:

> ¿Cómo puedes enseñarle a alguien el valor de algo que él mismo ha desechado deliberadamente? Tiene que haberlo

desechado porque no le atribuyó ningún valor. Lo único que puedes hacer es mostrarle cuánta infelicidad le causa su ausencia e írselo acercando lentamente para que pueda ver cómo mengua su infortunio según se le aproxima. Esto le enseña a asociar su infelicidad con la ausencia de lo que desechó y lo opuesto a la infelicidad con su presencia. Comenzará a desearlo gradualmente a medida que cambie de parecer con respecto a su valor. Te estoy enseñando a que asocies la infelicidad con el ego y la felicidad con el Espíritu. Tú te has enseñado a ti mismo lo contrario. Sigues siendo libre de elegir, mas a la vista de las recompensas de Dios, ¿puedes realmente desear las recompensas del ego? (T-4.VI.5).

(4:1–5:1) Dedicaremos nuestras sesiones de práctica más largas a ver el mundo que el perdón nos muestra. Eso y solo eso, es lo que queremos ver. Nuestro único propósito hace que la consecución de nuestro objetivo sea inevitable. Hoy el mundo real se alza jubiloso ante nosotros para que por fin lo podamos ver. Se nos concede la visión ahora que la luz ha llegado.

No queremos ver hoy sobre el mundo la sombra del ego.

La “sombra del ego sobre el mundo” son nuestros pensamientos de dolor y ataque, que surgen de la culpa en nuestras mentes. Sabemos que el ego fabrica un mundo ilusorio de pecado, culpa y miedo, basado en el pensamiento igualmente ilusorio de individualidad. No suelta este mundo de pensamientos, sino que lo entierra en nuestras mentes antes de proyectarlo. Este sistema de pensamiento de culpa lanza una larga y desesperante sombra sobre lo que pensamos que es el mundo. Así, el destino final de la culpa es el cuerpo, la percibida fuente de todo dolor e inquietud hasta, e incluyendo, la muerte. Sin embargo, esto no es más que un fino velo que el ego usa para ocultar la verdad que no queremos ver porque es la verdad (T-21.VII.5:14). Reconociendo nuestro error, volvemos a elegir: el perdón en lugar del juicio, el mundo de la luz en lugar de las sombras de culpa del ego.

(5:2) Vemos la luz y en ella vemos el reflejo del Cielo extenderse por todo el mundo.

No vemos el Cielo en el mundo; vemos su reflejo, que conocemos como el mundo real. Primero hemos mirado dentro, y después hemos visto la sombra de culpa del ego proyectada a nuestro alrededor: pérdida, abandono, sacrificio y muerte. Cuando cambiamos de mentalidad y pedimos ayuda a Jesús, soltamos las sombras, permitiendo que su luz interna sea todo lo que vemos reflejado en el mundo.

(5:3-5) Comienza las sesiones de práctica más largas dándote a ti mismo las buenas nuevas de tu liberación:

La luz ha llegado. He perdonado al mundo.

"Las buenas nuevas" son unas palabras de la Biblia que hacen referencia a que Jesús viene como la luz del mundo. Así, él usa unas palabras que han tenido una serie de connotaciones, y les da un significado totalmente diferente. Aquí, las buenas nuevas no es que la luz de Jesús haya venido al mundo, sino que la luz de Jesús en nuestras mentes nunca se fue, a pesar de que creímos que la habíamos destruido. Después de todo, el principio de Expiación del Espíritu Santo era verdad. ¿Qué mejores nuevas que estas podría haber?

Solo podemos perdonar al mundo porque nos perdonamos a nosotros mismos por destruir la luz del mundo, el mundo interno de amor de cuya desaparición nos convencieron nuestras mentes trastornadas. Así, nos damos cuenta —mediante la aceptación aquí del amor de Jesús por nosotros— de que no nos hemos separado del amor, lo que significa que no lo hemos crucificado ni hemos destruido su Fuente. Esto, de nuevo, son las verdaderas buenas nuevas. Nos sentimos felices al darnos cuenta de que nuestros intentos de cubrir de oscuridad la luz no han tenido efecto porque la luz no se ha ido. Una vez que aceptamos este alegre hecho, los sudarios desaparecen, los velos de oscuridad se apartan, las sombras se disipan y solo queda la luz. Esto solo ocurre cuando nos perdonamos a nosotros mismos por haber cometido un error; ¡ciertamente son buenas nuevas!

(6:1) No te entretengas hoy con el pasado.

El pasado expresa pecado, *literalmente*; la creencia de que pecamos contra Dios. Nos pillamos a nosotros mismos habitando en el pasado cada vez que tenemos un resentimiento, porque cada uno de ellos es el sombrío fragmento que nos recuerda nuestro resentimiento original *contra nosotros mismos*. Así, llegamos a reconocer que retener el perdón refleja nuestro deseo de mantener vivo el pasado pecaminoso, reforzando la identidad separada que está protegida por nuestras proyecciones sobre otros.

(6:2) Mantén tu mente completamente receptiva, libre de todas las ideas del pasado y de todo concepto que hayas inventado.

La Lección 189 contiene una oración que expresa muy bien esta idea. Es lo suficientemente importante como para citarla aquí, aunque volveremos a ella más adelante:

> Haz simplemente esto: permanece muy quedo y deja a un lado todos los pensamientos acerca de lo que eres y de lo que Dios es; todos los conceptos que hayas aprendido acerca del mundo; todas las imágenes que tienes acerca de ti mismo. Vacía tu mente de todo lo que piensa que es verdadero o falso, bueno o malo; de todo pensamiento que considere digno, así como de todas las ideas de las que se siente avergonzada. No conserves nada. No traigas contigo ni un solo pensamiento que el pasado te haya enseñado ni ninguna creencia que hayas aprendido con anterioridad sobre cualquier cosa. Olvídate de este mundo, olvídate de este curso, y con las manos completamente vacías, ven a tu Dios (L-pI.189.7).

Esto implica reconocer que estamos muy contentos de estar equivocados y de que Jesús tiene razón. Estamos equivocados porque creemos que aquí hay un mundo de ataque y dolor, y él tiene razón porque nos dice que todo esto es un montaje. Solo cuando permitimos que se nos enseñe que nuestro premio de paz es mucho mayor que el castigo de dolor, podemos permitir que nuestras mentes se limpien.

(6:3-9) Hoy has perdonado al mundo. Puedes contemplarlo ahora como si nunca antes lo hubieras visto. Todavía no sabes qué aspecto tiene. Simplemente estás esperando a que se te muestre. Mientras esperas, repite varias veces lentamente y con absoluta paciencia:

La luz ha llegado. He perdonado al mundo.

Jesús nos está diciendo que nosotros no nos traemos el mundo real a nosotros mismos, puesto que somos nosotros los que debemos elegirlo. Además, nuestra paciencia no incluye esperar a Jesús porque haya una larga lista de espera; solo nos esperamos a nosotros mismos, porque todavía tenemos demasiado miedo para aceptar la luz, en cuya presencia la oscuridad de nuestro yo individual desaparece. Vemos una vez más que Jesús nos está informando de que *él* sabe que todavía no estamos en el punto de poder mirar al mundo perdonado. Por eso no hay necesidad de aparentar que estamos más adelantados de lo que realmente estamos. Tal arrogancia difícilmente se corresponde con un Hijo de Dios, y además asegura que nunca recordaremos que nosotros *somos* el Hijo de Dios.

En el planteamiento que hace Jesús a lo largo de *Un curso de milagros* es evidente que, si bien él es inequívocamente consistente en la presentación de la verdad, siempre se muestra amable, paciente y comprensivo con respecto al hecho de que todavía no estamos preparados para aceptarla. Es extremadamente importante experimentar su paciencia, de modo que nosotros podamos demostrársela a todos los demás. Cuando nos descubrimos sintiéndonos molestos con otros e impacientes con sus errores, esto solo se debe a que no queremos aceptar la paciencia de Jesús con *nuestros* errores. Y esto se debe a que queremos verlos como pecados, y en lugar de aceptar responsabilidad por estos pensamientos equivocados, los proyectamos afuera y aparentemente nos sentimos justificados para mostrarnos impacientes con todos los demás. Este tipo de declaraciones dejan claro lo amorosamente paciente que Jesús es con nosotros, un modelo para todos nosotros.

(7:1) Date cuenta de que tu perdón te hace acreedor a la visión.

Retorna el tema de la visión, esta vez en el contexto de nuestra aceptación del mundo real a través del perdón. En otras palabras, cuando no perdonamos, no podemos ver, y lo que pensamos que vemos es simplemente una distorsión. Por otra parte, cuando perdonamos, nuestros ojos quedan limpios de las sombras de culpa, y entonces viene la visión.

(7:2) Entiende que el Espíritu Santo nunca deja de dar el don de la visión a los que perdonan.

Esto no significa que el Espíritu Santo retenga el regalo cuando juzgamos a otros o a nosotros mismos, sino más bien que al estar llenos de juicios, nosotros rechazamos el regalo. Ciertamente, esta es la razón por la que juzgamos, para mantener alejado el regalo. Como ocurre con la gracia de Dios, la visión del Espíritu Santo es para todos, y abraza a todos. La visión solo espera nuestro perdón para que aceptemos Su regalo.

(7:3-11) Confía en que Él no dejará de dártelo a ti ahora. Has perdonado al mundo. El Espíritu Santo estará contigo mientras observas y esperas. Te mostrará lo que la verdadera visión ve. Esa es Su Voluntad y tú te has unido a Él. Espéralo pacientemente. Él estará allí. La luz ha llegado. Has perdonado al mundo.

Una vez más, si tomamos estas palabras literalmente, suena como si tuviéramos que esperar la venida del Espíritu Santo. Obviamente esto no tiene sentido, tal como no tiene sentido que durante más de dos mil años los cristianos hayan estado esperando la venida de Jesús: el denominado Segundo Advenimiento. La cuestión no está en *su* Segundo Advenimiento sino en el *nuestro*, tal como se redefine este término en *Un curso de milagros* (T-4.IV.10:2-3). Así, cuando Jesús dice "espéralo pacientemente", lo que en realidad quiere decir es que nos esperemos pacientemente a nosotros mismos hasta que soltemos el miedo en la medida suficiente para poder aceptar al Espíritu Santo. Así, observamos y esperamos con paciencia como reflejo de su infinita paciencia:

> La paciencia que tengas con tu hermano es la misma paciencia que tendrás contigo mismo. ¿No es acaso digno un Hijo de Dios de que se tenga paciencia con él? He tenido infinita paciencia contigo porque mi voluntad es la Voluntad de nuestro Padre, de Quien aprendí lo que es la paciencia infinita. Su Voz estaba en mí tal como está en ti, exhortándonos a tener paciencia con la Filiación en Nombre de su Creador (T-5.VI.11:4-7).

(8:1-3) Dile que sabes que no puedes fracasar en tu empeño porque confías en Él. Y dite a ti mismo que esperas lleno de certeza poder contemplar el mundo que Él te ha prometido. De ahora en adelante verás de otra manera.

Volviendo a retomar el tema de las metáforas, en realidad no le decimos nada al Espíritu Santo, Quien difícilmente necesita que nosotros le digamos algo. El significado de esta primera frase es simplemente que tenemos que reforzar *nuestra* decisión de confiar en Él. Aprendemos a reconocer la conexión causal entre abandonar nuestra creencia de que estamos mejor por nuestra cuenta, y los maravillosos efectos que aporta la visión: ver un mundo amable de intereses compartidos, muy diferente del odioso mundo del ego de intereses separados.

(8:4-5) La luz ha llegado hoy. Y verás el mundo que se te ha prometido desde los orígenes del tiempo, en el cual el final del tiempo está garantizado.

Esta última es una frase intrigante. Cuando Jesús dice: "Verás el mundo que se te ha prometido desde los orígenes del tiempo", él no está hablando del *tú* que tú piensas que eres. *Tú* no has existido desde los albores del tiempo; *tú* no tienes quince mil millones de años. Por tanto, él se está refiriendo al tomador de decisiones en nuestras mentes, que forma parte del Hijo uno, a quien se le prometió al principio que "la luz ha llegado", el principio de Expiación. En ese momento ontológico en que pensamos que nos habíamos separado de Dios, la promesa estaba allí, ya realizada. Nosotros solo teníamos que aceptarla. Al proyectar la culpa por el rechazo, creímos que el Espíritu Santo no mantuvo Su promesa, ni tampoco Dios, Jesús y ahora *Un curso de milagros*. Este es el problema que Jesús corrige. La Expiación estaba en nuestras mentes desde el primer momento en que el pensamiento de separación pareció comenzar, reflejando la promesa que Dios nos hizo (y la nuestra hacia Él), tal como leemos en este pasaje inspirador del Texto. El pasaje está dentro del contexto de nuestra elección a favor de la enfermedad en lugar de la curación, por haber hecho una promesa al ego en lugar de a Dios:

> Dios cumple sus promesas; Su Hijo cumple las suyas. Esto fue lo que su Padre le dijo al crearlo: "Te amaré eternamente, como tú a Mí. Sé tan perfecto como Yo, pues nunca podrás estar separado de Mí". Su Hijo no recuerda que Le contestó: "Sí, Padre", si bien nació como resultado de esa promesa. Con todo, Dios se la recuerda cada vez que se niega a mantener la promesa de estar enfermo y permite, en cambio, que su mente sea sanada y unificada. Sus votos secretos son impotentes ante la Voluntad de Dios, Cuyas promesas él comparte. Y lo que ha usado como sustituto de estas no es su voluntad, pues él se consagró a sí mismo a Dios (T-28.VI.6:3-9).

Una vez más, si prestas mucha atención a una declaración como la anterior, está claro que Jesús no está hablando al *tú* que tú piensas que está leyendo, estudiando y practicando estas palabras, sino al Hijo uno de Dios fuera de tiempo y espacio, al yo tomador de decisiones que creyó en sí mismo, en lugar de en su Ser. Como dice sucintamente una lección posterior:

> Que no me olvide de que mi ser no es nada, pero que mi Ser lo es todo (L-pII.358.1:7).

(9:1-4) Las sesiones de prácticas más cortas serán asimismo jubilosos recordatorios de tu emancipación. Recuérdate a ti mismo cada cuarto de hora aproximadamente que hoy es un día de una celebración especial. Da gracias por la misericordia y el Amor de Dios. Regocíjate de que el perdón tenga el poder de sanar completamente tu vista.

Como en muchas otras lecciones, Jesús quiere que experimentemos la alegría de aprender su mensaje. El final de nuestra desdicha reside en perdonar a nuestros hermanos y a nosotros mismos, pues somos verdaderamente uno y lo mismo. ¿Quién, conociendo este hecho, podría no querer recordar cada quince minutos que la luz ha llegado y es nuestra? Sin embargo, esa luz es lo que todavía necesitamos aceptar como la verdad con respecto a nosotros mismos.

(9:5-7) Confía en que este día será un nuevo comienzo. Sin las tinieblas del pasado sobre tus ojos hoy no podrás sino ver. Y la acogida que le darás a lo que veas será tal que felizmente extenderás el día de hoy para siempre.

Date cuenta de que Jesús dice "un nuevo comienzo", que casualmente es el título del Capítulo 30 del Texto. No está diciendo que el viaje haya acabado, aunque muchas de las afirmaciones de la lección indican eso, porque él no se expresa desde una perspectiva lineal. Él está diciendo "la luz ha llegado" porque la luz ya está aquí, dentro de nosotros. Sin embargo, debemos emprender el proceso de aceptarla, que consiste en liberar la oscuridad de nuestro pasado pecaminoso. Solo entonces podemos adquirir la alegría de la visión de Cristo, a la que damos la bienvenida una vez que ya no queremos dar realidad al pecado, y protegerlo mediante la culpa percibida en otro. A medida que se da la bienvenida a esta visión, *y a nada más además de ella*, se extiende hacia la eternidad del conocimiento.

(10) Di entonces:

La luz ha llegado. He perdonado al mundo.

Si te asaltase la tentación, dile a quienquiera que parezca estar llevándote nuevamente a las tinieblas:

La luz ha llegado. Te he perdonado.

Practicamos para que esta visión de luz venga más rápidamente, junto con la alegría del perdón. Lo que nos acelera en este camino es estar dispuestos a practicar la vigilancia contra nuestros resentimientos, de modo que el brillo del perdón disipe la oscuridad de la culpa que nos ha envuelto y ha envuelto al mundo con un sudario de dolor y desdicha.

(11) Dedicamos este día a la serenidad en la que Dios quiere que estés. Mantenla en la conciencia que tienes de ti mismo y contémplala en todas partes hoy según celebramos el comienzo de tu visión y el panorama del mundo real, el cual ha venido a reemplazar al mundo que no habías perdonado y que pensabas que era real.

Jesús continúa inspirándonos mediante el feliz resultado de paz que él asegura que es nuestro. Solo necesitamos desearlo tan completamente como deseamos abandonar el mundo no perdonado, y entrar en la luz nacida del perdón a nuestros compañeros de especialismo. Esta luz es nuestra realidad y recompensa, como Jesús retrata tan bellamente en este pasaje del Texto, una manera muy hermosa de acabar nuestro comentario de esta lección:

> Esta belleza no es una fantasía. Es el mundo real, resplandeciente, puro y nuevo en el que todo refulge bajo la luz del sol. No hay nada oculto aquí, pues todo ha sido perdonado y ya no quedan fantasías que oculten la verdad [...] Esta belleza brotará para bendecir todo cuanto veas, conforme contemples al mundo con los ojos del perdón. Pues el perdón transforma literalmente la visión, y te permite ver el mundo real alzarse por encima del caos y envolverlo dulce y calladamente, eliminando todas las ilusiones que habían tergiversado tu percepción y que la mantenían anclada en el pasado [...] Ve gustosamente a encontrarte con tu

Redentor, y con absoluta confianza abandona con Él este mundo y entra al mundo de belleza y perdón (T-17.II.2:1-3; 6:1-2; 8:5).

LECCIÓN 76

No me gobiernan otras leyes que las de Dios.

Si recuerdo bien, hace más de veinte años las preguntas planteadas en torno a esta lección particular me llevaron a hablar sobre los dos niveles a los que está escrito *Un curso de milagros*. Como he comentado en el Preludio, el nivel uno es el fundamento metafísico del Curso, que contrasta la realidad de Dios y el Cielo con la ilusión del sistema de pensamiento del ego y el mundo que surgió de él. A este nivel no hay transigencia entre la verdad y la ilusión. El nivel dos trata *solo* del ámbito de lo ilusorio, en el que se contrasta el sistema de pensamiento errado de separación del ego con el sistema de pensamiento correcto de Expiación del Espíritu Santo.

La razón por la que a los estudiantes les resulta tan difícil esta lección, por no decir que les enfurece, es su confusión entre estos niveles, al no entender que el propósito del discurso del nivel dos es encontrarse con nosotros en el estado ilusorio en el que creemos estar, y no hacer declaraciones sobre la verdad absoluta. Así, aunque el cuerpo es intrínsecamente ilusorio, no se nos pide que lo descartemos. Muy al contrario. Se nos pide que prestemos cuidadosa atención a él y a su lugar en nuestras relaciones especiales, porque estas se convierten en las aulas donde aprendemos las lecciones de perdón del Espíritu Santo.

Desde esta perspectiva podemos ver que Jesús se ríe del cuerpo; y lo que es más importante, del uso que hacemos de él. Tal vez recuerdes la declaración de Jesús de que es prácticamente imposible negar nuestra experiencia física en este mundo (T-2.IV.3:10). Por lo tanto, en esta lección no está pidiéndonos que neguemos nuestros cuerpos dejando de tomar medicinas, por no hablar de no comer, respirar, gastar dinero, etc. Más bien, Jesús nos presenta una visión de cómo es estar en el mundo real, sin la creencia en los cuerpos. Un pasaje de "La consecución del mundo real" resalta la completa ausencia de separación que caracteriza a este estado mental avanzado:

> El mundo real no es así. En él no hay edificios ni calles por donde sus habitantes caminan solos y separados. En él no hay tiendas donde la gente compra una infinidad de cosas innecesarias. No está iluminado por luces artificiales ni la noche desciende sobre él. No tiene días radiantes que luego se nublan. En el mundo real nadie sufre pérdidas de ninguna clase. En él todo resplandece, y resplandece eternamente (T-13.VII.1).

Esto no describe un lugar físico, sino la mente sanada en la que el pensamiento de separación ha quedado deshecho. En ese estado, el instante santo en el que hemos aceptado la Expiación para nosotros mismos, ya no hay cuerpo ("No hay ni un solo instante en el que el cuerpo exista en absoluto" [T-18.VII.3:1]). Por lo tanto, si no hay cuerpo, no puede haber leyes para gobernarlo. Este es el punto aquí. Jesús no se está riendo de nosotros, ni tampoco, una vez más, está desafiándonos para que renunciemos a nuestras creencias en la necesidad de medicinas, alimentos o relaciones. Simplemente nos recuerda que aquello en lo que nosotros creemos en realidad no está ahí. Esta nueva comprensión nos permite no tomarnos tan en serio como antes nuestras experiencias físicas y psicológicas en el mundo, lo que refleja que hemos aprendido a no tomar en serio tampoco la pequeña idea loca de la separación (T-27.VIII.6:2-5).

Una vez más, esto no tiene la intención de ser una declaración en la que Jesús nos presiona para que renunciemos a nuestra creencia en el cuerpo. De hecho, él dice en el Texto:

> Tu pregunta no debería ser: "¿Cómo puedo ver a mi hermano sin su cuerpo?", sino "¿Deseo realmente verlo como alguien incapaz de pecar?" (T-20.VII.9:1-2).

En lugar de hacer que neguemos nuestra experiencia de que los cuerpos existen como algo externo a nosotros, Jesús hace énfasis en que su objetivo es que cambiemos de *mentalidad* con respecto al cuerpo; es decir, con respecto a su propósito. Nos apremia a que dejemos de proyectar nuestro pecado percibido sobre otros, atacándoles así y reforzando la creencia en intereses separados. El perdón —*el* mensaje de *Un curso de milagros*— descansa sobre la simple premisa de que nuestros intereses son uno.

Comentaremos todo esto con más detalle a medida que vayamos leyendo la lección.

(1:1) Hemos visto antes cuántas cosas absurdas te han parecido ser la salvación.

Aquí hace referencia a nuestros objetos de amor especial, los ídolos que fabricamos para mostrar a Dios que no necesitábamos Su Amor. Los objetos de odio especial también funcionan de esa manera, en la medida en que sentimos que la salvación llega cuando realmente podemos odiar a otro o sufrir dolor. Al culpar a alguien (o algo) diferente de nosotros mismos de nuestra desdicha, establecemos nuestra inocencia. La salvación, por tanto, toma cualquiera de estas dos formas, y al ego no le importa si se trata de amor especial o de odio especial, siempre que se vea que la salvación es externa a nuestras mentes.

(1:2-4) Cada una de ellas te ha aprisionado con leyes igual de absurdas. Sin embargo, no estás limitado por ninguna de ellas. Mas para comprender que esto es cierto primero te tienes que dar cuenta de que la salvación no se encuentra en ninguna de ellas.

Esto hace referencia a las leyes del especialismo, que se centran en la roca sobre la que descansa la salvación del ego: *uno o el otro*, alguien debe perder para que otro pueda ganar. Cada ley del ego —tanto en la mente como en el mundo— refleja este principio básico. Uno también se lo encuentra en las cinco leyes del caos del ego (T-23.III), a las que se puede considerar el abuelo de todas las leyes. El punto clave es que estas leyes no solo emanan de la mente, sino que también permanecen allí, siguiendo el principio fundamental de que *las ideas no abandonan su fuente*. Sin embargo, parecen ser externas y nuestras vidas parecen estar gobernadas por ellas. La verdad, no obstante, es que solo estamos atados por la decisión de nuestra mente, y esto ciertamente es una buena noticia. Tenemos muy poco control —si es que tenemos alguno— sobre las leyes del cuerpo, y esto parece condenarnos a una vida de victimización sin esperanza, la impotencia que casi todo el mundo siente. Pero solo *nosotros* —la parte tomadora de decisiones de nuestras mentes— podemos controlar el hecho de que hemos elegido identificarnos con esas leyes. Ahí reside nuestra verdadera ayuda.

Este es un concepto extremadamente importante de entender, porque hará que seas honesto a lo largo del trabajo con esta lección. Para entender por qué no estás gobernado por otras leyes que las de Dios, y por qué no estás atado por ninguna de las leyes del cuerpo, primero debes darte cuenta de que tienes una mente, porque ahí es donde reside la salvación. El problema es que no creemos que la tengamos. Por más veces que Jesús nos lo dice en *Un curso de milagros*, por más que leemos las mismas líneas, sigue habiendo una parte de nosotros que no se lo cree, porque todavía creemos que él está enseñándonos *como un cuerpo*. Él nos enseña repetidamente que en realidad no estamos aquí, y que por tanto el cuerpo no hace nada: no nace, y tampoco vive ni muere; no sufre dolor ni siente placer. En otras palabras, todo ocurre en la mente. Sin embargo, esto no significa absolutamente nada para nosotros, porque seguimos pensando que Jesús se dirige a nosotros como a una persona, que vive en un cuerpo. Nos negamos a ir a la fuente de este yo —la mente— que no está en el cuerpo en absoluto, y a afrontar el problema real. Si encontráramos la culpa por la separación en nuestras mentes, veríamos la respuesta de la Expiación.

Por tanto, esta lección nos ruega que prestemos cuidadosa atención y pensemos en lo que Jesús nos está enseñando en *Un curso de milagros*. Cuando nos hace decir una y otra vez —como hace al final del sexto repaso— "No soy un cuerpo. Soy libre. Porque aún soy tal como Dios me creó", le está dando un significado muy literal. Cuando nos hace decir "Yo soy espíritu", también da a esta afirmación un significado muy literal. Debemos tener muy claro que *no* nos lo creemos, porque todavía pensamos que Jesús, una persona separada, *nos* está hablando como personas separadas, y enseñándo*nos* cosas muy hermosas. Sin embargo, no nos damos cuenta de que no está enseñándonos como cuerpos. Lo que pensamos que es nuestro yo corporal no hace sino reflejar un pensamiento en la mente. Esta es una lección muy importante porque apunta de manera muy clara a la naturaleza ilusoria del cuerpo. Y está igualmente claro que, si la estudiamos cuidadosamente, veremos la razón por la que tenemos tantos problemas con ella: *¡No queremos creerla!* La base de nuestra dificultad se halla en nuestra negativa a aceptar que la salvación no está fuera de nosotros, sino en nuestras mentes, el lugar donde se hallan tanto el problema como la respuesta.

(1:5-6) Mientras la busques en cosas que no tienen sentido te atarás a ti mismo a leyes que tampoco tienen sentido. Y de esta manera, tratarás de probar que la salvación está donde no está.

Una vez más, este es el problema: no queremos saber que tenemos una mente, porque si lo sabemos, en algún punto elegiremos en contra del ego, y nuestra individualidad desaparecerá. El ego nos dice que el problema es el pecado y la culpa, que se hallan en nuestro cuerpo o en el de alguna otra persona. Puesto que ahí es donde está el problema, la salvación también está ahí. Si yo creo que el pecado está en mi cuerpo, creo en el sufrimiento y en el sacrificio; si creo que está en el tuyo, creo en el juicio y en el ataque. Por lo tanto, el plan del ego para la salvación consiste en castigar el cuerpo, el mío o el tuyo.

Evadir la verdad de que tenemos una mente puede tomar otra forma. Por ejemplo, *Un curso de milagros* dice que no me gobiernan otras leyes que las de Dios y que no soy un cuerpo. Por lo tanto, puesto que mi cuerpo es una ilusión, no tengo que ir al médico; no necesito cerrar mi coche o mi apartamento; no tengo que cuidar de mi cuerpo, y por tanto no importa lo que coma ni lo que haga. Estos son algunos ejemplos de lo que yo denomino "santurronería": la negación simplista e ingenua del cuerpo y sus problemas. En lugar de aceptar la irrealidad fundamental del cuerpo como una sombra de la culpa, los "santurrones" simplemente niegan que tienen un cuerpo, lo que hace que la fuente de la sombra —la culpa de nuestra mente— sea aún más inaccesible. Así, la respuesta a la Expiación permanece todavía más enterrada debajo del arsenal de defensas del ego.

Esta lección ciertamente *no* tiene la intención de desanimar la búsqueda de cuidados médicos por parte de los estudiantes de *Un curso de milagros*, ni les anima a no vacunarse si van a viajar al extranjero, por ejemplo. Tampoco tiene la intención de desanimar el consumo de los alimentos que los estudiantes consideran buenos para ellos, ni de dejar de hacer cualquier cosa que consideren saludable. Todos tenemos alguna idea de lo que es bueno o malo para nosotros —en este sentido, no hay correcto ni equivocado— y deberías hace aquello en lo que creas. Además, Jesús no está diciendo que debas renunciar a amistades ni a cualquier otra cosa que refleje las leyes del mundo. Simplemente dice que sería de valor darse cuenta de cuál es la fuente de estas leyes, y entender su lugar dentro del sistema de pensamiento del ego. Solo entonces podrás elegir cambiar su propósito, de modo que ocupen el lugar que les corresponde en el sistema de pensamiento de corrección del Espíritu Santo.

Volviendo a establecer este importante punto, en todo esto está implícita la necesidad de darnos cuenta de la tremenda resistencia que tenemos a aceptar el hecho de que no somos cuerpos. Este es un tema importante en el Texto, y una de las piezas centrales del Libro de ejercicios. Una vez más, Jesús usa estas declaraciones para reírse amablemente de nosotros, tal como hace en los pasajes del Texto que resaltan la futilidad de intentar proteger el cuerpo y hacerlo real y atractivo:

> ¿Puedes acaso darle vida a un esqueleto pintando sus labios de color rosado, vistiéndolo de punta en blanco, acariciándolo y mimándolo? (T-23.II.18:8)

> ¿Para *qué* quieres proteger el cuerpo? Pues en esa elección radica tanto su salud como su destrucción. Si lo proteges para exhibirlo o como carnada para pescar otro pez o bien para albergar más elegantemente tu especialismo o para tejer un marco de hermosura alrededor de tu odio, lo estás condenando a la putrefacción y a la muerte (T-24.VII.4:4-6).

> [El cuerpo] se engalana a sí mismo con objetos que ha comprado con discos de metal o con tiras de papel moneda que el mundo considera reales y de gran valor. Trabaja para adquirirlos, haciendo cosas que no tienen sentido, y luego los despilfarra intercambiándolos por cosas que ni necesita ni quiere (T-27.VIII.2:2-3).

Así, se nos anima a pedir ayuda a Jesús para aprender a no tomar tan en serio nuestra identificación con el cuerpo. Pero, una vez más, él no nos está pidiendo que *neguemos* nuestros cuerpos en el proceso.

Sabremos que hemos caído en la trampa de la seriedad cuando nos demos cuenta de que sentimos impaciencia con quienes no niegan su cuerpo, o cuando acusemos a otros de no hacer *Un curso de milagros* bien al ver que tienen preocupaciones físicas o psicológicas. Estos juicios deberían ser una bandera roja que nos indica que estamos acusando a otros de lo que secretamente nos acusamos a nosotros mismos. Recuerda, queremos la completa paciencia de la que ha hablado la lección anterior, y no podemos tenerla sin ser completamente amables. La paciencia y la mansedumbre van de la mano: por eso están entre las diez características de los maestros de Dios (M-4.IV,VIII).

(2:1) Hoy nos alegraremos de que no puedas probarlo.

La parte de nosotros que se aferra a nuestro yo individual y especial ¡*no* está contenta! Tenemos que ser conscientes de nuestra resistencia a estar verdaderamente contentos de que la salvación no esté fuera sino dentro. Esta conciencia finalmente hará posible que llegue a nosotros la verdadera alegría.

(2:2-4) Pues si pudieras [probarlo], buscarías la salvación eternamente donde no está y jamás la hallarías. La idea de hoy te repite una vez más cuán simple es la salvación. Búscala allí donde te espera y allí la hallarás.

La salvación nos espera, y por tanto con quienes tenemos que ser pacientes es con nosotros mismos para elegir la salvación que nos espera en nuestras mentes. Debemos estar dispuestos a *buscar* la salvación donde podemos *encontrarla*. Para alcanzar este objetivo, Jesús nos enseña a ver el cuerpo como un efecto de la mente, que es la causa: la *causa* que es el problema; la *causa* que es la solución. ¿Qué podría ser más simple?

(2:5) No la busques en ninguna otra parte, pues no está en ninguna otra parte.

Una vez más, Jesús no insiste en que renunciemos a las cosas del cuerpo, pero nos pide que entendamos por qué las hacemos. Aquí no se trata de cambiar el *efecto* —eso no tiene sentido— sino en cambiar la *causa* subyacente, y esto se consigue perdonándonos amablemente. Dicho de otra manera, cambiamos la causa mirándola con el amor y la mansedumbre de Jesús a nuestro lado. No tratamos de cambiar el cuerpo, ni de negar lo que estamos haciendo. Simplemente miramos.

¡Ahora vienen las líneas que les encantan a todos los estudiantes!

(3) Piensa en la liberación que te brinda el reconocimiento de que no estás atado a las extrañas y enrevesadas leyes que has promulgado para que te salven. Crees realmente que te morirías de hambre a menos que tengas fajos de papel moneda y montones de discos de metal. Crees realmente que una pequeña píldora que te tomes o que cierto fluido inyectado en tus venas con una fina aguja te resguardará de las enfermedades y de la muerte. Crees realmente que estás solo a no ser que otro cuerpo esté contigo.

Aquí Jesús está tomando tres de los aspectos más importantes de nuestra existencia: la dependencia del *dinero*, el miedo a la *enfermedad* y la necesidad de ir al médico en busca de ayuda, y la *relación especial* que dice que, si no tengo otra persona conmigo, estaré completamente solo en mi desdicha. No obstante, Jesús no nos está diciendo que renunciemos a estas cosas; simplemente nos pide que consideremos nuestra inversión en ellas.

Cerca del final del anexo de *Psicoterapia*, en una sección llamada "La cuestión del pago" (P-3.III), Jesús comenta el tema del dinero, pero no dice que los terapeutas no deban cobrar a sus pacientes. Dice que "incluso un terapeuta avanzado tiene algunas necesidades terrenales mientras esté aquí" (P-3.III.1:3), y por tanto requerirá el pago. Sin embargo, es evidente que Jesús no está hablando del dinero *per se*, sino más bien de la actitud del terapeuta que le llevaría a dar un sablazo a los pacientes, por ejemplo, o que insistiría en el pago, aunque estos no dispongan de medios. Una vez más, mientras estemos aquí, vamos a tener necesidades, lo que significa que el dinero es una necesidad. Por lo tanto, Jesús no está en contra de que ganemos dinero, tal como tampoco está en contra de que cuidemos del cuerpo. Él nos ayuda a cambiar el énfasis del cuerpo a la mente, y la comprensión del propósito nos permite hacerlo.

Al final del viaje, en el mundo real, no habrá énfasis en el cuerpo en absoluto, porque nos habremos dado cuenta de su inexistencia. Llegados a ese punto, reconocer la naturaleza ilusoria del cuerpo no es negación, ni es la base de las afirmaciones que usamos para reprimir una experiencia con la que no queremos lidiar. Nos hemos hecho conscientes de a lo que Jesús se refiere en el Texto como "la simple declaración de un simple hecho" (T-26.III.4:5). Lo que nos permite alcanzar este simple hecho del mundo real, en el que no hay separación ni cuerpo, es mirar amablemente a nuestra inversión en negar tanto la culpa como la Expiación que están en nuestras mentes. Aprendemos que estamos siendo amables con nosotros mismos por el grado de amabilidad que mostramos a otros. Cuando los juzgamos *sin* amabilidad, solo se debe a que nos hemos atacado a nosotros mismos por alejar a Jesús una vez más. Además, como él está dentro, también hemos empujado lejos a nuestra mente, lo cual enraíza nuestra atención en el cuerpo, la principal forma de protección del ego y la consumación de su plan para la salvación.

(4) La demencia es la que piensa estas cosas. Tú las llamas leyes y las anotas bajo diferentes nombres en un extenso catálogo de rituales que no sirven para nada ni tienen ningún propósito. Crees que debes obedecer las "leyes" de la medicina, de la economía y de la salud. Y que si proteges el cuerpo, te salvarás.

Es esencial que cuides de tu cuerpo *mientras pienses que eres un cuerpo*. Mientras estés identificado con él, no cuidarlo solo es una expresión de auto odio y autocastigo, por no decir de necedad. *Cuidar de tu cuerpo puede, por tanto, ser una manera amable y bondadosa de perdonarte a ti mismo*. Recuerda, nadie de los que leen *Un curso de milagros* cree plenamente en lo que dice Jesús porque, si lo hiciera, no necesitaría el Curso. Creemos en gran medida que somos cuerpos. De hecho, estas lecciones están orientadas específicamente a quienes creen en ellos. Como cuerpos, vivimos en el tiempo, y es evidente que estas lecciones están orientadas específicamente a personas ligadas al tiempo. Casi cada lección menciona algún aspecto de nuestra existencia corporal —minutos, horas, días, semanas, años— porque los estudiantes de Jesús creen que son cuerpos que existen en el tiempo y en el espacio, y él no nos pide que los neguemos. Él solo nos pide que seamos amables y bondadosos hacia nuestros cuerpos y los de otras personas, reflejando el deseo de perdonarnos a nosotros mismos por haberles dado un uso erróneo, la sombra del uso erróneo que hemos dado a la mente.

En cualquier caso, también es importante que reconozcamos que estas "leyes" *solo* se sostienen porque les hemos dado el poder de hacerlo. No estamos atados a las leyes del cuerpo, sino a la decisión de la mente de ser un cuerpo, el cual ha sido diseñado específicamente para estar sometido a leyes que parecen atarnos. Así, tratamos de "proteger el cuerpo… [para] salvarnos", mientras que nuestra verdadera protección —la Expiación— se mantiene enterrada bajo las leyes del ego de culpa y especialismo.

(5:1) Eso no son leyes, sino locura.

Son locura porque en realidad solo existen las leyes de Dios: las leyes del amor, de la unidad y de la vida eterna. Todas las demás "leyes" están fuera de la Mente de Dios, y por tanto están en la mente demente del ego.

El párrafo siguiente declara explícitamente la relación causal entre la mente y el cuerpo, y esta relación es, en cierto sentido, el corazón mismo de la lección:

(5:2-3) El cuerpo se ve amenazado por la mente que se hace daño a sí misma. El cuerpo sufre solo para que la mente no pueda darse cuenta de que es la víctima de sí misma.

¿Cómo se hace la mente daño a sí misma? Culpa. La "herida" original de la mente fue la creencia en la separación de Dios, porque en esa decisión yo negué mi verdadera realidad. A partir de ese momento me he venido castigando continuamente a través de la culpa. Mi ego no quiere que me dé cuenta de que es mi mente la que me está victimizando, y que yo —el tomador de decisiones envuelto en el sistema de pensamiento del ego— soy el que está sufriendo. Por lo tanto, mi tomador de decisiones, ahora identificado con el ego, proyecta la culpa sobre el cuerpo, que se convierte en la sombra de la culpa. Ahora parece que el cuerpo sufre: esta es la pantalla de humo que mantiene mi mente fuera de la conciencia. En el pasaje siguiente Jesús explica la locura de ver el cuerpo como el problema, cuando en todo momento la astuta mente del ego lleva la voz cantante desde detrás de su velo de secretismo:

> El que castiga el cuerpo está loco [...] Atribuir la responsabilidad de lo que ves a aquello que no puede ver y culparlo por los sonidos que te disgustan cuando no puede oír, es ciertamente una perspectiva absurda. El cuerpo no sufre el castigo que le impones, pues no tiene sensaciones. Se comporta tal como tú deseas que lo haga, y nunca toma decisiones (T-28.VI.1:1; 2:1-3).

Nuestra mente es ciertamente la fuente del problema, pero, incluso así, su culpa no merece castigo, como al ego le gustaría hacernos creer, sino simple corrección.

(5:4) El sufrimiento corporal es una máscara de la que la mente se vale para ocultar lo que realmente sufre.

A lo que Jesús se refiere con "mente" es el tomador de decisiones, que elige al ego, elige dar realidad a la culpa, y después elige proyectarla sobre el cuerpo. El tomador de decisiones es el que usa el cuerpo para ocultar la verdadera causa del sufrimiento: su decisión a favor de la separación y de la culpa. A continuación, en una parte de la sección que acabamos de citar, se describe con más detalle la astucia de la estrategia del ego. Aquí vemos cómo el *tú* —nuestro tomador de decisiones— se esconde detrás del cuerpo, de modo que nadie se dé cuenta nunca de lo que realmente está ocurriendo: la decisión de la mente de estar separada y ser culpable:

> Lo que odias y temes, deseas y detestas el cuerpo no lo conoce. Lo envías a buscar separación y a que sea algo separado. Luego lo odias, no por lo que es, sino por el uso que has hecho de él. Te desvinculas de lo que ve y oye, y odias su debilidad y pequeñez. Detestas sus actos, pero no los tuyos. Mas el cuerpo ve y actúa por *ti*. Oye tu voz. Y es frágil e insignificante porque ese es tu deseo. Parece castigarte, y así, merece que lo odies por las limitaciones que te impone. No obstante, eres tú quien lo ha convertido en el símbolo de las limitaciones que quieres que tu mente tenga, vea y conserve (T-28.VI.3).

(5:5) [La mente] no quiere entender que es su propia enemiga; que se ataca a sí misma y que quiere morir.

Si supiéramos esto, cambiaríamos de mentalidad en un instante. Si supiéramos que *nosotros* somos el problema —nuestro tomador de decisiones que ha elegido el ego— no dudaríamos en elegir al Espíritu Santo, marcando el final del ego. Una vez más, para asegurarse de que esta catástrofe no ocurra nunca, el ego —la parte de nuestras mentes que abraza la separación— diseña su estrategia de inconsciencia, que hace que el Hijo se identifique con un cuerpo, que se convierte en una fuente constante de atención y preocupación. Así, llegamos a creer que el mundo y el cuerpo —el nuestro y el de otros— son los enemigos, cuando el verdadero "enemigo" —la decisión a favor de la mentalidad equivocada de nuestro tomador de decisiones— permanece escondida y segura fuera de la conciencia, ocultada por la culpa y el miedo.

(5:6-7) De esto es de lo que tus "leyes" quieren salvar al cuerpo. Para esto es para lo que crees ser un cuerpo.

Jesús nos ayuda a entender la motivación o el propósito de tener un cuerpo: tener un lugar en el que esconder la culpa de la mente. Así, el ego nos dice que ciertamente tenemos un verdadero problema —en nuestros cuerpos— pero por fortuna hay leyes que se encargarán de él. El problema, nos convence el ego, no es nuestro vacío interno por haber abandonado a Dios, sino, por ejemplo, el vacío en nuestros estómagos. Por lo tanto, los llenamos de comida y nos sentimos bien. La "ley" dice: si tienes hambre, come. Además, si quieres conservar la salud comiendo, debes tomar comidas específicas: cualquier cosa en la que creas, porque el alimento mismo no importa.

El ego toma el problema de la carencia —la ausencia de Cristo porque creo que Lo he crucificado—, lo escinde y lo proyecta, de modo que ahora hay una carencia percibida en mi cuerpo. Entonces las "leyes" del ego vienen a salvarlo, y resuelven el problema de mantener nuestra existencia física y psicológica como criaturas del mundo. Así, además del problema de la comida, surge:

1) El problema es que estoy totalmente solo en el universo, puesto que he destruido a Dios. Sí, el ego está de acuerdo, hay un problema de soledad, pero está en el cuerpo. Por lo tanto, yo inventaré las relaciones especiales y te enseñaré las leyes de la manipulación y de la seducción, que te permitirán mantener a otros cuerpos cerca del tuyo. De este modo el problema de la soledad queda resuelto.

2) El problema es que me siento empobrecido porque arrojé lejos de mí el tesoro de Dios. No tengo nada. Sí, el ego está de acuerdo, hay un problema de empobrecimiento, pero está en el cuerpo.

Por lo tanto, inventaré el dinero y te enseñaré las leyes de cómo ganarlo. Así queda resuelto el problema de tu empobrecimiento.

3) El problema es que mi corazón está dolorido y enfermo porque traicioné a Dios. Sí, el ego está de acuerdo, hay un problema de enfermedad, pero está en el cuerpo. Por lo tanto, inventaré la medicina y te enseñaré las leyes para adquirirla y utilizarla. Así se resuelve el problema de la enfermedad.

Y así sucesivamente.

Esta lección nos ayuda a entender que las leyes que según el ego salvarán al cuerpo solo sustentan la separación y la culpa que está en nuestras mentes. El propósito de Jesús, una vez más, no es hacer que nos sintamos culpables ni fracasados, sino simplemente ayudarnos a darnos cuenta de dónde está el problema para que pueda ser resuelto *de verdad*.

(6:1-2) No hay más leyes que las de Dios. Esto necesita repetirse una y otra vez hasta que te des cuenta de que es aplicable a todo lo que has hecho en oposición a la Voluntad de Dios.

Con "repetirlo una y otra vez", Jesús no se refiere a que usemos estas palabras como un mantra o afirmación. Más bien, son una declaración de la verdad ante la que llevamos las leyes ilusorias del ego. El cuerpo no es sino el producto final de una larga serie de pensamientos que fueron fabricados en oposición a la Voluntad de Dios: separación, especialismo, pecado, culpa, miedo y muerte. Así, tenemos que prestar cuidadosa atención a nuestras experiencias de victimización a manos de leyes sobre las que no tenemos control, y en las que creemos que descansa el destino de nuestra paz. Es este extravío el que llevamos ante la verdad, reconociendo que hemos usado las leyes del cuerpo como una capa bajo la que ocultar nuestra culpa por creer que, de hecho, habíamos elegido en contra de las leyes de Dios.

(6:3) Tu magia no tiene sentido.

Las leyes del mundo tienen que ver con la magia porque son externas. El milagro —la contraparte de la magia— es interno. La magia nos ayuda a cambiar nuestros cuerpos; el milagro nos ayuda a cambiar nuestras mentes. La magia es la solución del ego a un problema donde este no puede ser resuelto: en el *cuerpo.* El milagro es la resolución del Espíritu Santo de un problema donde está: en la *mente.*

(6:4-5) Lo que pretende salvar no existe. Únicamente lo que pretende ocultar te salvará.

Esta es una bella afirmación del Nivel Uno: el cuerpo no existe. Además, el cuerpo y sus leyes fueron fabricados para ocultar la culpa de nuestras mentes. Sin embargo, no solo contienen la culpa, sino también su deshacimiento, producido por la aceptación de la Expiación, que es lo único que nos puede salvar.

(7) Las leyes de Dios jamás pueden ser reemplazadas. Dedicaremos el día de hoy a regocijarnos de que así sea. No es esta una verdad que queramos seguir ocultando. En lugar de ello nos daremos cuenta de que es una verdad que nos mantiene libres para siempre. La magia aprisiona, pero las leyes de Dios liberan. La luz ha llegado porque no hay más leyes que las de Él.

Tenemos que prestar mucha atención a las leyes del ego que obedecemos a fin de rastrearlas para detectar lo que representan en nuestras mentes, como acabo de hacer más arriba. Así: el dinero deshace nuestra experiencia de *empobrecimiento* espiritual; poner comida en nuestro estómago y oxígeno en nuestros pulmones remedia la *carencia* en nuestras mentes divididas; y el especialismo deshace la *soledad* que es el estado "natural" de una mente separada. Por lo tanto, podemos usar las leyes del ego para que nos reflejen de vuelta lo que tenían como fin ocultar: la creencia de que las leyes de Dios pueden ser reemplazadas. Ciertamente han sido reemplazadas, *por mí;* al menos por el yo engañado y de mentalidad errónea que cree ser un ser separado. No obstante, ahora estamos preparados para aprender que este engaño solo ocurrió en nuestros sueños. Nuestro Ser real solo espera que abramos los ojos.

Ahora Jesús sigue tomándonos el pelo:

(8:1-3) Comenzaremos hoy las sesiones de práctica más largas con un breve repaso de las diferentes clases de "leyes" que hemos

creído necesario acatar. Estas incluyen, por ejemplo, las "leyes" de la nutrición, de la inmunización, de los medicamentos y de la protección del cuerpo en las innumerables maneras en las que esta se lleva a cabo. Crees también en las "leyes" de la amistad, de las "buenas" relaciones y de la reciprocidad.

A estas alturas debería ser muy obvio que Jesús no nos pide que renunciemos a nuestra creencia en estas leyes, que son el cimiento en el que se basa nuestra existencia en el mundo. Pero nos pide que demos un paso atrás con él —que nos remontemos *por encima del campo de batalla* (T-23.IV)— y que miremos a través de sus ojos al lugar que ocupan estas leyes en el sistema defensivo de nuestro ego y en su estrategia de inconsciencia (o ausencia de mente). Así, aprendemos a no tomarlas, y a no tomar nuestras vidas, tan en serio como antes. Este punto, como tantos otros, no puede repetirse demasiadas veces. Nuestra resistencia a mirar al ego sin juicio es enorme, y necesita la suave persuasión de una amable repetición para que se reduzca de manera efectiva.

(8:5) Puede que hasta incluso creas que hay leyes que regulan lo que es de Dios y lo que es tuyo. Muchas "religiones" se han basado en esto.

Jesús pone la palabra "religión" entre comillas porque nos dice que estas —las religiones formales del mundo— no son *verdaderas* religiones. El significado etimológico de *religión* es "volver a ligar o a vincular", y nosotros "volvemos a ligarnos" al darnos cuenta de que el Hijo de Dios es uno: somos uno con los demás y con Dios. Las "religiones" del mundo separan. Sus adherentes juzgan a quienes no están de acuerdo con ellos, creyendo inconscientemente que ellos mismos están separados de Dios. Así, Jesús afirma lo siguiente en el anexo de *Psicoterapia*, abordando el asunto del lugar de la religión en la práctica de la psicoterapia:

> La religión formal no ocupa ningún lugar en la psicoterapia, así como tampoco ocupa un lugar verdadero en la religión (P-2.II.2:1).

Una vez que la religión, independientemente del origen que la inspire, se formaliza, se vuelve separatista. Queda inevitablemente subsumida en las leyes del *homo sapiens*, que no solo establecen los respectivos lugares jerárquicos de los diferentes miembros de las especies, sino también los respectivos lugares jerárquicos de Dios y nosotros. La separación se convierte en la ley del Cielo, mientras que la verdadera ley de unidad y unicidad desaparece en la realidad que ha quedado ocultada por la externalización del Amor de Dios, la única ley.

(8:6-7) Dichas religiones no salvan, sino que condenan en nombre del Cielo. En cualquier caso, sus leyes no son más extrañas que otras "leyes" que tú crees que debes obedecer para estar a salvo.

Estas "leyes" de las religiones formales son ciertamente extrañas, porque hacen que el Amor de Dios sea condicional, y que se pueda acceder a él a través del cuerpo. Por otra parte, la universalidad del amor hace que sea totalmente accesible, y fácil de recordar cuando vemos el mundo como un aula escolar en la que aprendemos las lecciones de perdón que nos permiten *trascender* completamente el mundo y el cuerpo.

En cualquier caso, Jesús quiere que reconozcamos que la extrañeza de las leyes de las religiones no es más extraña que cualquier otra. Después de todo, no existe una jerarquía de ilusiones (T-23.II.2:3). No nos pide que neguemos nuestra dependencia de la nutrición, de la inmunización, de la medicación, de la protección, del especialismo ni de cualquier otra cosa, sino que simplemente nos dice: "Mira a tu dependencia de estas leyes a través de mis ojos, y te darás cuenta de que son sombras de la culpa de tu mente. Mira amablemente conmigo a la relación entre la sombra y su fuente, y date cuenta de que esta conexión causal no te ha dado paz." Jesús no nos pide —volviendo a repetir este punto— que soltemos nuestra inversión en nuestro propio cuerpo ni el de cualquier otra persona. Sus palabras solo nos piden que soltemos el propósito que hemos dado al cuerpo, permitiéndole cambiar dicho propósito de la culpa al perdón.

(9:1-2) No hay más leyes que las de Dios. Deshecha hoy todas tus insensatas creencias mágicas y mantén la mente en un estado de silenciosa preparación para escuchar la Voz que te dice la Verdad.

¿Cómo te preparas silenciosamente? Aquieta los estridentes chillidos del ego y su terca insistencia en que tú tienes razón y Dios está equivocado. Y después espera con paciencia para ir por ti mismo más allá de la resistencia nacida del temor a la verdad nacida del amor.

(9:3) Estarás escuchando a Uno que te dice que de acuerdo con las leyes de Dios las pérdidas no existen.

En todas las leyes del ego —religiosas o no— se producen pérdidas. Si he de comer, un animal o un vegetal tiene que perder su "vida"; si he de satisfacer las necesidades de mi especialismo, otro tiene que sufrir; y si Dios me ha de perdonar, debo sacrificarme. Debe ser así, porque la roca sobre la que descansa la *esclavitud-salvación* del ego es que uno debe perder para que otro pueda ganar. Las declaraciones como la anterior corrigen amablemente esa ilusión.

(9:4-6) No se hacen ni se reciben pagos; no se pueden hacer intercambios; no hay sustitutos y ninguna cosa es reemplazada por otra. Las leyes de Dios dan eternamente sin jamás quitar nada.

El ego nace del pensamiento original de que yo soy un sustituto de Dios o Cristo, y todo lo demás sigue lógicamente de esta premisa ontológica. En otras palabras, a partir del pecado de sustitución experimento culpa, que a continuación exige que yo sea castigado. A fin de apaciguar la ira vengativa de la deidad contra la que he pecado, configuro una teoría de la salvación en la cual parece que Dios exige el pago de lo que yo le robé, un pago del que gotea la sangre de mi sufrimiento y sacrificio: el significado que el ego da a la expiación. De ese pensamiento demente surge un mundo en el que creemos que solo podemos alcanzar la felicidad o la salvación a través de algún tipo de pago. Así, en el anexo de *Psicoterapia* encontramos las siguientes declaraciones con respecto a la cuestión del pago. A diferencia del punto de vista del mundo, en el que los pacientes pagan a los terapeutas por su experiencia *—un quid pro quo—*, Jesús aboga por una visión más marxista: *De cada uno según su habilidad. A cada uno según su necesidad*. Por desgracia, esta visión utópica nunca ha sido probada; sin embargo, Jesús la convierte en la base de su visión sobre el *pago*, distinguiéndola del *costo*:

> Solo un sanador no sanado intentaría sanar por dinero, y no tendrá éxito en la medida en que lo considere de valor. Ni encontrará su sanación en el proceso. Habrá algunos a quienes el Espíritu Santo les pedirá algún pago para Su propósito. Habrá otros a quienes no se lo pida [...] Hay una diferencia entre pago y costo. Dar dinero donde el plan de Dios lo asigna no tiene costo. Retenerlo de donde corresponde por derecho tiene enorme costo [...] Los pacientes pueden pagar solamente por el intercambio de ilusiones. Esto, en verdad, tiene que exigir pago, y el costo es grande [...] Si su relación ha de ser santa, cualquier cosa que uno necesite, el otro la da; el terapeuta compensa al paciente con gratitud, lo mismo que el paciente lo compensa a él. No hay costo para ninguno de los dos [...] Esta es la ley de Dios, y no la del mundo.

Anticipando la queja inevitable, Jesús afirma:

> Esta visión del pago puede parecer muy poco práctica, y así será a los ojos del mundo. Pero ninguno de los pensamientos mundanos es realmente práctico. ¿Cuánto se gana al esforzarse por conservar ilusiones? ¿Cuánto se pierde al desechar a Dios? ¿Y es posible hacerlo? (P-3.III.2:1-4,6-8;3:3-4; 4:4,6-7;5:4; 7:1-5).

La ley que se nos pide que reflejemos en nuestras relaciones es la ley de la Unidad perfecta, en la que no puede haber costo ni pérdida. Su expresión amorosa dentro del mundo

> de la ilusión es la roca sobre la que descansa la salvación: "Y todo el mundo *tiene* que ganar, si es que uno solo ha de ganar" (T-25.VII.12:2).

El párrafo siguiente nos pide que escuchemos al Espíritu Santo decirnos, una vez más, lo dementes que son las "leyes" que nos esforzamos en seguir:

(10) Escucha a Aquél que te dice esto y date cuenta de cuán insensatas son las "leyes" que pensabas regían el mundo que creías ver. Sigue prestando atención. Él te dirá más. Te hablará del Amor que tu Padre te profesa, de la infinita dicha que te ofrece, de la ardiente añoranza que siente por Su único Hijo, creado como Su canal de creación, pero que este le niega debido a su creencia en el infierno.

El Espíritu Santo no nos quita nuestras leyes, sino que nos muestra su locura, en el sentido de que reflejan un sistema de pensamiento demente. Recuerda que los milagros no hacen la elección correcta. Simplemente nos muestran lo equivocados que hemos estado en nuestras elecciones anteriores:

> El milagro establece que estás teniendo un sueño y que su contenido no es real [...] El milagro no hace sino mostrarle que él [el soñador] no ha hecho nada (T-28.II.7:1,10).

Una vez que el Espíritu Santo tiene nuestra atención, nos "habla" del Amor celestial que elegimos olvidar cuando elegimos recordar el infierno del amor especial del ego.

(11:1) Abramos hoy los canales de Dios y permitamos que Su Voluntad se extienda a través de nosotros hasta Él.

El modo de abrir los canales de Dios —nuestras mentes— es perdonarnos a nosotros mismos por haber elegido al ego como sustituto del Amor de Dios. El perdón es la llave que abre el hogar de mentalidad correcta del Espíritu Santo, que nosotros habíamos sellado con los candados de la culpa y el especialismo.

(11:2-6) De esa manera es como la creación se expande infinitamente. Su Voz nos hablará de esto, así como de los gozos del Cielo, que Sus leyes mantienen por siempre ilimitados. Repetiremos la idea de hoy hasta que hayamos escuchado y comprendido que no hay más leyes que las de Dios. Después nos diremos a nosotros mismos, a modo de dedicatoria con la cual concluye la sesión de práctica:

No me gobiernan otras leyes que las de Dios.

Una vez que elegimos aceptar la Expiación y recordar nuestra Identidad como Cristo, identificamos nuestra verdadera función de creación: el incremento interminable del Amor de Dios *a través de* nosotros y *como* nosotros. Este "nosotros" es el Hijo uno de Dios, el Cristo que Él creó como uno con Él; el Ser que ya no está *bajo* las leyes de Dios, sino que *es* la ley de Dios.

(12) Repetiremos hoy esta dedicatoria tan a menudo como sea posible; por lo menos cuatro o cinco veces por hora, así como en respuesta a cualquier tentación de sentirnos sujetos a otras leyes a lo largo del día. Es nuestra declaración de que estamos a salvo de todo peligro y de toda tiranía. Es nuestro reconocimiento de que Dios es nuestro Padre y de que Su Hijo se ha salvado.

Estamos de vuelta donde empezamos: la aceptación de la Expiación. Jesús nos pide que fortalezcamos nuestra resolución de aceptar esta aceptación a lo largo del día: *al menos* cada doce o quince minutos. Así tratamos de recordar —con tanta frecuencia como podemos y especialmente cuando nos sentimos tentados de creer en las leyes del ego de escasez y privación, de especialismo y pérdida— que "no hay más voluntad que la de Dios; no hay otras leyes que las Suyas". A continuación, reconocemos alegremente: "Sí yo fabriqué estas leyes y todavía creo en ellas. Pero ahora estoy dispuesto a admitir que me equivoqué. La verdad es que Dios es mi Padre y no el ego, y por tanto soy salvado de mis propios pensamientos de pecado y culpa, puesto que han desaparecido en Su Amor." La única pregunta que nos queda es por qué *no* recordaríamos este hecho feliz a lo largo del día.

LECCIÓN 77

Tengo derecho a los milagros.

Esta es la primera vez que se hace mención a los milagros en el Libro de ejercicios. Anteriormente se hace una referencia indirecta en las lecciones, pero el comentario sobre este tema central se produce por primera vez aquí. Como es tan fácil de malinterpretar, hablaré brevemente del milagro antes de entrar en la lección misma.

En *Un curso de milagros,* a Jesús le gusta usar términos que parecen sugerir una cosa, y darles un significado totalmente diferente. El término *milagros,* que da nombre al Curso, es un ejemplo destacado. Casi todo el mundo asocia esta palabra con algo externo. Tanto si uno cree en la Biblia como si no, en nuestro mundo occidental todo el mundo ha sido influido por los relatos de los diversos milagros que se describen en el Antiguo y en el Nuevo Testamentos. Un examen de los mismos muestra que conllevan algún cambio en el cuerpo o en el mundo, tanto si se trata de separar las aguas del Mar Rojo, como de curar enfermedades o de resucitar a los muertos. En el Curso, los milagros se entienden de otra manera, que no tiene nada que ver con lo externo, sino solo con un cambio en la mente. Las Lecciones 77 y 78 indican que la mejor manera de pensar en un milagro es como una corrección para nuestras percepciones erradas y, sobre todo, como medios para deshacer nuestro pesar o dolor. En la Lección 193, Jesús explica que todo pesar viene de una falta de perdón: "Es cierto que no parece que todo pesar no sea más que una falta de perdón" (L-pI.193.4:1); y en nuestra siguiente lección habla de los milagros como respuesta a nuestros resentimientos.

Por lo tanto, a medida que hagamos estas lecciones, piensa en el milagro como en un cambio en la mente o, incluso más específicamente, un cambio de maestro: del ego al Espíritu Santo. Ese cambio corrige todas las percepciones y pensamientos erróneos, que son la fuente de nuestro sufrimiento. Por lo tanto, cuando Jesús dice al comienzo de esta lección: "Tengo derecho a los milagros", no se está refiriendo a algo externo, ni a la Gracia de Dios descendiendo sobre nosotros desde lo alto, bendiciéndonos a nosotros, a nuestras familias, o a cualquier otra persona. Tenemos derecho a que acabe nuestro dolor simplemente porque somos el Hijo de Dios, que no puede sentir dolor. Él puede soñar que sufre, soñar que está separado de Dios, pero la verdad es que sigue siendo tal como Dios lo creó. Milagro es el nombre que Jesús da a esta dinámica que nos permite entender que todo lo que hemos fabricado —nuestros mundos personales y colectivos— es un sueño. Nosotros somos los soñadores de este sueño, y por lo tanto somos los que podemos cambiar nuestra mentalidad al respecto, como vemos en este pasaje del Texto:

> En realidad, no ha ocurrido nada, excepto que te quedaste dormido [...] El milagro no te despierta, sino que simplemente te muestra quién es el soñador. Te enseña que mientras estés dormido puedes elegir entre diferentes sueños, dependiendo del propósito que le hayas adscrito a tu soñar. ¿Deseas sueños de curación o sueños de muerte? (T-28.Ii.4:1-4).

Vamos ahora a la lección, que nos lleva a dar un paso más en nuestra aceptación de los sueños de curación, los precursores de nuestro despertar del sueño de separación:

(1:1-2) Tienes derecho a los milagros debido a lo que eres. Recibirás milagros debido a lo que Dios es.

La fuente del milagro es la presencia de Jesús o del Espíritu Santo en nuestras mentes. Esta presencia nos recuerda quiénes somos: el único Hijo de Dios. En los "Principios de los milagros", Jesús explica que la fuente de los milagros está más allá de nuestra evaluación (T-1.I.2:2), lo que significa que Dios está más allá de nuestro entendimiento. Jesús o el Espíritu Santo reflejan la verdad de Dios, el principio de Expiación, que es que la separación de Dios nunca ocurrió. Así, recibiremos milagros porque *ya* los hemos recibido. La corrección está plenamente presente en nuestras mentes, esperando nuestra aceptación.

(1:3) Y ofrecerás milagros debido a que eres uno con Dios.

Cuando elegimos el milagro —la elección de retornar a nuestras mentes y de cambiar de decisión del ego al Espíritu Santo—, hemos deshecho la creencia en la separación. En ese instante santo no hay Hijo de Dios separado, solo el Hijo *uno*. Así, el milagro que hemos aceptado de manera natural se extiende a través de nosotros a toda la Filiación, porque nuestra mente sanada *es* toda la Filiación. En el instante en que elegimos a Jesús —el gran símbolo del Hijo uno— como nuestro maestro y nos identificamos con su amor, nos volvemos como él. La "Oración a Jesús", de Helen Schucman, expresa el deseo ferviente de que esto sea así, y es nuestra primera de varias referencias a este poema inspirado e inspirador:

> ***El cuadro perfecto de lo que puedo ser***
>
> ***tú me muestras, para que yo pueda ayudar a renovar***
>
> ***la vista fallida de tus hermanos. Al mirar hacia arriba,***
>
> ***que no me vean a mí, sino solo a Ti.***
>
> (*Los regalos de Dios/The Gifts of God*, p. 83)

Además, Jesús nos dice en el Texto que cuando tomamos su mano, vamos más allá del ego porque él está más allá del ego:

> Yo voy delante de ti porque he trascendido el ego. Dame, por lo tanto, la mano puesto que tu deseo es trascenderlo también (T-8.V.6:7-8).

En el instante santo trascendemos los pensamientos de separación, y ofrecemos milagros en el sentido de que una vez que hemos elegido a su Maestro, somos uno con Dios. Siendo uno con nuestro Creador, debemos ser uno con Su creación; una unidad que abraza sus fragmentos aparentemente separados.

Las palabras de la lección parecen sugerir que el milagro es algo que nosotros hacemos. De hecho, muchas afirmaciones del principio del Texto también parecen sugerir eso. Sin embargo, como hemos comentado antes, el lenguaje de *Un curso de milagros* permite a Jesús hablarnos a un nivel que podemos entender, lo que implica experimentarnos a nosotros mismos y a otros como cuerpos. Aunque en muchos lugares el lenguaje sugiere que los milagros involucran a la conducta, en verdad no son sino pensamientos de corrección que elegimos, y por lo tanto aceptamos. Una vez aceptados, el milagro se extiende de manera natural a través de nuestras mentes unidas. Nosotros, como individuos separados —cuerpo y ego— no hacemos nada. No ofrecemos milagros al nivel del cuerpo, ni tampoco los recibimos allí. El milagro es simplemente un proceso de decisión en nuestras mentes que permite que se produzca la extensión.

(1:4) Una vez más, ¡cuán simple es la salvación!

Este es un tema recurrente a lo largo de *Un curso de milagros.* La salvación es simple porque dice, por ejemplo: "...lo falso es falso y lo que es verdad jamás ha cambiado" (L-pII.10.1:1). Lo que es falso es el sistema del ego, independientemente de las numerosas formas en las que se presenta; y lo que nunca ha cambiado es la verdad de Dios. Como Jesús nos recuerda repetidamente: ¿Qué podría ser más simple?

(1:5-6) Es sencillamente una afirmación de tu verdadera Identidad. Esto es lo que celebraremos hoy.

Elegir el milagro corrige la percepción errónea de que somos un ego, tenemos una mente dividida y no somos tal como Dios nos creó. Cuando nos damos cuenta de lo que *no* somos, el recuerdo de lo que somos —Cristo, la Identidad del Hijo de Dios— amanecerá en nuestras mentes.

(2:1) Tu derecho a los milagros no se basa en las ilusiones que tienes acerca de ti mismo.

La principal ilusión con respecto a nosotros mismos es que somos cuerpos. Por lo tanto, no tenemos derecho a los milagros a nivel corporal para mejorar nuestros sueños o los de nuestros seres queridos. Nuestra verdadera aspiración es realizar un cambio en la mente o, de manera más precisa, un cambio de maestro. Así, nuestro nuevo maestro nos enseña que no somos parodias de nuestro Ser: cuerpos en lugar de espíritu. Recuerda la declaración de Jesús a Helen en *Los regalos de Dios*: "Porque yo no soy un sueño que viene en son de burla" (*Los regalos de Dios*, p. 121). En otras palabras, Jesús no es un cuerpo, el héroe del sueño del ego que haría burla de nuestra creación como espíritu. Asimismo, nosotros tampoco lo somos. Por tanto, reclamamos el milagro de corrección que nos recuerda la verdad con respecto a nosotros mismos.

(2:2) No depende de ningún poder mágico que te hayas adscrito ni de ninguno de los rituales que has ingeniado.

Desde la perspectiva de *Un curso de milagros*, los milagros que se describen en la Biblia son formas de magia. Son lo que un cuerpo milagroso hace a favor de otros cuerpos. El Dios bíblico también está muy involucrado en el mundo físico. Se Le retrata como la fuente de los milagros y a menudo opera a través de los agentes que ha elegido: los profetas o Jesús mismo. Todo esto son formas de magia porque no tienen nada que ver con un cambio de mentalidad. El problema que requiere la intervención del milagro es externo a la mente. De hecho, en el Biblia no hay nada sobre la mente —aunque la palabra se usa ocasionalmente— en el sentido en el que está definida en el Curso. Así, se percibe que el problema es externo y que, en correspondencia, el milagro actúa para remediarlo.

En *Un curso de milagros* esto es completamente diferente. La fuente del problema cambia del cuerpo a la mente que concibió dicho problema. Y en último término esto es algún tipo de culpa, que solo puede ser resuelta por el milagro.

(2:3-5) Es inherente a la verdad de lo que eres. Está implícito en lo que Dios, tu Padre, es. Tu derecho a los milagros quedó establecido en tu creación y está garantizado por las Leyes de Dios.

La verdad de lo que somos es Cristo, y Su memoria está en nuestras mentes correctas mediante la presencia del Espíritu Santo. Ahí es donde se encuentra el milagro, a la espera de ser elegido. En este párrafo, "lo que es inherente" y "está implícito" es nuestra reivindicación de los milagros. Tenemos derecho a ellos por ser el Hijo de Dios, lo que significa que tenemos derecho a la corrección que ya está presente en nosotros.

(3) Hoy reivindicaremos los milagros a los que tienes derecho, pues te pertenecen. Se te ha prometido total liberación del mundo que construiste. Se te ha asegurado que el Reino de Dios se encuentra dentro de ti y que jamás lo puedes perder. No pedimos sino lo que en verdad nos pertenece. Hoy, sin embargo, nos aseguraremos también de no conformarnos con menos.

Los milagros nos pertenecen porque están dentro de nuestras mentes, y no pueden ser hallados en nada que esté fuera de ellas. La promesa de la "plena liberación del mundo que construiste", y la seguridad de que "el Reino de Dios se encuentra dentro de ti y jamás lo puedes perder" es el propósito del principio de Expiación: la separación de Dios nunca ocurrió. Es esta verdad del Espíritu Santo la que nos libera del mundo, porque el mundo vino de la creencia de que, de hecho, nos habíamos separado, una creencia que inició el desarrollo del sistema de pensamiento de la individualidad —pecado, culpa y miedo— que culmina en la proyección que fabricó el mundo. Por lo tanto, si no hay individualidad porque la separación de Dios nunca ocurrió, automáticamente somos liberados del mundo. Esta es la verdad a la que tenemos derecho porque nosotros *somos* la verdad: una extensión de la amorosa Voluntad de Dios.

Aquí vemos un tema recurrente a lo largo de *Un curso de milagros*: al elegir el ego en lugar de al Espíritu Santo, la pequeñez en lugar de la grandeza (T-15.III), nos conformamos con una parodia de nuestra creación, en lugar de la gloriosa verdad de quienes somos. En otras palabras, nos conformamos con las migajas en lugar de con el banquete, con las partes del canto en lugar del canto mismo. Así, se nos dice en las primeras páginas de *El canto de la oración*:

> El sonido real es siempre un canto de agradecimiento y de Amor.
>
> Por eso no puedes pedir el eco. El canto es el regalo. Con él vienen las resonancias, los armónicos, los ecos, pero todo eso es secundario. En la auténtica oración solo oyes el canto. Todo lo demás es un mero añadido (S-1.I.2:9–3:5).

O, como Jesús dice en "La canción olvidada": "Las notas no son nada" (T-21.I.7:1). Nuestra preferencia por la vida en el cuerpo en lugar de la vida como espíritu es la cumbre no solo de la demencia, sino del autodesprecio. Jesús continúa diciendo en el Texto:

> No te contentes con la pequeñez. Pero asegúrate de que entiendes lo que es, así como también la razón por la que jamás podrías sentirte satisfecho con ella. La pequeñez es la ofrenda que te haces a ti mismo. La ofreces y la aceptas en lugar de la grandeza. En este mundo no hay nada que tenga valor porque es un mundo que procede de la pequeñez, de acuerdo con la extraña creencia de que la pequeñez puede satisfacerte. Cuando te lanzas en pos de cualquier cosa en este mundo creyendo que te ha de brindar paz, estás empequeñeciéndote y cegándote a la gloria. La pequeñez y la gloria son las únicas alternativas de que dispones para dedicarles todos tus esfuerzos y toda tu vigilancia. Y siempre elegirás una a expensas de la otra (T-15.III.1).

En resumen, se nos dice que nuestro problema es que pedimos demasiado poco, y no demasiado (T-26.VII.11:7). Ciertamente tenemos derecho a todo.

(4:1-2) Comienza las sesiones de práctica más largas de hoy diciéndote a ti mismo con absoluta certeza que tienes derecho a los milagros. Cierra los ojos y recuerda que estás pidiendo únicamente lo que por derecho propio te pertenece.

Hemos visto repetidamente la importancia de usar estas ideas cuandoquiera que sintamos la tentación de creer que estamos separados, y que nos sintamos especiales, enfadados, culpables, ansiosos o deprimidos. Así, habiendo hecho reales algunos aspectos del sistema de pensamiento del ego, tenemos que darnos cuenta en cuanto podamos de que hemos hecho la elección equivocada a favor del maestro equivocado. En este punto pedimos ayuda para ver que el problema que estamos experimentando lo hemos fabricado nosotros mismos porque necesitábamos preservar nuestra identidad individual. Este yo está en la mente, ha sido elegido por el tomador de decisiones, y mientras veamos el problema en el mundo o en el cuerpo, afirmamos nuestra inconsciencia o ausencia de mente. Así, no hay manera de que podamos cambiar nuestras mentes, estado este que es la salvación del ego y con el cual todos nos hemos identificado tan fuertemente. Por eso este tipo de ejercicios son tan esenciales para nuestro *des*aprendizaje.

(4:3-5) Recuérdate también a ti mismo que los milagros jamás se le quitan a uno para dárselos a otro, y que al reivindicar tus derechos estás haciendo valer los derechos de todo el mundo. Los milagros no obedecen las leyes de este mundo. Proceden simplemente de las leyes de Dios.

Las cinco leyes del caos que se comentan en el Capítulo 23 del Texto son las descripciones más convincentes de estas “leyes del mundo” en *Un curso de milagros*. La cuarta ley del caos dice que “Posees aquello de lo que te apropias” (T-23.II.9:3), lo que descansa en la enseñanza del ego que ya nos resulta familiar: *uno o el otro.* Si tú lo tienes, yo no; si yo lo tengo, tú no. Así, si tú tienes inocencia y yo la quiero, la debo tomar de ti. Esto establece que tú eres pecaminoso —pues careces de inocencia— dejándome a mí libre de pecado, porque he tomado tu estado inocente y me he apropiado de él.

La ley de Dios es que somos uno. Por lo tanto, lo que es verdad para ti debe ser verdad para mí. Las leyes del ego —las leyes del caos— descansan sobre la creencia en diferencias. La primera ley del ego es que hay una jerarquía de ilusiones y que las diferencias son reales (T-23.II.2:1-3). En cambio, *Un curso de milagros* enseña que en el Cielo solo hay una ley: la perfecta Unidad y Amor. Así, los milagros están presentes en todos porque el Espíritu Santo está igualmente presente en todos. No hay excepciones porque no puede haber excepciones en la verdad del Cielo o en sus reflejos en la tierra.

(5) Después de esta breve fase introductoria, espera en silencio la ratificación de que se te ha concedido tu petición. Has pedido la salvación del mundo, así como la tuya. Has pedido que se te concedan los medios a través de los cuales se puede lograr esto. Es imposible que no se te den garantías al respecto. No estás sino pidiendo que se haga la Voluntad de Dios.

Como nos recuerda el Texto en dos ocasiones: “El desenlace final es tan inevitable como Dios” (T-2.III.3:10; T-4.II.5:8). No podemos fracasar. Sin embargo, creeremos que podemos si no nos valemos de los medios —el milagro o el perdón— que nos provee el Espíritu Santo para ayudarnos a recordar la Voluntad que Dios tiene para nosotros, para recordar que nosotros *somos* Su Voluntad. En ese recuerdo, traído por el milagro, viene la salvación.

(6) Al hacer esto, no estás realmente pidiendo nada. Estás afirmando un hecho innegable. El Espíritu Santo no puede sino asegurarte que se te ha concedido tu petición. El hecho de que la aceptases lo confirma. Hoy no hay cabida para la duda ni la incertidumbre. Estamos haciendo por fin una petición real. La respuesta es una simple exposición de un simple hecho. Recibirás la ratificación que buscas.

El problema, como hemos visto muchas veces, es nuestra arrogancia al pensar que conocemos el problema, y por lo tanto sabemos qué pregunta hacer, que siempre es alguna versión de: ¿Cómo debería comportarme? ¿Qué debería decir? ¿Cuál es la respuesta a mi problema? ¿Adónde debería trasladarme? ¿Qué trabajo debería aceptar? ¿En qué relaciones debería estar involucrado? Todas estas solo son pseudopreguntas, diseñadas para distraernos de tomar conciencia del verdadero problema de la separación, el enfoque de las Lecciones 79 y 80.

En verdad, no estamos pidiendo nada. Pedimos al Espíritu Santo que nos ayude a darnos cuenta de que cometimos un error, y de que ahora podemos hacer la elección correcta. Este es el significado de que Jesús diga al comienzo del Texto que "la única oración que tiene sentido es la del perdón, porque los que han sido perdonados lo tienen todo" (T-3.V.6:3). Nuestra verdadera oración es la aceptación del milagro o la corrección que ya está presente dentro de nosotros. Esto significa que tenemos que alejar los ojos de las distracciones —los problemas percibidos, bien en mi cuerpo o en el de otro— llevándolas a nuestras mentes para que podamos entender que el problema no es algo externo, sino una elección equivocada dentro de nosotros. Una vez más, esta corrección es la esencia del milagro, y solicitarla es la única petición real que podemos hacer. Su respuesta se encuentra en el instante santo, como explica el pasaje siguiente:

> No trates, por lo tanto, de solventar problemas en un mundo del que se ha excluido la solución. Lleva más bien el problema al único lugar en el que se halla la respuesta y en el que se te ofrece amorosamente. En él se encuentran las respuestas que solventarán tus problemas, pues no forman parte de ellos y toman en cuenta lo que puede ser contestado: lo que la pregunta realmente *es*. Las respuestas que el mundo ofrece no hacen sino suscitar otra pregunta, si bien dejan la primera sin contestar. En el instante santo puedes llevar la pregunta a la respuesta y recibir la respuesta que fue formulada expresamente para ti (T-27.IV.7).

(7:1-4) Nuestras sesiones de práctica más cortas serán frecuentes, y estarán dedicadas a recordar un simple hecho. Repite hoy frecuentemente:

Tengo derecho a los milagros.

Pídelos cada vez que se presente una situación que los requiera.

Jesús está diciéndonos de nuevo que estas lecciones —y, por lo tanto, su curso— no tienen significado si no las usamos para ayudar a deshacer nuestro dolor y angustia. Nos pide que pensemos muy específicamente en la idea de hoy, y que vayamos a ella en busca de ayuda cuando nos sintamos molestos y tentados de culpar a alguien o a algo de nuestra incomodidad.

(7:5-6) Reconocerás tales situaciones. Y como no estás dependiendo de ti mismo para encontrar el milagro, tienes pleno derecho a recibirlo siempre que lo pidas.

Este es un punto extremadamente importante: el gran cambio. Hasta ahora hemos confiado en nosotros mismos, o en una imagen proyectada de nosotros a la que llamamos Jesús, el Espíritu Santo o Dios: cierta figura mágica que deshará nuestro dolor y angustia sin que *nosotros* tengamos que cambiar nuestras mentes. En realidad, el ruego a estas figuras de salvadores mágicos era una plegaria a la magia, no a la verdadera curación. Ahora Jesús asume que ya no estamos diciéndonos a nosotros mismos cuál es el problema, y por lo tanto no estamos pidiendo a la imagen que hemos fabricado de él que resuelva el problema por nosotros. En cambio, vamos a la raíz del problema, la decisión de la mente de estar por su cuenta y de tener razón, en lugar de ser feliz. Pedir verdaderamente ayuda a Jesús o al Espíritu Santo indica que ya no queremos estar por nuestra cuenta, lo que asegura que el milagro volverá a ser nuestro. Un mensaje especial destinado a Helen aborda este mismo asunto; Jesús aconseja a su escriba que no intente definir el problema que necesitaba respuesta:

> Cualquier pregunta específica involucra un gran número de suposiciones que inevitablemente limitan la respuesta. En realidad, una pregunta específica es una decisión con respecto al tipo de respuesta que es aceptable. El propósito de las palabras es limitar, y al limitar, hacer que una vasta área de experiencia sea más manejable. Pero eso significa que sea manejable para *ti* (*Ausencia de felicidad: la historia*

> *de Helen Schucman, la escriba de* Un curso de milagros, p. 445 de la versión original inglesa)[4].

La cuestión está en que reconozcamos que todos los problemas son el mismo, y por tanto que pedir el milagro —pedirnos a nosotros mismos elegirlo— es lo único significativo que podemos hacer. Solo el milagro permite que ocurra la corrección verdadera e ilimitada de la separación.

(8) Recuerda también que no te debes conformar con nada que no sea la respuesta perfecta. Si te asaltan tentaciones, di de inmediato:

> ***No intercambiaré milagros por resentimientos. Quiero únicamente lo que me pertenece. Dios ha establecido mi derecho a los milagros.***

Este párrafo nos conduce al tema de la lección siguiente: los milagros y los resentimientos son estados mutuamente excluyentes. Los primeros residen en nuestras mentes rectas, cuando elegimos al Espíritu Santo como nuestro Maestro; los segundos residen en nuestras mentes erradas, cuando proyectamos la responsabilidad por nuestro ataque sobre otros, e incluso sobre Dios Mismo.

4 Página 492 en la versión en castellano, de *Ausencia de felicidad: la historia de Helen Schucman, la escriba de* Un curso de milagros, Barcelona, El Grano de Mostaza ediciones, 2010.

LECCIÓN 78

¡Que los milagros reemplacen todos mis resentimientos!

En esta lección podemos ver de manera mucho más específica que los resentimientos son el problema y los milagros la solución. También podría mencionar que esta es la primera lección escrita en verso libre. Esto no tiene efecto sobre el significado de la lección, por supuesto, pero, para aquellos que aprecian a Shakespeare, cuyo verso principal era el pentámetro yámbico, esto es un beneficio añadido. Antes de esta lección había pasajes ocasionales que se deslizaban dentro y fuera del verso libre, pero esta es la primera vez que una lección está escrita enteramente con esta métrica. A continuación, Jesús vuelve a la prosa hasta más adelante. Si a medida que lees esta lección te encuentras leyendo en cadencias rítmicas, estás respondiendo al pentámetro yámbico, aunque no seas consciente de ello.[5*]

(1:1) Tal vez no esté completamente claro para ti el hecho de que en cada decisión que tomas estás eligiendo entre un resentimiento y un milagro.

Creemos que las elecciones que hacemos son entre A y B, elecciones que siempre vemos como externas. ¿Veo a esta persona o a la otra? ¿Como estos alimentos o alguna otra cosa? ¿Voy aquí o allí? Jesús nos dice que estas elecciones no son sino formas que esconden la única elección subyacente: ¿Elijo al ego o al Espíritu Santo, el ataque o el perdón, los resentimientos o los milagros?

(1:2) Cada resentimiento se alza cual tenebroso escudo de odio ante el milagro que pretende ocultar.

Nótese que por su propia naturaleza los resentimientos tienen un propósito. En *Un curso de milagros* hemos visto que el propósito lo es todo, y Jesús afirma que la única pregunta que deberíamos plantear con respecto a cualquier cosa es: ¿Qué *propósito* tiene? (T-17.VI.2:1-2). El propósito que damos a una circunstancia

5* Todo este comentario sobre el verso libre se refiere al original inglés. (N. del t.)

es todo el propósito que tiene. Lo que está directamente implicado aquí es que el resentimiento es una defensa, "un oscuro escudo de odio" que nos impide elegir el milagro "que oculta". Por lo tanto, nunca estamos enfadados ni juzgamos por la razón que creemos. Creemos que nuestro enfado está causado por algo externo a nosotros: lo que alguien hace o dice, o una situación que no nos gusta. Sin embargo, esta declaración nos dice que su propósito real —el contenido subyacente del pensamiento de ataque— es nuestro deseo de ocultar el milagro de nuestra visión.

(1:3) Y al alzarlo ante tus ojos no puedes ver el milagro que se encuentra tras él.

¿Por qué no queremos ver el milagro? Si lo hiciéramos, estaríamos viendo dentro de nuestras mentes, y nos daríamos cuenta de que la razón por la que estamos disgustados es que hicimos la elección equivocada. En otras palabras, nosotros somos los soñadores de nuestros sueños, y por lo tanto los únicos que tenemos el poder de cambiarlos; esto es la última cosa del mundo que el ego quiere que descubramos. Lo que preserva la creencia en la realidad del ego es el hecho de que no recordamos que nosotros lo fabricamos. El ego no tiene existencia en sí mismo, lo que significa que el mundo que surgió de él tampoco la tiene. Su aparente realidad descansa en el poder de la mente del Hijo para creer en él.

El problema del ego, recapitulando nuestros comentarios anteriores, no es el Amor de Dios, del que no sabe nada. Su problema es el tomador de decisiones, el poder de la mente del Hijo para elegir el ego. Esto significa que en cualquier momento dado —el instante santo— el Hijo puede retirar ese poder y elegir en su lugar el milagro del Espíritu Santo. Entonces el ego desaparecería, como también lo haría nuestra existencia individual. Por tanto, este es el temor del ego: la redención, no la crucifixión (T-13.III.1:10-11). Para asegurarse de que esto no ocurra, el ego fabrica un elaborado sistema de pensamiento de pecado, culpa y miedo, y lo proyecta en un mundo específico, en el que podemos abrigar resentimientos justificadamente. Estos nos defienden de la culpa de la mente, que a su vez nos defiende del amor en nuestras mentes. Así, el "escudo de odio" del ego nos impide ver el milagro, impidiendo de esta manera que lleguemos a elegirlo alguna vez.

(1:4) Este, no obstante, sigue allí aguardándote en la luz, pero en lugar de él contemplas tus resentimientos.

El milagro de corrección espera, y en último término esto se refiere a Aquel que *es* la corrección. En consecuencia, si quieres mantener el Amor del Espíritu Santo lejos de ti, solo tienes que tener una pelea con alguien. Jesús dice lo mismo en el Manual, en el contexto de la paz de Dios:

> La paz de Dios no puede hacer acto de presencia allí donde hay ira, pues la ira niega forzosamente la existencia de la paz. Todo aquel que de alguna manera o en cualquier circunstancia considere que la ira está justificada, proclama que la paz es una insensatez, y no podrá por menos que creer que no existe (M-20.3:3-4).

La ira es como un escudo o muro sólido, detrás del cual está el Amor de Dios. Si tienes miedo de este Amor, sabiendo que en su presencia tu especialismo desaparece, lo mantienes alejado luchando con alguien: físicamente, verbalmente o en tus pensamientos. La forma que adopte la ira no importa, puesto que la dinámica es la misma: la oscuridad de nuestros resentimientos oculta la luz del milagro.

(2:1-2) Hoy vamos a ir más allá de los resentimientos para contemplar el milagro en lugar de ellos. Invertiremos la manera como ves al no dejar que tu vista se detenga antes de que veas.

Lo que esto implica es que nuestros ojos no son los instrumentos del ver. El verdadero ver, o visión, ocurre en nuestras mentes, como ya hemos visto muchas veces. Solo ocurre cuando elegimos a Jesús como fuente de nuestra visión. Cuando le excluimos a él, nos quedamos ciegos. "Vemos" separación y pecado dentro; y, por lo tanto, pensamos que lo que vemos fuera es un mundo separado y pecaminoso. Pero nada de esto es ver. Recuerda la línea que hemos citado antes —"Nada tan cegador como la percepción de la forma"— que ahora vemos en su contexto más completo:

> Todo lo que los ojos del cuerpo pueden ver es una equivocación, un error de percepción, un fragmento distorsionado del todo sin el significado que este le aportaría [...] Los ojos del cuerpo ven únicamente formas. No pueden ver más allá de aquello para cuya contemplación fueron fabricados. Y fueron fabricados para fijarse en los errores y no ir más allá de ellos. Su percepción es ciertamente extraña, pues solo pueden ver ilusiones, al no poder ver más allá del bloque de granito del pecado y al detenerse ante la forma externa de lo que no es nada. Para esta forma distorsionada de visión, el exterior de todas las cosas, el muro que se interpone entre la verdad y tú, es absolutamente real. Mas, ¿cómo va a poder ver correctamente una visión que se detiene ante lo que no es nada como si de un sólido muro se tratase? Está restringida por la forma, habiendo sido concebida para garantizar que no se perciba nada, excepto la forma.
>
> Esos ojos, hechos para no ver, jamás podrán ver. Pues la idea que representan nunca se separó de su hacedor, y es su hacedor el que ve a través de ellos. ¿Qué otro objetivo tenía su hacedor, salvo el de no ver? Para tal fin, los ojos del cuerpo son los medios perfectos, pero no para ver. Advierte como los ojos del cuerpo se posan en lo exterior sin poder ir más allá de ello. Observa cómo se detienen ante lo que no es nada, incapaces de comprender el significado que se encuentra más allá de la forma. Nada es tan cegador como la percepción de la forma. Pues ver la forma significa que el entendimiento ha quedado velado (T-22.III.4:3;5:3-6:8).

Por eso Jesús nos enseña que no confiemos nunca en nuestras percepciones. Están basadas en la forma, el sombrío fragmento del sistema de pensamiento del ego de separación y culpa.

(2:3) No esperaremos frente al escudo de odio, sino que lo dejaremos caer, y, suavemente, alzaremos los ojos en silencio para contemplar al Hijo de Dios.

En los primeros años de estudio de *Un curso de milagros*, pensamos inevitablemente que el Hijo de Dios que contemplamos es alguien externo a nosotros. Más adelante, a medida que trabajamos un tiempo con el Curso, nos damos cuenta de que el Hijo de Dios no tiene nada que ver con lo que contemplan nuestros ojos físicos, puesto que lo experimentamos en la mente y proyectamos su imagen sobre otros. Así, el Hijo al que hemos hecho real dentro es el que percibimos fuera: *la proyección da lugar a la percepción.* Sin duda, el contexto de estas lecciones es el cambio de nuestra percepción de nuestros compañeros de amor u odio especial. No obstante, en verdad solo estamos cambiando de mentalidad con respecto al Hijo de Dios *en nuestras mentes.* Antes de poder cambiar la percepción interna del Hijo de la culpa a la impecabilidad, primero tenemos que reconocer que el Hijo es nosotros, y no otro. Solo entonces soltamos alegremente el escudo de odio.

(3:1-2) Él te espera tras todos tus resentimientos, y a medida que dejas estos de lado, él aparecerá radiante de luz en el lugar que antes ocupaba cada uno de ellos. Pues cada resentimiento constituye un obstáculo a la visión, mas según se elimina, puedes ver al Hijo de Dios allí donde él siempre ha estado.

El Hijo siempre ha estado dentro de su Padre, de Quien nunca se fue. Por lo tanto, siempre ha estado dentro de la mente, que contiene el recuerdo de su Fuente. El principio de Expiación nos recuerda que la oscuridad de nuestro odio no tiene poder sobre la luz; los resentimientos del ego no pueden resistir la faz de Cristo, cuyo perdón brilla más allá del obstáculo que nos impide ver.

(3:3) Él se encuentra en la luz, pero tú estabas en las tinieblas.

El Hijo de Dios es el Cristo que permanece en nuestras mentes correctas a través del Espíritu Santo, aunque lo hemos cubierto con velos de separación, culpa y odio. Estos velos que nosotros, en nuestras mentes engañadas, habíamos elegido para reemplazar a la luz en nuestra conciencia.

(3:4-4:1) Cada resentimiento hacía que las tinieblas fuesen aún más tenebrosas, lo cual te impedía ver.

Hoy intentaremos ver al Hijo de Dios.

Ahora llegamos a otro ejercicio de perdón que nos ayuda a ver la luz que está más allá de la oscuridad del odio y el juicio del ego. Recuerda una vez más que el contexto es ver al Hijo de Dios en nuestro hermano, contra el cual creemos que abrigamos resentimientos. No obstante, como lo que percibimos fuera refleja lo que percibimos dentro, la luz de Cristo que veo en ti no es nada más ni menos que el Hijo de Dios que hice real en mi mente. Aprender a ver al Hijo de Dios en ti, mi hermano en el especialismo, refleja el que vea al mismo Hijo en mí.

(4:2-5) No nos haremos los ciegos para no verlo; no vamos a contemplar nuestros resentimientos. Así es como se invierte la manera de ver del mundo, al nosotros dirigir la mirada hacia la verdad y apartarla del miedo. Seleccionaremos a alguien que haya sido objeto de tus resentimientos y, dejando estos a un lado, lo contemplaremos. Quizá es alguien a quien temes o incluso odias; o alguien a quien crees amar, pero que te hizo enfadar; alguien a quien llamas amigo, pero que en ocasiones te resulta pesado o difícil de complacer; alguien exigente, irritante o que no se ajusta al ideal que debería aceptar como suyo, de acuerdo con el papel que tú le has asignado.

En "Los diferentes papeles del sueño", cerca del final del Texto, Jesús explica que nos enfadamos con otros porque no cumplen con el papel que nosotros les hemos asignado en nuestro sueño (T-29.IV.4:1). Este tipo de ejercicio, repetido de diversas maneras a lo largo del Libro de ejercicios, es algo que deberíamos practicar todo el tiempo, no solo cuando estamos trabajando con una lección particular. Debemos aplicarlo cuando sintamos la tentación de sentirnos disgustados con cualquiera. A veces se trata de la misma persona —todos tenemos nuestras dianas favoritas—

pero, como Jesús describe aquí, podría ser alguien en quien pensamos como un amigo o un ser querido. Cuando las personas se comportan de un modo que nos irrita, podemos considerarlo una oportunidad de darnos cuenta de que la relación solo es una pantalla sobre la que proyectamos culpa por haber empujado el amor de Jesús lejos de nosotros. Si nos permitiéramos experimentar su amor, nunca podríamos estar enfadados ni disgustados con nadie. Sería imposible debido al principio de la mente de *uno o el otro*: odio o perdón; miedo o amor.

Cuando estamos disgustados, siempre es debido a que: 1) hemos decidido que el amor de Jesús era demasiado amenazador para nuestros especialismo y nos hemos separado de él; 2) a continuación, reprimimos la culpa por este pecado percibido, cometido una vez más; y 3) buscamos y encontramos a otros sobre los que poder proyectar nuestra culpa, creyendo mágicamente que nos hemos liberado de ella. A continuación, nos olvidamos de este proceso de tres pasos, y solo somos conscientes de su producto final: dolor, ira y decepción. Llegados a este punto deberíamos recordarnos a nosotros mismos el ejercicio, y retornar a nuestras mentes para pedir ayuda a Jesús, diciendo, como una variante de T-5.VII.6:7: "Debo estar contemplando a estas personas de manera equivocada, porque les estoy culpando de mi pérdida de paz." Así, usamos la circunstancia como una oportunidad de darnos cuenta de que lo que estamos percibiendo fuera refleja directamente el pecado y la culpa que primero hemos percibido dentro. En lugar de verlos en nosotros mismos y aceptarlos allí, hemos elegido verlos en otras personas.

Solo cuando pedimos ayuda a Jesús —uniéndonos con él— deshacemos la causa de nuestro disgusto, que reside en nuestra culpa por haberle empujado lejos de nosotros. Por eso acudir a él o al Espíritu Santo es uno de los grandes temas de *Un curso de milagros*. Pedir Su ayuda es precisamente lo que deshace la causa de nuestra angustia, independientemente de la forma que adopte. En un importante pasaje que viene al final del Manual para el maestro, Jesús nos dice que pedir guía al Espíritu Santo es la manera de escapar de la culpa:

> Hay otra ventaja —y muy importante, por cierto— en poner en manos del Espíritu Santo todas las decisiones cada vez más. Aunque su importancia es obvia, tal vez no hayas pensado en este aspecto: seguir las directrices del Espíritu Santo es permitirte a ti mismo quedar absuelto de toda culpa. Es la esencia de la Expiación. El núcleo central del programa de estudios. La imaginaria usurpación de funciones que no te corresponden es la causa del miedo. El mundo que ves refleja la ilusión de que has usurpado una función que no te corresponde, haciendo que el miedo sea algo inevitable. Devolver dicha función a Quien le corresponde es, por lo tanto, la manera de escapar del miedo. Y esto es lo que hace posible que el recuerdo del amor retorne a ti. No pienses, entonces, que necesitas seguir la dirección del Espíritu Santo solo por razón de tus propias insuficiencias. Necesitas seguirla porque es la manera de escaparte del infierno (M-29.3).

Esta visión de ir en busca del Espíritu Santo nos ayuda a cambiar el enfoque de la *forma* de lo que pensamos que estamos pidiendo al *contenido* del deshacimiento de la arrogancia del ego al pensar que está mejor por su cuenta.

El proceso de curación comienza con la experiencia de ira o decepción con otra persona, al haber reprimido la decisión de la mente a favor del pecado, la culpa y la proyección. Nuestro compromiso de aprender y practicar este curso puede verse en con cuánta rapidez somos capaces de pedir ayuda al Espíritu Santo para cambiar nuestra manera de ver a alguien externo, lo cual es un modo de reflejar el cambio en cuanto a cómo queremos vernos a nosotros mismos.

(5:1-3) Ya sabes de quien se trata: su nombre ya ha cruzado tu mente. En él es en quien pedimos que se te muestre el Hijo de Dios. Al contemplarlo sin los resentimientos que has abrigado en su contra, descubrirás que lo que permanecía oculto cuando no lo veías se encuentra en todo el mundo y se puede ver.

Encontramos aquí una insinuación del tema de la generalización, que es central en las dos lecciones siguientes. Si pudiera aceptar que yo he fabricado mi resentimiento contra ti —y nadie tiene problemas para encontrar a alguien con quien usar este ejercicio— en algún punto generalizaré la lección y me daré cuenta de que he inventado mis resentimientos contra todos. La oscuridad que vi en ti, la vi en toda la gente, porque está en mí. No obstante, la luz que ahora veo en ti asimismo está en todos, porque también está en mí. Tenemos que practicar con lo específico, pero solo para poder aprender a generalizar y reconocer que solo hay un problema y una solución. Como dice Jesús más adelante en el Libro de ejercicios:

> La mente que se enseñó a sí misma a pensar de manera concreta ya no puede aprehender la abstracción en el sentido del abarcamiento total que esta representa. Necesitamos poder ver un poco para poder aprender mucho (L-pI.161.4:7.8).

(5:4-6) El que era un enemigo es más que un amigo cuando está en libertad de asumir el santo papel que el Espíritu Santo le ha asignado. Deja que él sea hoy tu salvador. Tal es su función en el plan de Dios, tu Padre.

Nuestro hermano es nuestro salvador —“más que un amigo”— no porque posea atributos mágicos, sino porque nos damos cuenta de que lo que estamos viendo en él es una proyección de lo que está dentro de nosotros. Esto nos permite ser salvados de nuestra culpa y de los desastrosos efectos de nuestras decisiones equivocadas. Si no fuera por esta relación especial, no tendríamos la oportunidad de salvarnos. Esta, por tanto, es la esencia del plan de Expiación “de Dios”: el mundo, que fue fabricado como un ataque contra Dios y un sustituto de Su Amor, se convierte en el aula escolar en la que aprendemos a recordarLe. No hay nada redentor en el mundo mismo, sino que nuestra redención viene de darle un propósito diferente.

(6) En nuestras sesiones de práctica más largas de hoy lo veremos asumiendo ese papel. Pero primero intenta mantener su imagen en tu mente tal como la ves ahora. Pasa revista a sus faltas, a las dificultades que has tenido con él, al dolor que te ha causado, a sus descuidos y a todos los disgustos grandes y pequeños que te ha ocasionado. Contempla las imperfecciones de su cuerpo, así como sus rasgos más atractivos, y piensa en sus errores e incluso en sus "pecados".

Jesús nos está pidiendo que seamos honestos con nosotros mismos (y con él) con respecto a nuestros resentimientos: no retener ninguna percepción de la conciencia. Si lo hacemos, estamos eligiendo retener algunas "motas de oscuridad" (T-31.VIII.12:5) en nosotros que nunca queremos entregar a la luz sanadora del perdón. Son estas "motas" las que hemos proyectados sobre otro —nuestro salvador— las que se convierten en los medios para curarnos a nosotros mismos.

(7:1) Pidámosle entonces a Aquel que conoce la realidad y la verdad de este Hijo de Dios, que podamos contemplarlo de otra manera y ver a nuestro salvador resplandeciendo en la luz del verdadero perdón que se nos ha concedido.

Una vez más, necesitamos pedir ayuda para cambiar la elección equivocada en nuestras mentes, no la situación externa; somos nosotros los que cambiamos nuestras mentes, no alguna otra persona. Como dice Jesús en un pasaje paralelo del Texto:

> Sueña dulcemente con tu hermano inocente, quien se une a ti en santa inocencia. Y el Mismo Señor de los Cielos despertará a Su Hijo bien amado de este sueño. Sueña con la bondad de tu hermano en vez de concentrarte en sus errores. Elige soñar con todas las atenciones que ha tenido contigo, en vez de contar todo el dolor que te ha ocasionado. Perdónale sus ilusiones y dale gracias por toda la ayuda que te ha prestado. Y no desprecies los muchos regalos que te ha hecho solo porque en tus sueños él no sea perfecto (T-27.VII.15:1-6).

(7:2-3) En el santo Nombre de Dios y en el de Su Hijo, que es tan santo como Él, le pedimos:

> ***Quiero contemplar a mi salvador en este a quien Tú has designado como aquel al que debo pedir que me guíe hasta la santa luz en la que él se encuentra, de modo que pueda unirme a él.***

Pedimos ayuda "para que pueda unirme a él". Por supuesto, hablando estrictamente, no nos unimos con alguien, porque ya estamos unidos. No obstante, la experiencia de unirse con alguien deshace el pensamiento de ataque que nos mantenía separados. En realidad, es una plegaria a nosotros mismos —la parte tomadora de decisiones de nuestras mentes— para que emprendamos el proceso de reconocer que el Hijo de Dios es uno. Si yo te ataco a ti, mi compañero de amor o de odio especial, estoy diciendo que el Hijo está separado, dividido en dos: tú y yo, y el resto de la Filiación contenida en ti. La plegaria anterior en la que se pide la experiencia de unidad es, por tanto, la corrección para una forma de pensar tan loca.

(7:4) Los ojos del cuerpo están cerrados, y mientras piensas en aquel que te agravió, deja que a tu mente se le muestre la luz que brilla en él más allá de tus resentimientos.

Ciertamente Jesús no está hablando de un cambio perceptual externo, sino de un cambio milagroso en el sentido que el Curso da a dicho término: el cambio en la mente de los resentimientos a los milagros.

(8:1-3) Lo que has pedido no se te puede negar. Tu salvador ha estado esperando esto hace mucho tiempo. Él quiere ser libre y hacer que su libertad sea también la tuya.

Esto se puede entender a dos niveles. Cada uno de nosotros necesita el perdón del otro porque podemos ayudarnos unos a otros a entender que hicimos la elección equivocada, y ahora podemos hacer la correcta. Cuando tú te identificas con tu culpa y yo te ataco, la refuerzo diciendo que, en efecto, tu decisión a favor del ego era correcta. No obstante, cuando estoy en mi mente recta y no ataco, independientemente de cómo puedas percibirme, envío un mensaje diferente, comunicándote que tú puedes hacer la misma elección que yo he hecho: "Tu mente contiene dos alternativas. La que has elegido —y que yo también he elegido— era un error. Como yo he corregido mi mente, represento para ti la misma elección." Recuerda el pasaje del Manual para el maestro que hemos visto antes, en el que nos decimos mutuamente:

> "¡He aquí, Hijo de Dios, lo que la vida te puede ofrecer. ¿Preferirías la enfermedad en su lugar?" (M-5.III.2:11-12).

En último término, por supuesto, el salvador que "ha estado esperando esto hace mucho tiempo" es nosotros mismos. Entendemos metafísicamente que no hay nadie ahí fuera, y así la persona que percibimos es una parte escindida de nosotros mismos: el yo culpable que necesita perdón. Así, nuestra percepción errónea de esta persona se convierte en el medio mediante el cual corregimos la percepción errónea original de nosotros mismos.

(8:3-5) Él quiere ser libre y hacer que su libertad sea también la tuya. El Espíritu Santo se extiende desde él hasta ti, y no ve separación alguna en el Hijo de Dios. Y lo que ves a través de Él os liberará a ambos.

En esta etapa de nuestro trabajo con *Un curso de milagros* lo más probable es que uno no sea consciente de que estas palabras tienen un significado literal. No es que el Espíritu Santo nos vea a ti y a mí como separados, ambos amados Hijos de Dios. Él no nos ve separados en absoluto, porque no lo estamos. A medida que nuestra experiencia del Curso se profundice con el tiempo, nuestra comprensión de este tipo de palabras también se irá profundizando. Llegaremos a darnos cuenta de que esto significa literalmente que no somos seres separados, sino partes escindidas de un ser mayor que es uno, tal como nuestro verdadero Ser es Uno.

(8:6-8) Mantente muy quedo ahora y contempla a tu radiante salvador. Ningún sombrío resentimiento nubla la visión que tienes

de él. Le has permitido al Espíritu Santo expresar a través de ese hermano el papel que Dios le asignó a Él para que tú te pudieras salvar.

Nuestra quietud es el resultado de haber silenciado la estridente voz del especialismo del ego, lo que nos permite oír el delicado sonido de la Expiación del Espíritu Santo. A Su visión de la inherente impecabilidad del Hijo de Dios se le permite reemplazar la visión oscurecida de resentimientos y odio. Esta visión abraza a la Filiación como una —mi hermano y yo—, a medida que reconozco a mi salvador en la misma persona a la que antes había elegido excluir del amor; el salvador que es mi ser.

(9) Dios te da las gracias por estos momentos de sosiego en que dejas a un lado tus imágenes para ver en su lugar el milagro de amor que el Espíritu Santo te muestra. Tanto el mundo como el Cielo te dan las gracias, pues ni uno solo de los pensamientos de Dios puede por menos que regocijarse por tu salvación y por la del mundo entero junto contigo.

Esta gratitud es la nuestra propia por haber realizado finalmente la elección correcta: unidad en lugar de separación; milagros en lugar de resentimientos; Dios en lugar del ego. Con esta elección toda la Filiación sana al recordar la unidad que nunca destruyó, y su voz se une finalmente con la canción de gratitud —la oración de amor— que Jesús describe en el precioso inicio de *El Canto de la Oración*:

> La oración es el mayor regalo con el que Dios bendijo a Su Hijo cuando lo creó. Ya era entonces aquello que habría de llegar a ser: la única voz que el Creador y la creación comparten; el canto que el Hijo entona al Padre, Quien le devuelve las gracias que el canto Le brinda. La armonía es perpetua, y perpetua es también la gozosa concordia de amor que eternamente Ambos se profesan el Uno al Otro. Y de este modo se extiende la creación. Dios da gracias a Su extensión en Su Hijo. El Hijo da gracias por su creación en el canto que entona mientras crea en Nombre de su Padre.

> El amor que comparten es lo que toda oración habrá de ser por toda la eternidad, cuando al tiempo le llegue su fin. Porque así era antes de que el tiempo pareciese existir (S-1.in1).

(10) Recordaremos esto a lo largo del día, y asumiremos el papel que se nos ha asignado como parte del plan de Dios para la salvación y no del nuestro. La tentación desaparece cuando permitimos que todo aquel que se cruza en nuestro camino sea nuestro salvador, rehusándonos a ocultar su luz tras la pantalla de nuestros resentimientos. Permite que todo aquel con quien te encuentres, o en quien pienses o recuerdes del pasado, asuma el papel de salvador, de manera que lo puedas compartir con él. Por ti y por él, así como por todos los que no ven, rogamos:

¡Que los milagros reemplacen todos mis resentimientos!

Una vez más, esto es una expresión de la unidad del Hijo de Dios. Mientras creamos que él es muchos —cuerpos separados involucrados con otros cuerpos— tenemos que practicar con cada uno, aplicando "el plan de Dios para la salvación": el perdón de nuestras relaciones especiales. Entonces cada persona se convierte en nuestro salvador individual, porque cada una nos ofrece la oportunidad de ser salvados de la elección errónea de hacer real la separación. En algún punto nos damos cuenta de que cada persona es todas las personas, y, finalmente, de que *ahí fuera no hay ninguna persona en absoluto:* solo el Hijo único de Dios contenido en nuestras mentes. Como las mentes están unidas, el Hijo de Dios está también en toda la gente. A esta visión de la luz del milagro, que reemplaza el velo oscurecido de los resentimientos, se le da una expresión encantadora en "La visión del salvador":

> ¡Mirad el papel que se os ha encomendado en el universo! El Señor del Amor y de la Vida le ha encomendado a cada aspecto de la verdadera creación que salve a todo el mundo de la aflicción del infierno. Y a cada uno le ha concedido la gracia de ser el salvador de los santos hermanos que se le

> confiaron especialmente. Y esto es lo que aprende cuando primero ve a otro tal como se ve a sí mismo y contempla su propio reflejo en él. Así es como deja a un lado el concepto que tiene de sí mismo, pues nada viene a interponerse entre su visión y lo que contempla, para juzgar lo que él ve. Y en esta única visión, ve la faz de Cristo y se da cuenta de que contempla a todo el mundo según contempla a este hermano. Pues hay luz donde antes había oscuridad, y el velo que cubría su vista ha sido descorrido (T-31.VII.8).

Ahora pasamos a las lecciones 79 y 80, que presentan el familiar tema de la salvación, pero expresado de forma diferente. Así continúa nuestra sinfonía basada en el tema del perdón, con sus series de variaciones casi interminables.

LECCIÓN 79

Que reconozca el problema para que pueda ser resuelto.

Lo que se dice en esta lección y en la siguiente es que solo hay un problema, aunque el mundo nos dice que hay muchos. Este problema es la creencia de la mente de que estamos separados de Dios y por nuestra cuenta. Repitiendo comentarios anteriores: el ego toma el único pensamiento de separación y nos enseña que no está en nuestras mentes sino en el mundo, fragmentando este pensamiento en billones y billones de expresiones diferentes del único problema, de las que cada una exige una solución particular. Así, cada problema pide atención y exige ser resuelto a su manera. Como veremos más adelante, esta es una situación extremadamente frustrante porque el verdadero problema permanece oculto en nuestras mentes, enterrado bajo un número casi infinito de preocupaciones externas que se nos presentan una, y otra, y otra vez más. Esto asegura que en realidad el problema externo nunca pueda ser resuelto, como ahora leemos:

(1:1) No puedes resolver un problema a menos que sepas de qué se trata.

También se podría decir que un problema no puede resolverse si no sabemos dónde está, lo cual es prácticamente lo mismo. El *dónde* es la mente, y el *qué,* nuestra decisión de estar separados. Recuerda que el punto clave del ego —ciertamente el punto clave de su sistema de separación, que culmina en la fabricación del mundo de la separación— es asegurarse de que nunca nos demos cuenta de *dónde* está el problema y de *qué* es. No se puede hacer un énfasis excesivo en que el propósito lo es todo, y el único modo de deshacer el ego es cambiar del propósito que él le dio al mundo —ocultar el problema— al propósito del Espíritu Santo, que es revelar el problema para que pueda ser deshecho: "Que reconozca el problema para que pueda ser resuelto."

(1:2-4) Incluso si ya está resuelto, lo seguirás teniendo porque no reconocerás que ya se ha resuelto. Esta es la situación del mundo. El problema de la separación, que es en realidad el único problema que hay, ya se ha resuelto.

Si el Espíritu Santo es el recuerdo de Dios que llevamos con nosotros cuando nos quedamos dormidos, y ese recuerdo es el vínculo entre nuestro estado de sueño y la verdad del Amor de Dios, no estamos separados. Ciertamente, en el Texto Jesús se refiere al Espíritu Santo como el vínculo con la verdad (T-25.I). Un recuerdo es un vínculo; por ejemplo, cuando recordamos a seres queridos que han muerto, sentimos su presencia. Así, el recuerdo vincula el pasado con el presente. En el Curso se describe que el Espíritu Santo realiza esta misma función de ser un recuerdo, pero sin el pasado ("El recuerdo del presente" [T-28.I]). Él tiende un puente sobre la brecha que hay entre el pasado ilusorio de nuestro sistema de pensamiento errado de separación y el Cielo. Así, el problema de la separación de Dios ya se ha resuelto, y esta es la razón por la que Jesús dice que el mundo desapareció hace mucho (T-28.I.1:6). Nosotros vivimos en su imagen residual, pensando que es la realidad. Dentro del sueño, el Espíritu Santo nos recuerda que el mundo ha sido deshecho, y Su presencia es la solución al problema.

(1:5) No obstante, la solución no se ha reconocido porque no se ha reconocido el problema.

Una vez más, cuando entendemos erróneamente el significado que *Un curso de milagros* da al milagro, estamos ocupándonos de que el problema de la separación nunca sea reconocido, y por lo tanto nunca sea resuelto. Si pensamos que un milagro se dirige a algo externo, estamos diciendo que el problema mismo es externo, como también debe serlo la solución dada por Dios. Llegados a este punto ya no podemos estar refiriéndonos al Dios de perfecta Unidad, sino a la proyección del ego. Así, el problema real —la decisión errónea de nuestras mentes— nunca puede ser contemplado, y por lo tanto su solución nunca puede ser reconocida.

(2:1-2) En este mundo cada cual parece tener sus propios problemas. Mas todos ellos son el mismo problema, y se tiene que reconocer que todos son el mismo problema si es que se ha de aceptar la única solución que los resuelve a todos.

Las lecciones 79 y 80 son inequívocamente claras en sus afirmaciones y significado. Su lenguaje es simple, y sin embargo la totalidad del programa de estudios está contenida en ellas, siendo esencialmente una variación del tema principal del Curso: *No hay grados de dificultad en los milagros* (T-1.I.1:1). Así es como empieza el Texto, como todos sabéis. Lo que tal vez no sepáis es que el dictado a Helen no comenzó con la Introducción actual, sino con la declaración de que la primera cosa que se ha de recordar con respecto a los milagros es que no hay grados de dificultad entre ellos.[6*] Así, Jesús expuso el tema de su curso ya desde el comienzo, y en cierto sentido todo lo que siguió —y estas lecciones en particular— es un comentario sobre dicho tema. No hay orden de dificultad en los milagros porque solo hay un problema. Bill Thetford solía decir que el primer principio podía reformularse como: *No hay grados de dificultad en la resolución de problemas,* porque el milagro es una manera de resolver problemas. *Pero no se trata de problemas externos.* El milagro resuelve problemas llevándolos a la mente, donde se hallan el *único* problema y la *única* solución.

(2:3-4) Ahora bien, ¿quién puede darse cuenta de que un problema se ha resuelto si piensa que el problema es otra cosa? Aun si se le proporcionara la respuesta, no podría ver su relevancia.

Todos estaríamos de acuerdo en que se nos ha dado la respuesta: el Espíritu Santo, Jesús o *Un curso de milagros.* Pero no vemos la relevancia de la respuesta porque pensamos que guarda relación con el cuerpo: mejorar nuestro sueño ayudándonos a ser más felices, más saludables, y más ricos mediante el perdón de otras personas. Por lo tanto, no nos damos cuenta de la

6* Para un comentario sobre las primeras semanas de escritura del Curso, por favor, véase el Capítulo 7 de *Ausencia de felicidad: la historia de Helen Schucman, la escriba de* Un curso de milagros, Barcelona, El Grano de Mostaza ediciones, 2010.

relevancia directa del Curso con relación a nuestros problemas. Además, todavía no aceptamos plenamente que tenemos una mente —ciertamente tenemos *solo* una mente— y que el cuerpo es simplemente su proyección, y por lo tanto nunca puede ser el verdadero problema.

La razón por la que a menudo *Un curso de milagros* parece no funcionar es que sus estudiantes lo hacen irrelevante. No lo usan para el propósito para el que Jesús lo dio, que es devolver el problema a la mente, ayudándonos a entender por qué insistimos tan tercamente en no aceptar la respuesta que ya está presente en nosotros. Recuerda estas líneas, en las que Jesús exhorta a Helen a recordar que el propósito del Curso que estaba dictándole era hacerle consciente del poder de su mente para elegir al ego, de modo que ahora pudiera elegir al Espíritu Santo:

> Si me interpusiese entre tus pensamientos y sus resultados, estaría interfiriendo en la ley básica de causa y efecto: la ley más fundamental que existe. De nada te serviría el que yo menospreciase el poder de tu pensamiento. Ello se opondría directamente al propósito de este curso. Es mucho más eficaz que te recuerde que no ejerces suficiente vigilancia con respecto a tus pensamientos (T-2.VII.1:4-7).

La razón por la que tratamos de despreciar el poder de nuestro pensamiento es que no queremos renunciar a nuestra individualidad o especialismo. Tal vez podríamos aceptar que no somos cuerpos, pero no queremos renunciar al hecho de que tenemos una personalidad especial. Así, por ejemplo, podríamos pensar que está bien morirse porque hay una personalidad que sobrevive. No queremos renunciar a nuestro especialismo porque nos valida como individuos. El lugar de nacimiento y el hogar de este yo están en la mente, y ahora el acceso a ella está prohibido por los crueles dictados de la estrategia de inconsciencia del ego.

En resumen, mientras escuchemos al ego, *Un curso de milagros* nunca funcionará porque nunca veremos su relevancia. Pensaremos que su propósito es resolver un problema fuera de nuestras mentes. Sin embargo, lo único que hacemos es intentar resolver un problema inexistente, tomando la respuesta del perdón, pero aplicándola al problema equivocado. La respuesta sigue estando en nuestras mentes, y por tanto Jesús y su curso nos ayudan a retornar al lugar de corrección: el hogar de mente recta del Espíritu Santo.

(3:1-2) Esta es la posición en la que te encuentras ahora. Dispones de la respuesta, pero todavía no estás seguro de cuál es el problema.

Si fueran verdaderamente honestos, todos los estudiantes de *Un curso de milagros* se darían cuenta de que no creen plenamente en lo que Jesús nos enseña aquí. Es posible que lo aceptemos intelectualmente, pero sigue habiendo una parte de nosotros que conserva alguna esperanza de tener razón. Nuestra resistencia es otra manera de expresar nuestra creencia de que nuestros problemas son algo aparte de la decisión de la mente de ser un individuo, y por lo tanto no podemos ver la relevancia de la respuesta que se nos ha dado.

(3:3-5) Pareces enfrentarte a una larga serie de problemas, todos diferentes entre sí, y cuando uno se resuelve, surge otro y luego otro. No parecen tener fin. En ningún momento te sientes completamente libre de problemas y en paz.

Probablemente no hay una persona en este mundo que no pueda identificarse con estas afirmaciones. Todos tenemos problemas. Por ejemplo, a nivel físico, tenemos hambre y comemos, lo cual no significa que no vayamos a tener hambre dentro de unas pocas horas. Tomamos una respiración profunda, pero a los pocos segundos necesitamos otra. Es posible que enfermemos y después nos curemos, pero sabemos que en algún momento volveremos a enfermar y acabaremos muriendo. Y así sucesivamente.

También tenemos problemas psicológicos: tú me amas hoy, pero, ¿me amarás mañana? Me dieron sobresaliente en el examen, pero, ¿volveré a sacarlo la próxima vez? Recibí una promoción y un aumento de sueldo, pero, ¿cómo sé que mi trabajo es realmente seguro? Así, todo puede haber funcionado bien hasta ahora, pero, ¿quién dice que seguirá siendo así en el futuro?

Elevándonos por encima del campo de batalla del ego y supervisando su propósito para el cuerpo y el mundo, entendemos que el ego fabricó el cuerpo para presentarnos una serie casi interminable de problemas —físicos y psicológicos—, cada uno de los cuales exige solución. ¡Qué distracción tan masiva y exitosa que nos aleja de la mente, la fuente *del* problema y *la* solución de paz!

(4:1) La tentación de considerar que los problemas son múltiples es la tentación de dejar el problema de la separación sin resolver.

Esta es otra línea de una importancia crítica. Mantenemos "el problema de la separación sin resolver" porque eso mantiene nuestro yo separado intacto, cumpliendo el propósito del ego de mantener nuestra individualidad y especialismo. Como solo hay un problema —la creencia de que estamos separados— nos defendemos contra su solución fabricando multitud de problemas. Como nos dijo la lección anterior, todos los problemas expresan un resentimiento básico, siendo alguna forma de la afirmación que vimos en la Lección 71: "Si esto fuera diferente, yo me salvaría."

(4:2-3) El mundo parece presentarte una multitud de problemas, y cada uno parece requerir una solución distinta. Esta percepción te coloca en una posición en la que tu manera de resolver problemas es necesariamente inadecuada y el fracaso inevitable.

Todos podemos identificarnos con esta sensación de fracaso inevitable. El mundo fue orquestado para que fracasáramos, y buscáramos la causa del fracaso fuera de nuestras mentes. Intentar continuamente resolver problemas que están destinados a permanecer irresolubles es extremadamente frustrante, lo que nos sugiere este pasaje sobre la táctica del ego de *busca, pero no encuentres*:

> La búsqueda que el ego emprende está, por ende, condenada al fracaso. Y como también te enseña que él es tu identidad, su consejo te embarca en una jornada que siempre acaba en una sensación de autoderrota [...] No intentes enseñarte a ti mismo lo que no entiendes, ni trates de

establecer los objetivos del programa de estudios cuando los tuyos claramente han fracasado. El objetivo de tu aprendizaje ha sido *no* aprender, y esto no puede conducir a un aprendizaje fructífero. No puedes transferir lo que no has aprendido, y el menoscabo de tu capacidad de generalizar es un fallo fundamental de tu aprendizaje [...] He dicho que la regla del ego es: "Busca, pero no halles". Traducido al lenguaje del programa de estudios, esto significa: "Trata de aprender, pero no lo logres." El resultado de este objetivo de aprendizaje es obvio [...] Si estás tratando de aprender cómo no aprender y el objetivo de lo que enseñas es que no logre enseñar nada, ¿qué puedes esperar sino confusión? (T-12.IV.2:1-2; T-12.V.6:2-4; 7:1-3,5).

(5) Nadie podría resolver todos los problemas que el mundo parece tener. Estos parecen manifestarse en tantos niveles, en formas tan variadas y con contenidos tan diversos, que crees enfrentarte a una situación imposible. Tal como los percibes, el desaliento y la depresión son inevitables. Algunos surgen inesperadamente, justo cuando creías haber resuelto los anteriores. Otros permanecen sin resolver bajo una nube de negación, y emergen de vez en cuando para atormentarte, mas solo para volver a quedar ocultos pero aún sin resolver.

Esto describe el estado del mundo. Como estudiantes de *Un curso de milagros*, debería impresionarnos que leemos frases como estas y sabemos que son verdad, y sin embargo persistimos en aferrarnos a la idea de que tenemos razón. No puede ser así de simple, decimos. Si estamos disgustados, definitivamente no es porque hayamos elegido nuestra individualidad por encima de Dios, ni por haber empujado lejos a Jesús. Nuestro disgusto se debe a lo que otra persona dijo, a lo que acaba de ocurrir, a las deficiencias de nuestra crianza, a nuestros cuerpos defectuosos, etcétera. Resulta útil observar lo rápido que somos presa de la tentación del ego.

No obstante, si podemos retirarnos —volviendo a establecer este punto— y mirar objetivamente a la naturaleza del mundo y del cuerpo, es muy evidente que la depresión es la única respuesta que tiene sentido. Incluso si nuestras vidas parecen funcionar para nosotros, al final todos morimos. Así, una vida dedicada a la resolución de problemas, a luchar contra las inevitables adversidades que el ego acumula en nuestra contra, al final no vale nada. ¡Qué podría ser más deprimente!

(6) Toda esta complejidad no es más que un intento desesperado de no reconocer el problema y, por lo tanto, de no permitir que se resuelva. Si pudieras reconocer que, sea cual fuere la forma en que se manifieste, el único problema que tienes es el de la separación, aceptarías la respuesta, puesto que verías su relevancia. Si advirtieras el común denominador que subyace a todos los problemas a los que pareces enfrentarte, comprenderías que dispones de los medios para resolverlos todos. Y emplearías los medios porque habrías reconocido el problema.

Estos pensamientos deberían quedar incorporados a tus actividades diarias tan específicamente como fuera posible. El problema no es la separación en algún sentido abstracto; está aquí ahora mismo en tu deseo de verte separado del Espíritu Santo. Haz que tu práctica sea tan personal como puedas al aplicar el principio de que la separación es el problema. Si despiertas por la mañana y no te sientes bien, esto se debe a que has empujado el amor lejos: *eso es la separación*. Puedes tener clara tu responsabilidad y aun así no culparte a ti mismo. Esta posición de no juzgar te permite recibir la respuesta y entender el significado del primer principio de los milagros: *no hay grados de dificultad en los milagros* (T-1.I.1:1). Como todos los problemas son el mismo —la separación—, todas las soluciones son la misma: la Expiación. Un problema, una solución.

No obstante, no puedes recibir la respuesta si estás lleno de culpabilidad, juicio y quieres culpar a otros. Solo aceptas la respuesta cuando reconoces que tú, personalmente, has vuelto a empujar al amor lejos una vez más; no porque seas pecaminoso, sino porque tienes miedo. Al elegir el perdón de Jesús, dejas que su amor te bañe amablemente, asegurándote que no has hecho nada malo, excepto causarte dolor a ti mismo.

Una vez más, al leer esta lección y realizar su ejercicio, haz que tu práctica sea tan específica como te sea posible. Esto te ayudará a ver que todas las cosas de tu vida diaria son directamente relevantes para tu salvación y tu paz. Así estarás cada vez más motivado para practicar y aprender.

(7-8:1) En nuestras sesiones de práctica más largas de hoy preguntaremos cuál es el problema y cuál es la solución. No asumiremos que ya lo sabemos. Trataremos de liberar nuestras mentes de las innumerables clases de problemas que creemos tener. Trataremos de darnos cuenta de que solo tenemos un problema, el cual no hemos reconocido. Preguntaremos cuál es ese problema y esperaremos la respuesta. Esta se nos dará. Luego preguntaremos cuál es la solución. Y esta se nos dará también.

Los ejercicios de hoy serán fructíferos en la medida en que no insistas en querer definir el problema.

No puedes pedir la solución si piensas que sabes *qué* es el problema y *dónde* está. Esta arrogancia te impide progresar en este curso. Es necesario volver al punto de elección en tu mente, en el que vuelves a representar una y otra vez la separación de Dios. Tanto si hablas de Dios, Jesús, el Espíritu Santo o cualquier otro nombre, has empujado lejos la experiencia amorosa de unidad porque te sientes amenazado por la pérdida de tu yo especial, y estás convencido de que esto ocurrirá si te unes al amor. Este es el problema. Pensar que sabes cuál es el problema asegura que nunca aprendas la respuesta. Como decía una lección anterior del Libro de ejercicios:

> Nadie cuestiona lo que ya ha definido. Y el propósito de estos ejercicios es hacer preguntas y recibir respuestas (L-pI.28.4:1-2).

Este punto sobre el desarrollo de la humildad que deshace la arrogancia del ego, tan esencial para nuestro aprendizaje, se repite a lo largo de estas lecciones, y veremos que Jesús vuelve a él con frecuencia.

Para reforzar el punto que he venido estableciendo: aunque puedas leer, entender y creer estas líneas, observa cuán rápidamente te desvías de esta creencia y tratas de hacer que el problema sea alguna otra cosa. Recuerda que tu existencia como ser físico y psicológico se basa en la idea de que tú no eres responsable; de que el problema no está en tu mente sino en el cuerpo. ¡Observa cuán rápidamente sientes la tentación de volver a caer en la trampa del ego de no tener mente!

(8:2-3) Quizá no logres abandonar todas tus ideas preconcebidas, pero eso no es necesario. Lo único que es necesario es poner en duda, aunque sea mínimamente, la realidad de tu versión de lo que son tus problemas.

Estas líneas reflejan el tema, que ya nos resulta familiar, de "la pequeña dosis de buena voluntad" (T-18.IV). Simplemente se nos pide que iniciemos el proceso de cuestionar la validez de nuestros juicios y la absoluta certeza de que conocemos la naturaleza del problema: en nosotros y en todos los demás. No se requiere más que esto. Ciertamente, como ya hemos visto, *más* sería contraproducente y solo reforzaría la culpa por haber usurpado un papel que no es el nuestro.

(8:4) Estás tratando de darte cuenta de que al reconocer el problema se te da la respuesta, de manera que problema y respuesta puedan reconciliarse y tú puedas quedar en paz.

El problema está en nuestras mentes; la solución también está allí. El ego, por supuesto, separó el problema de la solución en la mente, lo proyectó afuera, y fabricó un mundo para que nosotros pudiéramos declarar que el problema nos rodea por todas partes, *fuera de nuestras mentes*. El milagro, por lo tanto, devuelve el problema a la respuesta. Esto es análogo al proceso de perdón: llevar la oscuridad de nuestras ilusiones ante la luz de la verdad. Este asombroso pasaje de la Clarificación de términos resume de manera muy hermosa el proceso de perdón:

> Este es el cambio que brinda la percepción verdadera: lo que antes se había proyectado afuera, ahora se ve dentro, y

> ahí el perdón deja que desaparezca. Ahí se establece el altar al Hijo y ahí se recuerda a su Padre. Ahí se llevan todas las ilusiones ante la verdad y se depositan ante el altar. Lo que se ve como que está fuera no puede sino estar más allá del alcance del perdón, pues parece ser por siempre pecaminoso. ¿Qué esperanza puede haber mientras se siga viendo el pecado como algo externo? ¿Qué remedio puede haber para la culpabilidad? Mas al ver a la culpabilidad y al perdón dentro de tu mente, estos se encuentran juntos por un instante, uno al lado del otro, ante un solo altar. Ahí, por fin, la enfermedad y su único remedio se unen en un destello de luz sanadora. Dios ha venido a reclamar lo que es Suyo. El perdón se ha consumado (C-4.6).

(9) Las sesiones de práctica cortas de hoy no estarán regidas por el reloj, sino por la necesidad. Hoy verás muchos problemas, y cada uno de ellos parecerá requerir una solución distinta. Nuestros esfuerzos estarán encaminados al reconocimiento de que no hay más que un solo problema y una sola solución. Con este reconocimiento se resuelven todos los problemas. Con este reconocimiento arriba la paz.

Nota el cambio en las instrucciones. Hoy Jesús nos está pidiendo que establezcamos nuestro propio horario, basado en la necesidad que *nosotros* reconocemos. Él asume que estamos empezando a reconocer lo que más nos conviene. Después de más de dos meses de ejercicios, estamos empezando a entender lo que significa que *no hay grados de dificultad en los milagros:* como todas las *formas* de los problemas expresan el mismo *contenido,* en verdad solo puede haber un problema y una solución. Por lo tanto, en cuanto llegue a nuestra conciencia alguna incomodidad, ahora tenemos a mano el remedio: el milagro. Independientemente de la forma de nuestro disgusto, entendemos que la respuesta está en elegir al maestro correcto para resolverla. El problema es que hemos elegido al ego y su separación; la solución reside en elegir al Espíritu Santo y Su Expiación.

(10) No te dejes engañar por la forma en que se manifiestan los problemas. Cada vez que parezca surgir alguna dificultad, di de inmediato:

> ***Que reconozca este problema para que pueda ser resuelto.***

Trata entonces de suspender todo juicio con respecto a lo que el problema es. A ser posible, cierra los ojos por un momento y pregunta cuál es el problema. Serás escuchado y se te responderá.

Este párrafo final subraya la necesidad de ir más allá de la forma del problema, reconociendo que todos los problemas son lo mismo. Es esta simplicidad la que caracteriza a *Un curso de milagros* y la enseñanza de Jesús. A pesar de la aparente multitud de problemas a la que nos enfrentamos, solo hay uno: la creencia de que nosotros tenemos razón y Jesús está equivocado; la separación es la realidad y la unidad es la ilusión. Ahora le decimos alegremente que estamos contentos de estar equivocados. Nuestros juicios estaban basados en ilusiones, y por lo tanto nos remitimos por fin a su juicio verdadero. Solo este cambio nos traerá paz. La Lección 80 continúa con el tema de un problema, una solución.

LECCIÓN 80

Que reconozca que mis problemas se han resuelto.

Esta lección expresa de manera todavía más específica el mensaje de la Lección 79.

(1:1) Si estás dispuesto a reconocer tus problemas, reconocerás que no tienes problemas.

Reconocer que "mis problemas se han resuelto" puede entenderse como la presencia del Espíritu Santo en mi mente ofreciendo la solución a cada problema que tengo, independientemente de su forma o complejidad. Como Él ya está en mi mente y es la respuesta, esto significa que mis problemas se han ido. Recuerda este pasaje citado anteriormente sobre el papel del milagro a la hora de mostrarnos que no tenemos problemas:

> El milagro no hace nada. Lo único que hace es deshacer. Y de este modo, cancela la interferencia a lo que se ha hecho. No añade nada, sino que simplemente elimina. Y lo que elimina hace mucho que desapareció, pero puesto que se conserva en la memoria, sus efectos parecen estar teniendo lugar ahora. Hace mucho que este mundo desapareció. Los pensamientos que lo originaron ya no se encuentran en la mente que los concibió y los amó por un breve lapso de tiempo. El milagro no hace sino mostrar que el pasado ya pasó y que lo que realmente ya pasó no puede tener efectos (T-28.I.1:1-8).

Así, nuestros problemas también acabaron hace mucho tiempo. Elegir el milagro del Espíritu Santo en lugar del resentimiento del ego restaura esta simple verdad en nuestra conciencia.

(1:2-7) Tu problema central se ha resuelto y no tienes ningún otro. Por lo tanto, debes sentirte en paz. La salvación, pues, depende de que reconozcas que ese es el único problema y de que entiendas

que ya se ha resuelto. Un problema, una solución. La salvación se ha consumado. Se te ha liberado de todo conflicto.

La respuesta del ego al Espíritu Santo es el conflicto: yo pequé contra Dios, Dios pecará contra mí, y así estamos en guerra perpetua uno con el otro. Proyectamos este campo de batalla —*mata o muere*— y ahora experimentamos conflicto con todos los demás en el mundo. La liberación de esta desazón no viene de oponerse a la otra parte o de vencerla siguiendo el principio de *uno o el otro*. La libertad viene de darse cuenta de que la respuesta de amor de la Expiación ya está dentro de nosotros. Esto significa que no hay separación, pecado ni conflicto. La Expiación es la única respuesta que funcionará, porque nos salva verdaderamente de nuestras percepciones erróneas de separación y odio.

(1:8) Acepta este hecho, y estarás listo para ocupar el puesto que te corresponde en el plan de Dios para la salvación.

El puesto que nos corresponde es la aceptación de nuestra función de perdonar, que no tiene nada que ver con lo externo. En otras palabras, el puesto que nos corresponde es el mismo que el de todos los demás: el perdón. Así, nuestra función colectiva es reconocer que solo hay un problema —la creencia en la separación y en los intereses separados— y solo una solución —la aceptación de la Expiación—, reflejada en nuestro reconocimiento de que en el sueño solo existen intereses compartidos.

(2:1-2) ¡Tu único problema ya se ha resuelto! Repite hoy para tus adentros una y otra vez a lo largo del día, con gratitud y convicción.

Una vez más, Jesús no tiene la intención de que usemos esto como una afirmación o un mantra que simplemente repetimos rutinariamente, una y otra vez. Cuando sientas la tentación de estar disgustado y tu paz quede alterada, piensa en esta afirmación y date cuenta de que si tu problema ha sido resuelto, ¿por qué estás disgustado? Empieza a entender el motivo de tu disgusto: quiero mantener la respuesta alejada porque, en ella, mi especialismo desaparece. Así, quiero estar disgustado porque esto demuestra que yo tengo razón y Jesús está equivocado. Demuestra que no tengo una mente porque es mi cuerpo el que es abusado y tratado injustamente. Trae tus problemas percibidos a esta nueva comprensión de la naturaleza de tu problema y su propósito subyacente, y observa cómo se disipan, volviendo a la nada de donde vinieron (M-13.1:2).

(2:3-5) Has reconocido tu único problema, dándole paso así al Espíritu Santo para que te dé la respuesta de Dios. Has dejado a un lado las decepciones y has visto la luz de la verdad. Has aceptado la salvación para ti mismo al llevar el problema a la solución.

Esto es lo que abre el camino para que el Espíritu Santo nos dé la respuesta de Dios, lo que significa que yo estoy equivocado con respecto a mis percepciones. Tal vez lo que mis ojos ven sea verdad dentro de la ilusión, pero la reacción de mi ego está lejos de ser verdad. Puesto que todo lo que es importante es mi manera de reaccionar, ¿marca una diferencia real si mi percepción es precisa o no? Lo importante es si dejo que Jesús o el ego interpreten esto por mí. Elegir el ego es el problema. De este modo, al darme cuenta de que estoy equivocado, estoy diciendo que el problema no está fuera de mí sino dentro, lo que significa que ahora lo estoy llevando a la respuesta; llevo el engaño del ego a la verdad del Espíritu Santo.

(2:6) Y puedes reconocer la solución porque has identificado el problema.

El aspecto crucial de este proceso no es la solución como tal, sino identificar dónde está el problema y qué es. Una vez más, dicho de manera simple, el problema es mi decisión de empujar lejos el Amor de Dios para poder continuar teniendo razón y ser un individuo especial. Este es el problema. Una vez que lo reconozco y puedo mirarlo sin juzgarme a mí mismo, me sirvo de la solución. El proceso de curación no reside en afirmar la respuesta del Espíritu Santo, sino en reconocer el problema. El deshacimiento del ego al mirarlo sin culpa ni miedo es lo que permite que la respuesta de la Expiación surja en nuestra conciencia. Recuerda que nuestra tarea no es elegir la verdad, sino elegir "negar la negación de la verdad" (T-12.II.1:5). Jesús establece el mismo punto destacado en el siguiente pasaje del Texto, que deshace de golpe nuestro dolor y sufrimiento:

> Ahora se te está mostrando que *sí* puedes escapar. Lo único que necesitas hacer es ver el problema tal como es y no de la manera en que lo has urdido. ¿Qué otra manera podría haber de resolver un problema que en realidad es muy simple, pero que se ha envuelto en densas nubes de complicación, concebidas para que el problema siguiera sin resolverse? Sin las nubes, el problema se vería en toda su elemental simplicidad. La elección, entonces, no sería difícil porque una vez que el problema se ve claramente, resulta obvio que es absurdo. Nadie tiene dificultad alguna en dejar que un problema sencillo sea resuelto si ve que le está haciendo daño y que se puede resolver fácilmente (T-27.VII.2).

Mirar al problema "tal como es" significa mirar dentro a nuestra toma de decisiones defectuosa, para que pueda ser corregida. En ese simple acto queda retirado el escudo defensivo del pensamiento y del mundo de culpabilidad del ego.

(3:1-2) Hoy tienes derecho a la paz. Un problema que ya se ha resuelto no te puede perturbar.

Por lo tanto, si algo te problematiza debes estar fabricando ese problema, porque la respuesta ya está dentro de ti. ¿Cómo puede problematizarte algo que no existe, un problema que ya no está allí? Esta pregunta retira el viento de las velas de tu ego. Cuando empiezas a construir un caso contra ti mismo o contra alguna otra persona, recuerda que se trata de un problema inexistente —literalmente está enfadado por nada— lo que hace difícil justificar tus reacciones.

(3:3-6) Asegúrate únicamente de no olvidarte de que todos los problemas son uno solo. Sus múltiples formas no te podrán engañar mientras te acuerdes de esto. Un solo problema, una sola solución. Acepta la paz que te brinda esta sencilla afirmación.

Vemos que Jesús repite este tema con mucha frecuencia. A él le gustaría que nosotros lo repitiéramos con la misma frecuencia, cada vez que sentimos la tentación de olvidarnos de la simple verdad de *un problema, una solución,* y elegimos estar cegados por nuestras percepciones de la forma.

(4:1-2) En nuestras sesiones de práctica más largas de hoy reivindicaremos la paz que inevitablemente será nuestra una vez que el problema y la solución se hayan reconciliado. El problema tiene que haber desaparecido porque la respuesta de Dios no puede fallar.

Si algo me disgusta, estoy diciendo en efecto que Jesús está equivocado, porque él está diciéndonos que aquí no hay problema, puesto que la respuesta de Dios jamás nos ha fallado. No obstante, nosotros respondemos: "Espera un momento y te mostraré cómo me has fallado. ¡Mira lo que está pasando! ¡Mira lo disgustado o enfermo que estoy! ¡Mira mis problemas reales!" Así mantenemos el problema separado de la solución y conservamos nuestra desdicha y nuestro dolor; un precio que pagamos alegremente (y de manera demente) a fin de poder mantener "que tenemos razón" y Jesús "está equivocado".

(4:3-6) Al haber reconocido el problema has reconocido la solución. La solución es inherente al problema. Se te ha contestado y tú has aceptado la respuesta. Te has salvado.

El problema y la solución están en un mismo lugar. La solución es inherente al problema porque el problema nunca ocurrió. ¡Esa es la solución! Recuerda, el principio de Expiación es que la separación nunca sucedió. Además, puesto que la creencia en la separación y su corrección están en la mente —porque solo existe la mente— la estrategia del ego de negar la mente (inconsciencia) queda respondida y deshecha.

(5) Permite ahora que se te dé la paz que tu aceptación te brinda. Cierra los ojos y recibe tu recompensa. Reconoce que tus problemas se han resuelto. Reconoce que no tienes conflictos, y que estás libre y en paz. Sobre todo, recuerda que tienes un solo problema y que el problema tiene una sola solución. En esto reside la simplicidad de la salvación. Por eso es por lo que su eficacia está garantizada.

El "premio" de la paz es el motivador último para elegir la solución en lugar del problema. Al fin reconocemos que este último solo nos ha traído dolor, mientras que solo la primera nos aporta paz. ¡Simple! Así es como sabemos que es la verdad, porque la verdad es simple.

(6:1-3) Afirma hoy con frecuencia que tus problemas ya se han resuelto. Repite la idea con absoluta convicción tan a menudo como sea posible. Y en particular, asegúrate de aplicar la idea de hoy a cualquier problema concreto que pueda surgir.

Una vez más, Jesús te apremia a usar la idea del día muy específicamente cuando estés disgustado. Date cuenta de lo rápidamente que te olvidas de lo que te ha enseñado, y a continuación perdónate por haberte olvidado, por haber dejado que el motor de odio y juicio del ego vuelva a ponerse en marcha. Cuando te des cuenta de que te estás disgustando, en cuanto puedas, detente y di: "Pero el problema ya ha sido resuelto. Insistir tercamente en que mi disgusto está justificado y tengo razón en mis percepciones vuelve a decir a Jesús que está equivocado. Mi disgusto lo demuestra." Llegado a este punto, deberías decir rápidamente:

(6:5) *Que reconozca que este problema ya se ha resuelto.*

Y entonces la paz retornará felizmente.

(7) Propongámonos no acumular resentimientos hoy. Propongámonos estar libres de problemas que no existen. Para

lograr esto solo se requiere honestidad. No te engañes con respecto a cuál es el problema, y reconocerás que se ha resuelto.

Volviendo a establecer este punto, los resentimientos son una manera de decir que yo tengo razón y Jesús está equivocado: el problema está fuera, ¡simplemente mira lo que están haciéndome estas personas terribles! Así, la honestidad es vitalmente importante en este y en todos los ejercicios: la honestidad de mirar dentro y entender que te lo has inventado todo. Lo que te ayudará en este proceso es entender la motivación para el problema: preservar tu ser separado. Este reconocimiento es la simple honestidad a la que Jesús se refiere. Cualquier cosa externa a ti que te moleste o te disguste está allí porque tú la pusiste allí para ocultar la solución, en cuya presencia tu identidad separada y especial se disiparía suavemente. Por lo tanto, para preservarte, te has asegurado de tener razón al ver problemas externos, y culpar a todos los demás de tu desdichada situación. Como observó el rey Lear: "Por ese camino reside la locura" (III,iv,21). A través de estas lecciones llegamos a aprender que la cordura es nuestra única alternativa real, porque solo a partir de esa decisión cuerda vienen la paz y la alegría que son nuestra justa recompensa. Es eso, *y solo eso*, lo que elegimos hoy con simple honestidad.

SEGUNDO REPASO

Introducción

Los repasos del Libro de ejercicios son una parte integral de su pedagogía, tal como lo son para la mayoría de los profesores durante un año lectivo o un semestre. No obstante, estos repasos son más que la suma total de las lecciones precedentes. Como veremos, siempre se añade algo nuevo. Las introducciones a los repasos también son tremendamente importantes, y esta no es una excepción.

(1:1–2:1) Ahora estamos listos para otro repaso. Comenzaremos donde el anterior terminó y abarcaremos dos ideas por día. La primera parte del día se dedicará a una de estas ideas, y la segunda parte a la otra. Llevaremos a cabo una sola sesión de ejercicios larga, y varias sesiones cortas en las que practicaremos con cada una de las ideas.

Las sesiones más largas deben hacerse siguiendo estas sugerencias: asigna aproximadamente quince minutos a cada una de ellas, y comienza pensando en las ideas correspondientes a ese día así como en los comentarios que las acompañan.

Nótese que Jesús nos pide que hagamos uso de la estructura cada vez más. Ya hemos recorrido una gran distancia desde los primeros ejercicios relativamente no estructurados, y también hemos avanzado en nuestra conciencia de nuestra resistencia a ellos. De hecho, podemos observar dos formas principales de esta resistencia, que apelan al temor del ego a que alcancemos los objetivos de estas sesiones de práctica. La primera y más evidente es "olvidarnos" de recordar los periodos de práctica a lo largo del día. La segunda es más sutil, y refleja la principal defensa del ego, que es el amor especial. En lugar de evitar los periodos de práctica, podemos encontrarnos esperándolos impacientemente, pues su forma casi ritualista puede proporcionarnos un bienvenido respiro del ajetreo de nuestras vidas cotidianas. Esto permitiría a nuestros egos hacerse dependientes de ellos, en lugar de aprender a integrar las lecciones en todas las situaciones de la vida.

(2:2) Dedica tres o cuatro minutos a leerlos lentamente, varias veces si así lo deseas, y luego cierra los ojos y escucha.

Uno de los temas importantes de esta introducción, y ciertamente de estas lecciones, es que la verdad de la Expiación ya está presente dentro de nosotros. El problema es que la hemos encubierto. Aunque la razón para hacer esto no se comenta en este repaso, sabemos por otras lecciones, además del estudio del Texto, que en presencia de la verdad de la Expiación nuestra identidad individual desaparecerá. Por lo tanto, para asegurarnos de que este yo no se vea amenazado por el Amor de Dios, nos protegemos mediante las defensas del ego, como describe este pasaje:

> Has construido todo tu demente sistema de pensamiento porque crees que estarías desamparado en Presencia de Dios; y quieres salvarte de Su Amor, pues crees que te aniquilaría. Tienes miedo de que pueda alejarte completamente de ti mismo y empequeñecerte porque crees que la magnificencia radica en el desafío y la grandeza en el ataque. Crees haber construido un mundo que Dios quiere destruir, y que amando a Dios —y ciertamente lo amas— desecharías ese mundo, lo cual es, sin duda, lo que *harías*. Te has valido del mundo, por lo tanto, para encubrir tu amor, y cuanto más profundamente te adentras en los tenebrosos cimientos del ego, más te acercas al Amor que yace allí oculto. *Y eso es lo que realmente te asusta* (T-13.III.4).

El *tú* que está atemorizado es la parte de la mente que se ha identificado con el sistema de pensamiento de separación del ego. La primera línea de defensa es nuestra creencia de que somos pecadores culpables, lo que nos lleva a creer que la mente es un lugar peligroso. Para escapar, nos proyectamos a nosotros mismos y fabricamos un mundo y una identidad separada que encajamos dentro de un cuerpo. Una vez hecho esto, creemos que la culpa y el pecado están en otra parte, pero no en nosotros. Esto nos lleva a abrigar resentimientos y a hacer juicios. Demostramos que la separación es real en virtud del hecho de que estos ataques —mi ataque hacia ti o tu ataque hacia mí— nos hacen estar separados y ser diferentes. Y de manera más precisa, yo te ataco a ti porque *tú* eres pecaminoso, y por lo tanto mi ira está justificada.

Así hemos silenciado la voz de la verdad dentro de nuestras mentes, que está cubierta por la creencia de que somos pecaminosos y culpables, lo cual negamos, proyectamos y después creemos que el pecado y la culpa están en otros. El propósito de estas lecciones —y ciertamente el de *Un curso de milagros*— es que aprendamos, en primer lugar y sobre todo, que esto es lo que hemos hecho y por qué. A continuación queremos reconocer que estas defensas no están al servicio de nuestros intereses, porque no nos hacen felices. Si las dejáramos a un lado, junto con el miedo a perder nuestro yo especial, oiríamos la Voz que nos habla de la verdad y refleja el principio de Expiación.

Esto es lo que Jesús nos recuerda en esta Introducción, y nos apremia a ver la verdad de nuestras defensas mientras apela al poder de nuestras mentes para elegir de nuevo. Mediante este poder creímos que podíamos abandonar el Cielo y aceptar como verdad las mentiras del ego que nos hablan de pecado, de la ira de Dios, y de la necesidad de un mundo en el que ocultarnos. El poder de la mente sigue permitiendo que las mentiras persistan, y las justificamos atacando a todos los demás. Así, Jesús se dirige al poder de nuestras mentes con la esperanza de que pronto retornemos a la cordura y elijamos su amor en lugar del odio del ego.

(3:1) Si notas que tu mente divaga, repite la primera fase del ejercicio...

La mente no divaga por sí misma, divaga porque nosotros elegimos que lo haga. En último término, este divagar aleja a la mente de sí misma y la dirige hacia el mundo. En lugar de mirar a nuestra elección de ser pecaminosos y culpables, miramos al pecado y la culpa de todos los demás. Jesús previno a Helen y a todos nosotros para que no toleráramos este divagar de la mente:

> Eres demasiado tolerante con las divagaciones de tu mente y condonas pasivamente sus creaciones falsas (T-2.VI.4:6).

Las *creaciones falsas* son nuestras proyecciones, y cuando tratamos de practicar un ejercicio, meditar o rezar, a menudo se presentan en forma de pensamientos extraños que surgen para distraernos. Tenemos que recordar que estos pensamientos no vienen a nuestras mentes sin ser llamados. Están presentes porque los queremos allí, puesto que tienen la función defensiva de protegernos del amor.

(3:1-4) ...pero trata de pasar la mayor parte del tiempo escuchando sosegadamente aunque con mucha atención. Hay un mensaje esperándote. Confía en que lo vas a recibir. Recuerda que es para ti y que quieres recibirlo.

La frase final —"que quieres recibirlo"— es crucial. Tenemos que querer oír el mensaje. No obstante, el hecho es que, al principio, todos nosotros como Hijo uno elegimos no oírlo, porque oír el mensaje de la Expiación —la separación nunca ocurrió— significaría el final de nuestra existencia especial. Entonces, ¿por qué querrían nuestros egos recibir el mensaje? Como egos, este es el mismo sentimiento que expresamos y representamos en nuestras vidas diarias. Recuerda, el tiempo es una ilusión y no es lineal. Todo está ocurriendo a la vez. El punto clave es darnos cuenta de que el mensaje que hemos elegido oír no nos ha hecho felices. Sin embargo, dentro de nuestras mentes hay otro mensaje que ciertamente nos traerá felicidad: la Voz de Dios no ha desaparecido; nosotros nos alejamos, pero Su Amor ha permanecido. Así, Jesús nos llama a mantenernos vigilantes con respecto a qué mensaje estamos eligiendo.

(4:1-2) No permitas que tu intención flaquee en presencia de aquellos pensamientos que vengan a distraerte. Comprende que sea cual sea la forma que adopten, no tienen sentido ni poder.

Esta última declaración es el final del sistema de pensamiento del ego de pecado, culpa y miedo, porque el pecado es el pensamiento que dice que nuestros pensamientos tienen poder. Han destruido a Dios, crucificado a Cristo y destruido la unidad del Cielo. Tienen tanto poder que hicieron que Dios se levantara de la tumba del especialismo en la que Le habíamos confinado y tratara de destruirnos. Por lo tanto, un tema importante en estas lecciones de repaso es que nuestros pensamientos de distracción y de ataque no han conseguido nada. El poder que parecen tener es simplemente el poder que nosotros les hemos dado. Este es el fondo de la cuestión: nosotros damos el poder: nuestras mentes creen en ilusiones, y después reaccionan ante ellas como si fueran reales. El poder que creemos que utilizamos erróneamente para destruir a Dios es el poder que creemos que está a nuestro alrededor: tanto en nuestros pensamientos como en lo que vemos en el mundo. No obstante, independientemente de su aparente enormidad, esta fuerza viene de lo que nosotros creemos que fue nuestra decisión de abandonar el Cielo y destruir a Dios. Sin embargo, Jesús nos dice que nada de esto es poder, porque no ha tenido efectos: "No se perdió ni una sola nota del himno celestial" (T-26.V.5:4). El único poder real es el de Dios, que no hace nada. Simplemente es.

(4:3-5) Reemplázalos [los pensamientos distractores] con tu determinación de triunfar. No olvides que tu voluntad tiene poder sobre todas las fantasías y sobre todos los sueños. Confía en que tu voluntad te apoyará y te llevará más allá de todos ellos.

¡Estas son unas líneas muy importantes! Nuestra voluntad —el poder de nuestras mentes alineado con el poder de la de Dios— "tiene poder sobre todas las fantasías y sobre todos los sueños". Este no es un poder tal como nosotros lo concebimos —para superar o dominar— sino que es el poder de la verdad. Hay una línea muy conocida en una lección posterior —"Decimos 'Dios es?? y luego guardamos silencio" (L-pI.169.5:4)— que expresa el significado del poder de nuestra voluntad: no existe nada sino el Amor de Dios; y nosotros somos ese Amor. El único problema —"Ay, hay un problema", como exclamó Hamlet (III,i,65)— es que nosotros no lo elijamos. Si no nos decidimos a favor del poder, no podemos saber que es nuestro.

(5:1) Considera estas sesiones de práctica como consagraciones al camino, la verdad y la vida.

Esto es una referencia al famoso dicho de Jesús en el evangelio de Juan (Juan 14:6a), una línea citada con frecuencia en *Un curso de milagros*.[7*] Jesús hace ahora un paralelismo con la versión del ego:

(5:2-4) No dejes que ninguna ilusión, ningún pensamiento de muerte ni ninguna senda sombría te desvíe de tu propósito. Tu compromiso es con la salvación. Resuélvete cada día a no dejar de cumplir tu función.

Hemos fabricado un sistema de pensamiento que es el opuesto exacto al del Cielo. Por tanto, Jesús representa para nosotros "el *camino*, la *verdad* y la *vida*", tal como el ego representa el *desvío* que nos aleja del Hogar: un sistema de pensamiento *ilusorio* que culmina en la *muerte*. Una vez más, Jesús apela a nuestro deseo de ser felices y de retornar a nuestra Fuente. En la medida en que no queremos retornar, y deseamos seguir siendo individuos separados, elegimos en contra de nuestra felicidad, y en consecuencia seguimos aprisionando nuestras mentes con "ilusiones y pensamientos de muerte". Creeremos que nuestras mentes no tienen poder porque hemos negado completamente que tengamos una mente, y hemos dejado que el poder resida en el cuerpo y en el mundo.

(6:1) Reafirma tu determinación asimismo en las sesiones de práctica más cortas, usando la idea en su forma original para las aplicaciones generales, y variaciones más específicas cuando sea necesario.

7* Véase también T-6.I.10:3; T-7.III.1:9; L-pII.FL.4:4; P-1,2:3.

Jesús vuelve a contar con nuestra determinación de no dejarnos desorientar por los desvíos del ego hacia la separación y el especialismo. Él trata de reforzar nuestra vigilancia contra las decisiones a favor de la culpa y el miedo, el propósito de este periodo de repaso.

(6:2-4) En los comentarios que siguen a las ideas se incluyen algunas variaciones específicas. Estas son, no obstante, meras sugerencias. No son las palabras en sí que utilices lo que realmente importa.

En el Libro de ejercicios encontramos indicios —ilustrados aquí de manera especial—del sistema de pensamiento completo de *Un curso de milagros*. Esta declaración final enuncia claramente el tema de *forma* y *contenido*. No es nunca la forma lo que es importante —por ejemplo, las palabras de la lección del Libro de ejercicios— sino la decisión de la mente de elegir a Jesús como nuestro maestro. El *contenido* de esta elección se refleja en *formas* específicas, pero es un error pensar que el problema y la solución se encuentran en el mundo. Solo están en nuestras mentes, que son las únicas que albergan la esperanza de que se produzca un cambio verdadero y duradero.

LECCIÓN 81

Nuestras ideas para el repaso de hoy son las siguientes:

Como mencioné al comentar el primer repaso, Helen había informado a Jesús de que ella no quería que las mismas declaraciones introductorias mundanas se repitieran todo el tiempo. Uno de los criterios que ella empleaba para juzgar si Jesús era realmente quien decía ser, era ver si dictaba palabras diferentes para el inicio de cada lección (por ejemplo, *Nuestras ideas para el repaso de hoy son las siguientes; Repasaremos estas ideas hoy; Hoy repasemos estas ideas*; etcétera). Habiendo visto ahora otro ejemplo de que estas lecciones comparten el mismo contenido, pero formas diferentes, podemos pasar de lo ridículo a lo sublime.

(1) (61) **Soy la luz del mundo.**

¡Cuán santo soy, que se me ha encomendado la función de iluminar el mundo! Que permanezca en quietud ante mi santidad. Que en su serena luz desaparezcan todos mis conflictos. Y que en su paz pueda recordar Quién soy.

En esta primera lección encontramos una declaración clara con respecto a nuestro Ser real, reflejada en aquello que la Voz del Espíritu Santo nos recuerda: nuestra función de iluminar el mundo. Como habíamos visto cuando comentamos esta lección anteriormente, no iluminamos un mundo externo, como haría una lámpara que irradiara su resplandor. El mundo solo existe en la mente del Hijo de Dios, y está oscurecido porque hemos elegido escuchar al ego. Al elegir escuchar al Espíritu Santo, nos convertimos en Su luz de verdad. Como el Hijo de Dios es uno, y el mundo está en la mente del Hijo, también nos convertimos en la luz del mundo. En esta luz no cabe el conflicto, porque solo existe en la oscuridad del sistema de pensamiento de oposición del ego.

(2) Algunas variaciones específicas para aplicar esta idea cuando parezcan surgir dificultades podrían ser:

Que no nuble la luz del mundo en mí.

Que la luz del mundo refulja sobre esta apariencia.

Esta sombra desaparecerá ante la luz.

Cuando elegimos a Jesús, las sombras del mundo —la proyección de nuestra culpa— debe desaparecer. Ellas no tienen poder ante la luz siempre que nosotros la elijamos, independientemente de la forma de las sombras. Una ilusión es una ilusión es una ilusión, y no tiene poder ante la verdad. Así, nuestra función diaria es llevar nuestras percepciones de oscuridad a la luz de la verdad de Jesús.

La lección siguiente trata del perdón, el principal tema de *Un curso de milagros*.

(3:1) (62) Perdonar es mi función por ser la luz del mundo.

Nuestra función en el cielo es crear, y aquí nadie está en contacto con ella porque no tiene referente en el mundo. Por otra parte, el perdón tiene significado para nosotros. En previsión de la Lección 192, se nos recuerda:

> La santa Voluntad de tu Padre es que tú Lo completes y que tu Ser sea Su Hijo sagrado, por siempre puro como Él, creado por el Amor y en el Él preservado, extendiendo Amor y creando en Su Nombre, por siempre Uno con Dios y con tu Ser. Mas, ¿qué sentido puede tener tal función en un mundo de envidia, odio y ataque?
>
> Tienes, por lo tanto, una función en el mundo de acuerdo con sus propias normas. Pues, ¿quién podría entender un lenguaje que está mucho más allá de lo que buenamente puede entender? El perdón es tu función aquí (L-pI.192.1:1–2;3).

En otra parte del texto, como tal vez recuerdes, Jesús dice que nuestra función es curar:

> De la misma manera en que tu función en el Cielo es crear, aquí en la tierra es curar. Dios comparte Su función contigo en el Cielo, y el Espíritu Santo comparte la Suya contigo en la tierra (T-12.VII.4:7-8).

Nuestra función de perdonar (o curar) nos capacita para liberar el sistema de pensamiento del ego, en primer lugar no viéndolo en otro, y después dándonos cuenta de que en realidad tampoco está presente en nuestras mentes. Este deshacimiento de la culpa retira las barreras que mantenían oculta nuestra verdadera función de crear, pues mantenía oculta nuestra Identidad como Cristo.

(3:2-3) Solo aceptando mi función podré ver la luz en mí. Y en esa luz mi función se perfilará claramente y sin ninguna ambigüedad ante mis ojos.

Vemos una y otra vez que el enfoque está en retirar los obstáculos —el significado del perdón— que mantienen la luz del Amor de Cristo alejada de nosotros. Siempre resulta útil recordar el comienzo del Texto:

> *Este curso no pretende enseñar el significado del amor, pues eso está mucho más allá de lo que se puede enseñar. Pretende no obstante, despejar los obstáculos que impiden experimentar la presencia del amor, el cual es tu herencia natural* (T-in.1.6-7).

(3:4-5) Esta aceptación no depende de que reconozca cuál es mi función, pues aún no comprendo lo que es el perdón. Sin embargo, confío en que en la luz lo veré tal como es.

Esto es importante. Cuando empezamos nuestro trabajo con *Un curso de milagros*, pensamos que el perdón es algo que hacemos con alguna otra persona. Incluso de manera más precisa, pensamos que el perdón implica pasar por alto algo terrible que otros han hecho, y decir que les perdonamos. Un paso por encima de esto es darnos cuenta: "No, yo soy el pecador en lugar de ti." Esto nos lleva a entender que el perdón no tiene nada que ver con nadie más, sino solo con nosotros mismos, porque no hay mundo aparte de nuestras mentes.

Así, Jesús está diciendo que podemos iniciar este proceso sin entender realmente lo que conlleva; podemos ascender por la escalera sin tener conciencia de sus peldaños más altos, por no hablar de Dios, que está completamente más allá de dicha escalera. Basta con saber que hemos estado equivocados con respecto a todo lo que hemos pensando, sentido y percibido. Ahora nos puede ir muy bien aún sin entender la respuesta al problema del ego. Ciertamente:

> Todavía estás convencido de que tu entendimiento constituye una poderosa aportación a la verdad y de que hace que esta sea lo que es. Mas hemos subrayado que no tienes que comprender nada. La salvación es fácil de alcanzar precisamente *porque* no te pide nada que no puedas dar ahora mismo (T-18.IV.7:5-7).

Sin embargo, al menos podemos entender que no sabemos. Este es el primer paso. Los siguientes seguirán fácilmente a medida que practiquemos, como en estas tres aplicaciones específicas:

> ***(4:2-4) Que esto me ayude a aprender el significado del perdón.***
>
> ***Que no separe mi función de mi voluntad.***
>
> ***No me valdré de esto para apoyar un propósito ajeno a mí.***

Como siempre, Jesús nos pide que veamos nuestras experiencias de cada día como oportunidades de aprender a perdonar. Una vez más, esto es el anticipo de una lección maravillosa que vendrá más adelante: *Todas las cosas son lecciones que Dios quiere que yo aprenda* (L-pI.193). Aprendemos el uso adecuado del poder de nuestra mente cambiando del extraño propósito de ataque del ego al propósito de mente correcta y de curación del Espíritu Santo. Así devolvemos nuestra voluntad a la Voluntad que Dios creó.

LECCIÓN 82

Repasaremos estas ideas hoy:

(1:1) (63) La luz del mundo brinda paz a todas las mentes a través de mi perdón.

Esta lección amplía la anterior.

(1:2-5) Mi perdón es el medio por el que la luz del mundo se expresa a través de mí. Mi perdón es el medio por el que cobro conciencia de la luz del mundo en mí. Mi perdón es el medio por el que el mundo sana junto conmigo. Que perdone, entonces, al mundo para que pueda sanar junto conmigo.

Vemos el tema, que ya nos resulta familiar, de que la mente del Hijo de Dios es una, y esta es la base de la curación del mundo. Si yo te perdono, debo perdonarme también a mí mismo, porque ambos venimos del mismo yo culpable.[8*] Cuando acepto el amor de Jesús como mi identidad en lugar del amor especial del ego, me doy cuenta de que no hay separación en la Filiación. Así, es imposible que yo perdone a una parte de la Filiación sin perdonar a toda ella. Esta es una parte esencial del mensaje del Curso. Repitiéndolo de nuevo, Jesús no está hablando de curar a un mundo externo. *¡El mundo externo no existe!* Por eso dice en el Texto, "no trates de cambiar el mundo, sino elige cambiar de parecer acerca de él" (T-21.in.1:7). El mundo, siendo una idea, nunca ha dejado su fuente en la mente; por lo tanto, sigue existiendo allí. Así, cuando mi mente se cura de los pensamientos de separación —pecado, culpa y ataque— el mundo también debe curarse en consonancia.

A continuación vemos estas tres afirmaciones que han de ser aplicadas en nuestra práctica diaria:

8* Para un comentario en profundidad de cómo nuestro yo percibido, y el yo con el que nos percibimos a nosotros mismos en relación, son partes escindidas de un yo mayor, véase *El mensaje de* Un curso de milagros: *Vol. 1-Todos son llamados,* capítulos 2-4.

(2:2-4) ***Que la paz se extienda desde mi mente hasta la tuya, [nombre].***

Comparto la luz del mundo contigo, [nombre].

Mediante mi perdón puedo ver esto tal como es.

Si hay paz en tu mente, debe extenderse a todos. Una manera clara de discernir si has elegido la paz de Dios o el odio del ego es prestar atención a tus percepciones. Si percibes en el mundo cualquier cosa que te altera, la paz no puede estar en tu mente. Esto refleja las primeras lecciones, que nos enseñaron que todo lo que percibimos fuera viene de nuestros pensamientos. Así, nos daremos cuenta de que si no estamos en paz por fuera, nuestras mentes no pueden ser pacíficas. Esto nos ayuda a entender que hemos elegido al ego, elección que puede ser corregida y deshecha.

Si bien en este punto de nuestra práctica con *Un curso de milagros* no estamos en conexión directa con nuestras mentes, podemos reconocerlas entendiendo que lo que percibimos fuera refleja directamente lo que hemos hecho real dentro. Diciéndolo de nuevo: si queremos saber si hemos elegido a Jesús o al ego como maestro, solo tenemos que prestar atención a nuestras reacciones en el mundo. Tenemos que recordar que en cualquier momento en que nos encontramos haciendo juicios o disgustándonos, esto es una bandera roja que dice: "He vuelto a elegir a mi ego. En lugar de asumir la responsabilidad por esta decisión, elijo proyectarla, viéndola en todos los demás, pero no en mí." Esta forma de pensar demente es fácil de deshacer a través del perdón.

(3:1) (64) Que no me olvide de mi función.

Volvemos al tema de nuestro Ser real.

(3:2) No me olvidaré de mi función porque quiero recordar mi Ser.

Si realmente quiero recordar Quién soy y volver al hogar, debo perdonar. Mi función de perdonar, por tanto, es el medio por el cual alcanzo el fin de recordar mi Identidad.

Si te descubres haciendo juicios —amor especial u odio especial— esta es una señal segura de que has elegido no despertar del sueño y recordar tu Ser. Más bien has elegido permanecer prisionero, aunque culpando a otros de tu condición. Cuando descubras lo que has hecho, no deberías juzgarte a ti mismo ni sentirte culpable. Simplemente pide a Jesús que te ayude a recordar que no eres feliz aquí, y que ningún juicio que hayas hecho, o especialismo que hayas buscado, te ha aportado nada excepto la ilusión de paz y felicidad. Pide a Jesús que te ayude a mirar sin juzgarte a ti mismo, lo que también significa mirar a otros sin juicio.

Repitiendo, si quieres saber qué está pasando en tu mente, presta atención a lo que estás pensando, percibiendo y sintiendo. Si hay paz y un espíritu de unirte con otros en un objetivo común, sabes que has elegido al Espíritu Santo como tu Maestro. Por otra parte, si te sientes inquieto, esta es una señal segura de que has elegido al ego.

(3:3) No puedo desempeñar mi función si la olvido.

Así, necesitamos un Maestro que nos recuerde nuestra función de perdonar, que podemos definir como abandonar el juicio. Por lo tanto, si te descubres juzgando, estás eligiendo —esto no es algo que ocurra automáticamente— olvidar tu función porque no quieres volver a casa. El olvido tiene un propósito.

(3:4) Y a menos que desempeñe mi función, no experimentaré la dicha que Dios dispone que yo tenga.

Cuandoquiera que nos sentimos especiales, que hacemos juicios o nos involucramos en algo del sistema del ego, estamos diciendo que no queremos la alegría que Dios quiere para nosotros, aceptando en su lugar el sustituto del ego. Como sentimos culpa por alejar de nosotros la alegría de Dios, proyectamos la culpa fuera y encontramos faltas en todos los demás. La idea, una vez más, es no juzgarnos a nosotros mismos por proyectar, sino ser conscientes de que esto es lo que hemos hecho, y del tremendo coste que tiene para nosotros.

A continuación se nos pide que practiquemos aplicando esta idea, diciendo:

(4:2) No me valdré de esto para ocultarme a mí mismo mi función.

"Esto" es cualquier cosa que experimentamos durante el día; por ejemplo, sentirnos infelices con un cambio de tiempo, o con lo que alguien hizo o dejó de hacer. Entonces deberíamos decir: "Estoy eligiendo esta situación como una excusa para ocultar mi función de mí mismo, y quiero hacerlo para mantener alejada la alegría de Dios."

(4:3) Me valdré de esto como una oportunidad para desempeñar mi función.

En lugar de usar una situación como una oportunidad para negar nuestra función, podemos dejar que Jesús la redefina como una oportunidad de perdonar. En otras palabras, podríamos contemplar todas las cosas y situaciones como aulas escolares que el Espíritu Santo puede usar para enseñarnos que nuestra felicidad no reside en nada externo, ni en ser un yo separado, sino en elegir a Jesús como el maestro que nos guía más allá del especialismo y nos lleva a casa. Esto, de nuevo, es aplicable a cualquier cosa que ocurra durante el día.

(4:4) Esto podrá ser una amenaza para mi ego, pero no puede alterar mi función en modo alguno.

En otras palabras, si percibo lo que alguien dice o hace como amenazante, esto no significa que mi función haya desaparecido. Solo significa que he elegido estar disgustado porque quiero oscurecerla. Sin embargo, mi función descansa segura dentro de mí porque su Maestro lo hace. Por lo tanto, nada tiene el poder de quitarme la función de perdonar, *excepto mi propia decisión.*

LECCIÓN 83

Hoy repasamos estas ideas:

(1:1) (65) Mi única función es la que Dios me dio.

No *hay* nada más.

(1:2-5) No tengo otra función salvo la que Dios me dio. Este reconocimiento me libera de todo conflicto porque significa que no puedo tener metas conflictivas. Al tener un solo propósito, siempre estoy seguro de lo que debo hacer, de lo que debo decir y de lo que debo pensar. Cualquier duda no puede sino desaparecer cuando reconozco que mi única función es la que Dios me dio.

Nuestra función es perdonar, la única razón de la mente correcta para estar en el mundo. No estamos aquí para salvar al mundo, para ganar mucho dinero, para criar una familia feliz, para tener un cuerpo saludable ni para vivir ciento cincuenta años. Recordar esto eliminará el conflicto, porque creer que nuestra función es externa entrará inevitablemente en conflicto con nuestra función interna de darnos cuenta de que nada externo es importante; solo el cambio de mentalidad producido por el cambio de maestro.

También produce conflicto querer estudiar este curso y volver a casa, y al mismo tiempo anhelar ser su gran maestro, o, aparentemente con más humildad, ser su estudiante dedicado, mientras todavía deseamos los regalos del especialismo: dinero, fama, poder y amor. En estos casos, consideramos que un objetivo externo es importante —e incluso más importante— que el objetivo interno, estableciendo así el conflicto, que era el objetivo del ego desde el principio. Sin embargo este curso acabará con el conflicto, en lugar de exacerbarlo, y el único propósito que la mente recta ve en el mundo externo, una vez que lo hemos fabricado, es que sea un espejo que nos muestre la elección que hemos realizado internamente. Solo entonces pueden ser sanadas nuestras mentes —la verdadera fuente del conflicto—, como explica el pasaje siguiente:

> No olvides que el único propósito de este mundo es sanar al Hijo de Dios. Ese es el único propósito que el Espíritu Santo ve en él y, por lo tanto, es el único que tiene. Hasta que no veas la curación del Hijo como lo único que deseas que se logre tanto por este mundo como por el tiempo y todas las apariencias, no conocerás al Padre ni te conocerás a ti mismo. Pues usarás el mundo para un propósito distinto del que tiene, y no te podrás librar de sus leyes de violencia y muerte (T-24.VI.4:1-4).

Así, la curación es el único propósito cuerdo del mundo. Una vez que hemos fabricado el mundo como una expresión de nuestro odio a Dios y a Cristo, nuestro nuevo Maestro cambia su propósito. El mundo se convierte en el vehículo para enseñarnos, en primer lugar, que tenemos una mente, y, en segundo lugar, la decisión a favor del ego que hemos tomado dentro de ella. Ahora la decisión correcta es inevitable, y estamos seguros del propósito de perdón a medida que la duda desaparece.

Ahora tratamos de aplicar lo que estamos aprendiendo:

(2:2-3) ***Mi percepción de esto no altera mi función.***

Esto no me confiere una función distinta de la que Dios me dio.

Cualquier situación que yo crea que altera mi paz no tiene efecto sobre mi mente. Dicho de otra manera, nada de lo que percibo como externo tiene el poder de cambiar mi propósito de perdón. Independientemente de las reacciones del ego ante una situación, mi función permanece dentro, pues Jesús la conserva delicada y pacientemente para mí. Tal vez el lector recuerde nuestra cita anterior de este hermoso pasaje del Texto —en el que Jesús se hace eco del amable y paciente papel que desempeña como profesor nuestro— del que volvemos a reproducir una parte:

> He salvaguardado todas tus bondades y cada pensamiento amoroso que hayas abrigado jamás. Los he purificado de los errores que ocultaban su luz y los he conservado para ti en su perfecta luminiscencia (T-4.IV.8:3-4).

A pesar de las artimañas de nuestro ego, no podemos perder. Nuestra locura no tiene efecto sobre la cordura interna, ni sobre nuestra función cuerda de perdonar.

(2:4) ***No me valdré de esto para justificar una función que Dios no me dio.***

Que no use una situación externa para justificar la creencia de que existe algún propósito en mi vida aparte del deshacimiento del sistema de pensamiento del ego. El mundo se siente muy feliz de cooperar en el plan del ego —después de todo, el ego fabricó el mundo para cooperar— al proporcionarnos una oportunidad tras otra de justificar nuestros juicios y resentimientos, nuestras percepciones de que hemos sido tratados injustamente; injusticias que solo pueden remediarse mediante nuestra respuesta defensiva y, a veces, agresiva. Sin embargo, se nos dice dos veces que la ira nunca está justificada (T-6.in.1:7; T-30.VI.1:1-2). Restaurar la paz de la mente es nuestra única responsabilidad, y el reconocimiento de este hecho feliz es el núcleo de nuestra función de perdonar.

(3:1) (66**)** **Mi función y mi felicidad son una.**

Esta es la razón por la que nuestra felicidad no es el resultado de nada en el mundo. Recuerda que las leyes del especialismo nos dicen que nuestra felicidad viene del cuerpo: el nuestro o el de otro, o cualquier cosa externa. Una vez más, esto debe generar conflicto porque la felicidad solo viene cuando soltamos la culpa, el alegre efecto del perdón. No obstante, si pensamos que hay placer en el mundo, estaremos inevitablemente en conflicto. Ciertamente esto no significa que debamos sentirnos culpables porque todavía buscamos los placeres corporales, sino solo que deberíamos ser conscientes de lo que estamos haciendo. Este curso no propone el sacrificio ni la renuncia a lo que sentimos que es importante, sino aprender, tal como Jesús nos instruye cerca del final del Texto, que renunciar al mundo es renunciar a nada, y por lo tanto no requiere sacrificio. Así, al mismo tiempo que nos está pidiendo que no renunciemos a nada, Jesús nos ayuda a reconocer que todo lo que hay aquí no es nada. Solo entonces podemos renunciar verdaderamente al mundo:

> ¡Renuncia al mundo! Pero no con una actitud de sacrificio, pues nunca lo deseaste. ¿Qué felicidad que alguna vez buscaste en él no te ocasionó dolor? ¿Qué momento de satisfacción no se compró con monedas de sufrimiento y a un precio exorbitante? La dicha no cuesta nada. Es tu sagrado derecho, pues por lo que pagas no es felicidad. ¡Que la honestidad te acelere en tu camino y que al contemplar en retrospectiva las experiencias que has tenido aquí no te dejes engañar! Por todas ellas hubo que pagar un precio descomunal y sufrir penosas consecuencias (T-30.V.9:4-12).

Este es un curso para abrir los ojos, de modo que podamos entender que lo que pensamos, sentimos y hacemos encaja en el plan de Dios de Expiación. Todo lo que deseamos fuera puede servir a un propósito santo, si dejamos que el Espíritu Santo nos enseñe su verdadero significado. Así, repitiendo este importante punto, darnos cuenta de que nuestra felicidad no viene de lo externo no debería hacernos sentir culpables. Esta afirmación simplemente nos ayuda a tomar conciencia de que todas nuestras vidas están basadas en el conflicto, y a partir de esta comprensión viene el final del conflicto y el amanecer de la verdadera felicidad.

(3:2-4) Todas las cosas que proceden de Dios son una. Proceden de la Unicidad y tienen que ser recibidas cual una sola. Desempeñar mi función es mi felicidad porque ambas cosas proceden de la misma Fuente.

El ego trata de separarnos de Dios y de nuestro ser *—en la mente—* y después nos hace creer que nuestra felicidad y nuestra función residen fuera de nosotros, *en el cuerpo*. Sin embargo, una vez que entendemos el principio de unidad, todo queda claro. Es sorprendente el contraste entre este principio y nuestra manera de vivir nuestras vidas, puesto que estas se caracterizan por la separación, las diferencias y los sucesos discretos: nos sentimos bien algunos días y otros no. Nos sentimos bien con algunas personas pero no con otras. Nos sentimos bien con las mismas personas algunas veces pero otras no, y así sucesivamente. Nuestra experiencia nunca está unificada, porque todo está gobernado por la adherencia al principio del ego de *uno o el otro*: mis intereses y los tuyos están separados; si yo gano, tú pierdes; si yo pierdo, tú ganas. Jesús nos ayuda a darnos cuenta de que el camino de vuelta a la unidad viviente de Dios consiste en reflejar Su Amor, lo que hacemos percibiéndonos unos a otros a través de la lente de los intereses compartidos.

(3:5) Y debo aprender a reconocer lo que me hace feliz, si es que he de encontrar la felicidad.

El propósito de estas lecciones es enseñarnos lo que nos hace felices. Hemos visto repetidamente que la felicidad no reside en lograr algo externo, porque eso solo es transitorio.

Jesús nos pide que apliquemos la idea de la lección como sigue:

> **(4:2-3)** ***Esto no puede separar mi felicidad de mi función.***
>
> ***La unidad que existe entre mi felicidad y mi función no se ve afectada en modo alguno por eso.***

Como en la lección anterior, se nos pide que reconozcamos que cualquiera que sea el tipo de disgusto que se nos ponga delante, no tiene el poder de cambiar la felicidad que trae el perdón. La felicidad viene de la decisión de la mente y ningún poder del mundo puede arrebatarnos eso. Solo nuestra decisión puede, y por desgracia lo ha hecho.

En estas aplicaciones podemos ver una y otra vez que Jesús nos pide que tomemos estas ideas relativamente abstractas y las apliquemos a nuestras situaciones diarias. Esto es imprescindible para aprender este curso, puesto que en realidad el proceso de aprendizaje no es intelectual. Si bien es importante aprender su mensaje intelectualmente —después de todo, este es el propósito del Texto—, las enseñanzas no significan nada si no las aplicamos. Por lo tanto, estas lecciones hacen énfasis en que pasemos el día como lo haríamos normalmente, pero, en el momento en que algo altere nuestra paz o nos agite, nos demos cuenta de que eso no puede tener efecto en nuestra felicidad y función, que están dentro de nosotros. Simplemente las hemos cubierto con ilusiones, que no tienen efecto sobre la verdad.

La última frase repite este pensamiento:

(4:4) ***Nada, incluido esto, puede justificar la ilusión de que puedo ser feliz si dejo de cumplir mi función.***

Cuando algo te haga feliz y te dé placer, date cuenta de que esta experiencia está separada de tu función de perdonar, y por lo tanto, no durará. En este mundo, la verdadera felicidad viene de soltar la culpa, el problema que hizo que huyéramos de nuestras mentes, y que creyéramos que habíamos huido del Cielo. Por tanto, el deshacimiento de la culpa es la fuente de alegría, porque deshace todo sufrimiento y dolor, y nos devuelve al hogar del que nunca nos fuimos.

Nuestra felicidad durante el día se equipara con el perdón, mediante el cual nos damos cuenta de que nada ni nadie tiene el poder de arrebatarnos la paz de Dios. Es nuestra, y está esperando nuestra aceptación. La conciencia de este hecho, aunque todavía no estemos preparados para elegir la paz, nos ofrece un destello de alegría y una sensación de esperanza, que son imposibles mientras pensemos que tenemos que manipular, seducir o cambiar el mundo. Esto puede funcionar algunos días, pero nunca todo el tiempo. Este es el criterio que Jesús nos pide que usemos para evaluar la valía de cualquier cosa del mundo, como dice en la Lección 133. Previendo este pasaje incisivo, leemos:

> ...si eliges algo que no ha de durar para siempre, lo que estás eligiendo carece de valor. Un valor temporal no tiene valor alguno. El tiempo no puede anular ningún valor real.

> Lo que se marchita y perece nunca existió, y no tiene nada que ofrecer al que lo elige (L-pI.133.6:1-4).

El simple hecho de darnos cuenta de que ya no tenemos que "darle valor a lo que no lo tiene" (L-pI.133, título), aunque todavía no estemos dispuestos a soltarlo, es una fuente de esperanza.

LECCIÓN 84

Estas son las ideas para el repaso de hoy:

(1:1) (67) **El Amor me creó a semejanza de Sí Mismo.**

Esta es una declaración de la Unidad de Dios: nuestra Identidad como Cristo.

(1:2) He sido creado a semejanza de mi Creador.

Esto está tomado del verso bíblico que dice que el hombre fue hecho a imagen y semejanza de Dios (Génesis 1:26-27). Jesús usa esta idea, pero habla de un Creador totalmente diferente. Yo he sido creado a imagen y semejanza de mi Fuente porque Dios es puro espíritu, *tal como lo soy yo*. Él es informe, eterno e indiviso, *tal como lo soy yo*. Por lo tanto:

(1:3-6) No puedo sufrir, no puedo experimentar pérdidas y no puedo morir. No soy un cuerpo. Hoy quiero reconocer mi realidad. No adoraré ídolos ni exaltaré el concepto que he forjado de mí mismo para reemplazar a mi Ser.

Está claro que Jesús no espera que vivamos esta verdad; todavía no. Nos ha dicho un par de lecciones antes que no estamos en el punto de poder entender el perdón, por no hablar de lo que está más allá de él. Esta, entonces, es otra de las charlas de motivación de Jesús, en las que nos dice que ciertamente tenemos el potencial en cualquier momento dado de elegir esta verdad para nosotros mismos. E incluso si elegimos no valernos de ella, la verdad no está ausente. En realidad, no somos cuerpos sino espíritu, y por lo tanto no podemos sufrir pérdidas ni morir. Este es el recuerdo de nuestro Ser que espera pacientemente en lo alto de la escalera a que ascendamos a través de las nubes de culpa y ataque. Como se nos dice una y otra vez, de distintas formas:

> La paz es el patrimonio natural del Espíritu. Todo el mundo es libre de rechazar su herencia, pero no de establecer lo que esta es (T-3.VI.10:1-2).

Dentro del sueño de separación somos libres de creer lo que deseemos, pero estos vanos deseos de ídolos no tienen nada que ver con la Voluntad de Dios, que es nuestra única realidad y nuestro Ser.

(1:7-8) He sido creado a semejanza de mi Creador. El Amor me creó a semejanza de Sí Mismo.

Jesús retorna al tema de la lección y nos pide que retornemos también. Nuestro viaje se acelera cuando estamos dispuestos a dejar a un lado los andrajosos sustitutos del ego y aceptamos la verdad con respecto a nosotros mismos: somos creados a imagen y semejanza de nuestro Creador y Fuente: el Amor Mismo.

Esto se reitera en las aplicaciones específicas:

> **(2:2-4) *Que no vea esto como una ilusión de mí mismo.***
>
> ***Mientras contemplo esto, quiero recordar a mi Creador.***
>
> ***Mi Creador no creó esto como yo lo estoy viendo.***

El "esto" es cualquier situación que nos hace creer que somos cuerpos vulnerables, reforzando la creencia de que no somos el glorioso Ser del espíritu que Dios creó. El punto que nos indica Jesús es que si consideramos que estamos dolidos o entusiasmados por algo, se debe a que hemos elegido verlo de esa manera. Nada tiene el poder de hacer que nos sintamos bien o mal, sino la elección de la mente a favor del ego, realizada porque lo valoramos más que al Ser no-dualista creado por Dios. Jesús nos pide que queramos elegir de otra manera; que veamos cada suceso del día como una oportunidad de recordar a nuestro Creador. Esta elección queda reflejada por nuestro reconocimiento de que el Amor Perfecto no podría haber creado la situación que experimentamos, y por lo tanto no puede ser real. Y lo que no es real no puede tener poder sobre nosotros.

(3:1) (68) El amor no abriga resentimientos.

Jesús retorna al importante tema de los resentimientos y los pensamientos de ataque. Lo que está implicado aquí es que nuestros resentimientos no vienen sin más; *los elegimos activamente* porque queremos que otro sea responsable de la desdicha que sentimos al habernos separado del amor. En lugar de aceptar responsabilidad por nuestro "pecado" y admitir el miedo que nos hizo separarnos, negamos el pecado, lo escindimos de nuestro yo y, a través de la proyección, abrigamos resentimientos contra alguien —*cualquier otra persona*— acusándola de lo que en secreto creemos haber hecho. Todo esto ocurre para satisfacer el propósito del ego de proteger su existencia mediante la negación de la mente y la inconsciencia, dejándonos "a merced de cosas que se encuentran más allá de nosotros, de fuerzas que no podemos controlar" (T-19.IV-D.7:4).

(3:2-5) Los resentimientos son algo completamente ajeno al amor. Los resentimientos atacan al amor y oscurecen su luz. Si abrigo resentimientos estoy atacando al amor y, por ende, atacando a mi Ser. De este modo, mi Ser se vuelve un extraño para mí.

Este es el propósito de los resentimientos. Quiero que mi Ser me sea algo ajeno porque no hay individualidad en Cristo, y así los resentimientos representan la culminación de la estrategia del ego de mantener la memoria de Quien soy oculta de mí. Mi decisión a favor de la individualidad, mi culpa por haber decidido a favor del especialismo, mis proyecciones de ataque, todas ellas constituyen las líneas de defensa del ego que mantienen alejado este recuerdo del amor. Por eso no podemos considerar que los sucesos externos oscurezcan la luz de mi Ser. Sin embargo, esto no me impide decirle a Jesús:

"Por supuesto que no puedo pensar en cosas santas ni recordar a Dios y a Cristo. ¡Mira lo que me ha ocurrido hoy! ¡Mira lo que me ha dicho esta persona terrible! ¡Mira la devastación que acaba de ocurrir! ¡Mira! ¡Mira! ¡Mira!"

Usamos estos cuentos de victimización como excusas. Por eso los fabricamos, para tener la manera perfecta de justificar nuestros resentimientos, lo que nos permite decir con toda la justa indignación que podamos acumular: "No es culpa mía. ¿Cómo podría conocer el amor y recordar mi Ser? *Ellos* no me dejan."

Del mismo modo que Jesús apeló a nosotros en el párrafo anterior, ahora vuelve a decir:

(3:6) Estoy decidido a no atacar a mi Ser hoy, de manera que pueda recordar Quién soy.

Al darnos cuenta de lo que estamos haciendo, y viendo el tremendo coste de aferrarnos a nuestros resentimientos, fortalecemos la determinación de no atacar al Ser que une los fragmentos aparentemente separados de la Filiación. Ahora deseamos recordar al Ser y ya no queremos atesorar el propósito al que servían nuestros resentimientos.

Estas aplicaciones específicas son las que nos llevarán a casa, a nuestro Ser:

> **(4:2-4) *Esto no justifica el que niegue a mi Ser.***
>
> ***No me valdré de esto para atacar al amor.***
>
> ***No dejaré que esto me tiente a atacarme a mí mismo.***

Jesús, como siempre, apela al poder de nuestras mentes para elegir de otra manera. Su apelación toma la forma de reconocer que no hay justificación para los pensamientos de ataque de ninguna clase. Recordar este cambio de propósito, del que el Espíritu Santo es el recordatorio, nos permite soltar nuestros resentimientos. Así, el amor subyacente asciende a nuestra conciencia y nos trae paz, la piedra angular para recordar el Ser que habíamos negado.

LECCIÓN 85

El repaso de hoy abarcará estas ideas:

(1:1) (69) Mis resentimientos ocultan la luz del mundo de mí.

Esto es la continuación del pensamiento que acabamos de explorar.

(1:2) Mis resentimientos me muestran lo que no está ahí y me ocultan lo que quiero ver.

Hay una parte de mi mente que quiere conocer mi verdadero Ser. Sin embargo, también hay una parte que tiene miedo y elige defenderse contra esa verdad. Así, Jesús nos pide que elijamos de nuevo. Hicimos la elección equivocada —de tapar nuestro Ser— pero ejercitando el poder de la mente para elegir podemos invertirla y revelar lo que habíamos mantenido oculto.

(1:3-4) Habiendo reconocido esto, ¿para qué los iba a querer? Mis resentimientos me mantienen en la oscuridad y ocultan la luz.

Desgraciadamente, esa oscuridad es lo que queremos. En la luz de la verdad de Dios no hay existencia individual o especial. Tenemos que darnos cuenta de que hay un propósito por el que nos aferramos a los resentimientos: mantener intacto nuestro yo especial usando la oscuridad de la culpa y el ataque para ocultar la luz del amor.

(1:5-6) Los resentimientos y la luz no pueden coexistir, pero la luz y la visión tienen que unirse para yo poder ver. Y para poder ver tengo que desprenderme de mis resentimientos.

Este es el fondo de la cuestión: ¿Quiero ver o no? Si quiero, Jesús debe ser mis ojos, lo que significa que no puedo juzgar. Sabré cuál ha sido mi elección por su resultado. Si me encuentro enfadado, deprimido, culpable, temeroso o ansioso, esto me dice que no quiero ver. Con el ego, mi individualidad y separación son lo único que conozco, y mi ser está seguro, aunque es desdichado.

(1:7) Quiero ver, y ese será el medio por el que lo lograré.

Ya no estamos dispuestos a estar seguros *y* a ser desdichados. Queremos la visión que abraza a todos los Hijos como lo mismo, el precursor del recuerdo de nuestra Unidad en Cristo. En esta visión —nacida de soltar nuestros resentimientos— encontramos nuestra verdadera felicidad.

Entonces, ¡qué felices nos sentimos de practicar estas aplicaciones específicas!:

> **(2:2-5)** ***Que no haga de esto un obstáculo a la visión.***
>
> ***La luz del mundo desvanecerá todo esto con su resplandor.***
>
> ***No tengo necesidad de esto. Lo que quiero es ver.***

Practicar diligentemente estas lecciones nos ayuda a darnos cuenta de que tenemos una mente dividida. La parte que no quiere volver a casa es responsable de nuestro estar en el mundo. La otra parte es estudiante de *Un curso de milagros*. Debemos ser conscientes de ambas para poder realizar una elección significativa entre ellas. Tenemos que entender que los resentimientos del ego alejan de nosotros la luz de la paz y de la alegría, dejándonos en la oscuridad de la desdicha y el dolor. Solo al darnos cuenta de la conexión entre nuestra decisión de atacar y nuestro sufrimiento nos sentiremos motivados para decir con plena intención: “No tengo necesidad de esto.” En este reconocimiento veremos y, en esa visión, la brillante luz del perdón hace desaparecer todo dolor.

(3:1) (70) **Mi salvación procede de mí.**

Jesús y el Espíritu Santo no están fuera de mí; tampoco lo está la salvación. Y ciertamente, ¡*yo* no estoy fuera de mí!

(3:2-6) Hoy reconoceré dónde está mi salvación. Está en mí porque ahí es donde está su Fuente. No ha abandonado su Fuente, por lo tanto, no pudo haber abandonado mi mente. Dejaré de buscarla fuera de mí mismo. No es algo que se encuentre fuera y luego tenga que traerse dentro.

Eso es lo que la gente quiere hacer con Dios, Jesús, y *Un curso de milagros:* verlos fuera de sí mismos. Debemos darnos cuenta de que la salvación solo reside dentro, en el poder de la mente para elegir a Jesús como nuestro maestro, y no al ego. No se encuentra *en* Jesús, sino en la capacidad de nuestras mentes para elegirlo. Como comentamos antes, Jesús siempre nos ha pedido que vengamos a él *fuera del sueño.* Sin embargo, continuamente nos hemos esforzado por traerlo *dentro del sueño,* de modo que nuestra identidad ego permanezca segura e intacta. Tenemos que tomar la mano de Jesús y atravesar el sueño, de modo que podamos salir del sueño con él.

El ego, por otra parte, trata de mantener el sueño vivo y en buen estado, y esta es la advertencia que Jesús nos hace aquí. El recuerdo de Dios está en nuestras mentes, donde el sueño tiene su comienzo y su final. Su deshacimiento constituye la salvación, que se basa en elegir recordar nuestra Fuente *en nuestras mentes.* Como una idea en la Mente de Dios, nunca nos fuimos de Él, y Él nunca nos dejó: *las ideas no abandonan su Fuente.* Por eso debemos buscar la salvación en nuestras mentes correctas, el hogar de Jesús, donde el recuerdo de Dios espera nuestra aceptación a medida que finalmente despertamos del sueño de separación y muerte.

(3:7) Se extenderá desde dentro de mí, y todo aquello que vea no hará sino reflejar la luz que brilla en mí y en sí misma.

Ahora nos damos cuenta de que "todo aquello que vea" no hace referencia a la vista física; en realidad no vemos una luz física en la gente, ni luz en los objetos. Como la luz es un pensamiento en la mente correcta, es esta luz del perdón la que se refleja en lo que nuestros ojos "ven". Además, el Hijo se cura a partir de la extensión de la luz en la mente, puesto que la mente del Hijo de Dios es una.

Jesús realiza su llamada constante a aplicar esta idea a lo largo del día.

> **(4:2-4)** ***Que esto no me tiente a buscar mi salvación fuera de mí mismo.***

No permitiré que esto interfiera en la conciencia que tengo de la Fuente de mi salvación.

Esto no puede privarme de la salvación.

En otras palabras, que el mundo nos arrebate nuestra paz es *nuestra* elección, porque en y por sí mismo, siendo una ilusión, no puede hacer nada. Solo nosotros tenemos el poder, que a continuación proyectamos sobre el mundo. Es la mente la que elige en contra de la paz de Jesús, y él nos pide que no cedamos a esta tentación porque no nos hará felices. Él dirige nuestra vista hacia dentro y lejos del mundo; el cambio de propósito —de la culpa a la salvación— refleja nuestra decisión de recordar nuestra Fuente y nuestro Ser.

LECCIÓN 86

Estas son las ideas para el repaso de hoy:

(1:1) (71) **Solo el plan de Dios para la salvación tendrá éxito.**

Solo el plan de Dios para la salvación puede tener éxito porque ningún otro plan puede salvarnos. Todos los demás son externos y están diseñados para fracasar, puesto que cada uno de ellos distraería la atención de nuestras mentes, que son la fuente de nuestros problemas y la Fuente de nuestra salvación.

(1:2-3) Es inútil que ande buscando febrilmente la salvación por todas partes. La he visto en muchas personas y en muchas cosas, pero cada vez que traté de alcanzarla no estaba allí.

Hemos seguido insensatamente el plan del ego de *busca pero no halles*, y donde quiera que hemos buscado la salvación nos hemos quedado decepcionados. Los ídolos de la salvación —nuestras relaciones especiales— siempre fracasarán, puesto que fueron fabricados para ese propósito, pues son los sustitutos de Lo único que puede salvarnos. Incluso de manera más precisa, los ídolos fueron fabricados para mantenernos en un perpetuo estado de inconsciencia, asegurando así que nunca ejerzamos el poder de la mente para elegir de nuevo: la salvación en lugar de la esclavitud.

(1:4-5) Estaba equivocado con respecto a dónde se encuentra. Estaba equivocado con respecto a lo que es.

Aquí se hace referencia a las relaciones especiales, y el propósito que Jesús tiene para nosotros es que perdonemos nuestras indulgencias especiales, que miremos con él y nos demos cuenta de nuestra locura al buscar salvajemente a nuestro alrededor cosas que nos hagan felices. De esta manera reconoceremos la futilidad del especialismo como forma de vida: *no funciona*. La paz y el amor nunca vendrán mientras los busquemos fuera de nosotros mismos. Toma nota de esta declaración resumida que viene en "No busques fuera de ti mismo" y trata sobre la desesperanza de perseguir los ídolos del especialismo, y la esperanza de buscar solo a Dios:

> Un ídolo no puede ocupar el lugar de Dios. Deja que Él te recuerde Su Amor por ti, y no trates de ahogar Su Voz con los cantos de profunda desesperación que les ofreces a los ídolos de ti mismo. No busques esperanzas más allá de tu Padre. Pues la esperanza de felicidad *no* es la desesperación (T-29.VII.10:4-7).

Cuando miramos sin juicio a nuestra búsqueda equivocada de ídolos, somos libres de realizar otra elección: la salvación en lugar del especialismo.

(1:6-8) Ya no emprenderé más búsquedas inútiles. Solo el plan de Dios para la salvación tendrá éxito. Y me regocijaré porque Su plan jamás puede fallar.

Recuperando finalmente la cordura, nos prometemos dejar de perder el tiempo buscando lo que nunca puede ser hallado, eligiendo seguir solo el camino del perdón, que es el único que nos llevará a casa. En esa elección se encuentra nuestra salvación; en esa elección se encuentra nuestra alegría.

Veamos ahora la primera aplicación específica:

(2:2) *El plan de Dios para la salvación me librará de mi percepción de esto.*

Date cuenta de que no vamos a ser salvados de "esto", sea lo que sea el "esto". No tenemos que ser salvados de ninguna situación, sino de nuestra percepción de ella. El lenguaje es muy específico e intencional: "El plan de Dios para la salvación me librará de mi percepción de esto." Cuando sintamos la tentación de sentirnos disgustados por algo, solo tenemos que darnos cuenta de que se trata de nuestra percepción del problema. No se trata de lo que percibimos que es el problema, algo externo; se trata de nuestra manera de verlo, lo que significa el maestro con el que estamos viendo: Jesús o el ego. Si estamos disgustados, sabemos que hemos elegido al ego. El plan de Dios para la salvación nos pide que cambiemos de mentalidad, o más específicamente, que cambiemos de maestro. Una vez más, si no nos sentimos felices con cómo va algo, simplemente tenemos que darnos cuenta de que se debe a que hemos elegido la voz equivocada y su interpretación de la situación.

Reiterando este punto: el plan de Dios para salvarnos consiste en que elijamos un nuevo maestro. Mirando a la situación a través de Sus ojos, nos damos cuenta de que esta es una oportunidad para examinar lo que está ocurriendo dentro de nuestras mentes. Si no nos sintiéramos disgustados por lo que parece ser externo, no tendríamos la oportunidad de traerlo dentro y darnos cuenta de que era una proyección. Por eso nuestras relaciones especiales son nuestras salvadoras. Nos ofrecen la oportunidad de reconsiderar nuestras percepciones erradas. Una vez que nos damos cuenta de que el problema está dentro, somos libres de realizar otra elección.

(2:3) ***Esto no es una excepción al plan de Dios para la salvación.***

El principio del perdón funciona siempre: “No hay grados de dificultad en los milagros.” No hay percepción de dificultad, dolor o incomodidad que no cambie cuando elegimos dejar a un lado nuestros resentimientos y culpa, y aceptamos la Expiación para nosotros mismos. El plan de Dios para la salvación es simple. Por eso funciona siempre.

(2:4) ***Quiero percibir esto únicamente a la luz del plan de Dios para la salvación.***

De este modo elegimos la visión de Cristo para reemplazar las percepciones erróneas del ego. Nótese el juego de palabras por el que la palabra “luz” tiene el *doble sentido* de *perspectiva* y de *luz* que abole la oscuridad de nuestros resentimientos.

(3:1) (72) Abrigar resentimientos es un ataque contra el plan de Dios para la salvación.

Jesús nos lleva un paso más lejos al introducir el elemento intencional del enfado: abrigar resentimientos ataca directamente el plan de la Expiación, que redirige nuestro enfoque hacia dentro, donde se deshace el sistema de pensamiento del ego de culpa y ataque.

(3:2-4) Abrigar resentimientos es un intento de probar que el plan de Dios para la salvación fracasará. Sin embargo, solo Su plan puede tener éxito. Al abrigar resentimientos, por lo tanto, estoy excluyendo de mi conciencia mi única esperanza de salvación.

La única esperanza de salvación reside en que acepte plena responsabilidad por la desdicha que experimento, lo que refleja mi elección original de ser un individuo pecaminoso y culpable que merece desdicha y castigo. Por lo tanto, en un intento insensato de liberarme del dolor, elijo proyectar la culpa y atacarte por dicho dolor. Así, solo puedo salvarme retornando a la parte tomadora de decisiones de mi mente y corrigiendo esta elección equivocada. Sin embargo, al estar enfadado y justificar mis juicios, afirmo la realidad del cuerpo y del pecado: el tuyo y el mío. Además, creo conscientemente que el pecado no está en mí y que la mente no existe: todo ocurre únicamente en un mundo de cuerpos, donde los resentimientos son reales y no son mi responsabilidad.

Al decir a Jesús que hay algo equivocado porque no estoy en paz, le permito que me enseñe que lo que me disgusta en ti es un parte escindida de lo que me disgusta en mí: mi culpa por separarme del Amor de Dios. Jesús me ayuda a darme cuenta que, al mirar a esto, estoy eligiendo entre la percepción errónea y la salvación. Llego a entender que mi percepción es el efecto de mi elección: los resentimientos del ego o el milagro del Espíritu Santo. Los primeros me enraízan todavía más en el mundo de la culpa y el ataque, mientras que el segundo me lleva a mi mente, el hogar de la salvación.

(3:5-6) Mas no quiero seguir yendo en contra de mis propios intereses de esta manera tan descabellada. Quiero aceptar el plan de Dios para la salvación y ser feliz.

Finalmente, el dolor que me producen mis elecciones equivocadas me impulsa a elegir en contra de la locura de creer que yo sé qué es lo mejor para mí. Exclamo alegremente: prefiero ser feliz y no tener razón (T-29.VII.1:9), y estoy contento y agradecido de haber estado equivocado (L-pI.184.15:4).

En este espíritu de elegir la cordura porque quiero ser feliz, practico alegremente estas aplicaciones específicas de la idea de hoy:

> **(4:2-4)** ***Según contemplo esto estoy eligiendo entre la percepción falsa y la salvación.***
>
> ***Si veo motivos en esto para abrigar resentimientos, no veré motivos que justifiquen mi salvación.***
>
> ***Esto es un llamamiento a la salvación, no al ataque.***

Estoy aprendiendo que todas las circunstancias de mi vida —pasadas, presentes o anticipadas— me ofrecen la oportunidad de elegir ver de manera diferente. Mis problemas son *perceptuales,* mis percepciones vienen de los *pensamientos,* y los pensamientos tienen su origen en la *decisión* de la mente a favor del ego o del Espíritu Santo. La elección de la mente correcta a favor del perdón corrige el pensamiento del ego, que me llevó a tener las percepciones de la mente errónea de resentimientos y ataque. Como ahora elijo ser feliz, veo motivos para el perdón y la salvación en todas las cosas. Solo deseando permanecer en el dolor de mi culpa elegiría ver motivos para los resentimientos. Sin embargo, como afortunadamente nos recuerda Jesús (por ejemplo en T-16.VI.8:8), ya no estoy completamente loco, y por tanto pido salvación y no ataque.

Un último punto: salvación no significa que te salvo a ti, la situación, o incluso a mí mismo. Salvo la situación en mi mente, *cambiando de mentalidad.* Todas las situaciones piden este cambio interno. Recuerda: "No trates, por lo tanto, de cambiar el mundo, sino elige más bien cambiar de parecer acerca de él" (T-21.in.1:7).

LECCIÓN 87

Nuestro repaso de hoy abarcará estas ideas:

1. (73) Mi voluntad es que se haga la luz.

Esto apela directamente al poder de nuestras mentes para realizar otra elección: la luz del perdón en lugar de la oscuridad del ataque.

(1:2-3) Hoy usaré el poder de mi voluntad. No es mi voluntad andar a tientas en la oscuridad, temeroso de las sombras y amedrantado por cosas invisibles e irreales.

Este era el deseo de mi ego en contraste con la Voluntad del Espíritu Santo, que ahora reflejo en el uso de mi capacidad de tomar decisiones siguiendo la mente correcta. A pesar de mi deseo por las sombras, mi voluntad sigue siendo una con la de Dios, salvaguardada por el Espíritu Santo. Había sustituido lo que el ego diría que es mi voluntad —en realidad los deseos del ego— de ser un individuo, una decisión que llevó inevitablemente al oscuro sistema de pensamiento del ego de separación y miedo, que culmina en el sombrío mundo físico de separación y miedo. Esta lección, por tanto, apela directamente a ver las cosas de otra manera, a ejercer el poder de mi mente ("el poder de mi voluntad") para realizar otra elección.

(1:4-6) La luz será mi guía hoy. La seguiré allí donde me lleve y contemplaré únicamente lo que me muestre. Este será el día en que experimentaré la paz de la verdadera percepción.

Aprendiendo nuestras lecciones, elegimos felizmente permitir que la luz de la sabiduría de Jesús nos guíe cada día. Miramos al mundo a través de sus ojos libres de juicio, de sus ojos de perdón y paz. Nuestros ojos "ven" lo que siempre han visto, pero ahora vemos de otra manera: peticiones o expresiones de amor, a diferencia de los "ojos" del ego que solo ven pecado, culpa y la necesidad de castigo. De su percepción surgen el conflicto y el miedo, pero de la verdadera percepción del perdón de Jesús viene la paz que, en las famosas palabras de san Pablo, sobrepasa todo entendimiento (Filipenses, 4:7).

Ahora pasemos a las aplicaciones específicas del día:

(2:2) ***Esto no puede ocultar la luz que es mi voluntad ver.***

Mirando a las situaciones que hasta ahora habían reflejado el oscuro mundo del ego de culpa y juicios, reconozco que no tenían el poder de ocultar la luz del perdón de mí. Era mi mente la que tenía ese poder, al elegir no ver la luz que siempre estuvo allí. En otras palabras, nada de lo de aquí tiene poder sobre esa luz. Pero dentro de los sueños engañosos de sombras y muerte, podemos elegir no reconocerla, aunque internamente brilla con inmenso resplandor, y sus reflejos nos rodean por todas partes. Ahora elegimos reconocer estos testigos de la luz y verlos como propios. Así, decimos a cada compañero de amor y odio especiales:

(2:3) ***[Nombre], estás en la luz junto conmigo.***

Aquellos que habíamos condenado al infierno se unen como el Hijo uno, junto con nosotros, y despertamos juntos del sueño de la muerte. Todo lo que se necesita para que se produzca este feliz reconocimiento es estar dispuesto a mirar las mentiras del ego tal como son, eligiendo en cambio creer la verdad que Jesús siempre nos ha ofrecido, que está esperando pacientemente nuestra aceptación.

(2:4) ***En la luz esto se verá de otra manera.***

En la lección 193, Jesús dice: “Perdona, y verás esto de forma diferente” (L-pI.193.3:7). Cuando dejo que él sea mis ojos, la situación externa no cambia, pero cambia mi manera de percibirla. En lugar de ver la situación como una manera de probar que yo tengo razón y Jesús se equivoca, que las diferencias son reales y que el pecado reside en ti y no en mí, me doy cuenta de que juntos compartimos el propósito de despertar del sueño. Una vez más, este cambio no tiene nada que ver con lo que es externo, sino solo con lo que está en nuestras mentes.

(3:1) (74) No hay más voluntad que la de Dios.

(3:2) Hoy estoy a salvo porque no hay más voluntad que la de Dios.

El ego dice que no estamos seguros, porque *hay* una voluntad distinta de la de Dios. Sin embargo, es la voluntad de mi ego, lo que significa que no es voluntad en absoluto, sino el deseo de estar separado —lo opuesto de la Voluntad de Dios— que nosotros creemos haber realizado. La vulnerabilidad que sentimos dentro de nuestras mentes —producto de la ley del ego de que la culpa exige castigo— ha sido proyectada al mundo, y el resultado es que ahora tenemos miedo de todas las personas y cosas; si no tenemos cuidado, moriremos; si no tomamos los alimentos adecuados, nuestros cuerpos se deteriorarán; si no estamos con las personas adecuadas, nuestras personalidades se marchitarán. Así, nunca estamos seguros. Sin embargo, la verdad es que estamos seguros, porque nada de esto ha ocurrido; un sueño no es la realidad. Parafreseando las palabras de Jesús en el Texto, que se han tomado prestadas del mandato bíblico (Éxodo 20:3): No debes anteponer otra voluntad a la Suya porque no *hay* otra voluntad (T-4.III.6:6). Por eso estamos seguros.

(3:3-4) Siento miedo solo cuando creo que hay otra voluntad. Trato de atacar únicamente cuando tengo miedo, y solo cuando trato de atacar puedo creer que mi eterna seguridad está siendo amenazada.

Una vez que nos identificamos con el sistema de pensamiento de separación, también debemos identificarnos con sus pensamientos de pecado, culpa y ataque. Esta elección de mentalidad equivocada a favor del ego es lo que nos produce miedo.

(3:5-6) Hoy reconoceré que nada de esto ha ocurrido. Estoy a salvo porque no hay más voluntad que la de Dios.

Aunque Jesús no espera que aceptemos esto totalmente, podemos iniciar el proceso de entender que hay una parte de nuestras mentes que sabe que nada de esto ha ocurrido. Tenemos miedo de esa parte porque significa el final de nuestro yo especial.

A nivel práctico, esto significa que lo que no ha ocurrido es que tú me hayas hecho daño, porque la verdad es que *yo* me he hecho daño a mí mismo. En el mundo perceptual, ciertamente puedes haber dicho o hecho algo desagradable, pero yo estoy disgustado porque quiero que me hieras, para así acusarte del pecado en lugar de a mí. En este sentido, te perdono por lo que *no* has hecho. Solo a medida que progreso por la escalera me doy cuenta de que esto es un sueño que en realidad no está ocurriendo en absoluto.

Las tres aplicaciones específicas reflejan la Unidad de Dios.

> **(4:2-4)** ***Percibiré esto en conformidad con la Voluntad de Dios.***
>
> ***La Voluntad de Dios, así como la mía, es que tú, [nombre], seas Su Hijo.***
>
> ***Esto es parte de lo que la Voluntad de Dios ha dispuesto para mí, independientemente de cómo lo vea.***

Todas las cosas en nuestros mundos personales y colectivos son un reflejo de la Voluntad de Dios —el perdón— si elegimos verlas con los ojos de Jesús, la visión de Cristo que unifica la percepción. Este *todas las cosas* incluye la totalidad de la Filiación, independientemente de cómo el ego perciba una situación. Puesto que no hay jerarquía de ilusiones, todas las situaciones son lo mismo, porque comparten el propósito de mentalidad equivocada de separación, así como el de mentalidad correcta de perdón. Esta unanimidad de propósito nos une a todos, sin separación ni división: somos uno en la ilusión y uno en la verdad.

LECCIÓN 88

Hoy repasaremos estas ideas:

(1:1) (75) La luz ha llegado.

La luz ha llegado porque la luz siempre ha estado en nuestras mentes. Esto se refleja en la primera frase:

(1:2) Al elegir la salvación en lugar del ataque, estoy simplemente eligiendo reconocer lo que ya está ahí.

Por eso "la luz ha llegado". La luz de la Expiación está en nuestras mentes, pero cuando la elegimos, la experimentamos como si viniera a nosotros. Sin embargo, en verdad, nosotros hemos venido a ella. Abandonamos (en el pasado) la luz cuando elegimos la oscuridad del ego, y ahora hemos vuelto. Venir a la luz es salvación, tal como abandonarla constituyó el primer ataque, reflejado en los ataques específicos dentro de nuestras vidas, que son meramente fragmentos sombríos del pensamiento original.

(1:3-5) La salvación es una decisión que ya se tomó. El ataque y los resentimientos no existen como opciones. Por eso es por lo que siempre elijo entre la verdad y la ilusión; entre lo que está ahí y lo que no está.

Dentro del sueño somos libres de creer que podemos elegir el ataque y los resentimientos. Sin embargo, en realidad, no elegimos nada, porque el sistema de pensamiento del ego es inexistente. Esto refleja la idea fundamental de que creemos que tenemos el poder de elegir ilusiones, pero la única elección significativa que tenemos abierta ante nosotros es deshacer la creencia en las ilusiones que nunca fueron.

(1:6-8) La luz ha llegado. Solamente puedo elegir la luz porque no hay otra alternativa. La luz ha reemplazado la oscuridad, y esta ha desaparecido.

Cuando elegimos la luz, reconocemos que la oscuridad nunca estuvo allí. En nuestro sueño engañoso creímos en la oscuridad de la separación y el ataque. No obstante, cuando elegimos tomar la mano de Jesús y recorrer el camino que despierta del sueño, la oscuridad se va y nos damos cuenta felizmente de que ni siquiera estaba allí.

Nuestras tres aplicaciones hacen énfasis en esta elección:

(2:2-4) *Esto no puede mostrarme la oscuridad, pues la luz ha llegado.*

Tu luz, [nombre] es lo único que quiero ver.

No quiero ver en esto más que lo que realmente se encuentra ahí.

Cuando nos enfrentamos a las percepciones de especialismo del ego —el oscuro mundo de culpa, juicio, odio, castigo y miedo— vamos rápidamente a Jesús para poder ver la situación de otra manera. Su visión —*toda* la gente pidiendo amor o expresándolo; *toda* la gente compartiendo la locura del odio del ego y la cordura del perdón del Espíritu Santo— refleja la luz del Cielo. Esta luz, nacida de nuestra igualdad inherente como el Hijo de Dios, ahora deseamos verla en otros, porque es lo que deseamos ver en nosotros mismos.

(3:1) (76) No me gobiernan otras leyes que las de Dios.

Dedicamos un tiempo considerable a comentar esto cuando leímos la Lección 76, de modo que esta lección es verdaderamente un repaso.

(3:2-3) He aquí la perfecta declaración de mi libertad. No me gobiernan otras leyes que las de Dios.

Esto es lo mismo que decir "No hay otra voluntad que la de Dios". Todas las leyes que creemos que gobiernan nuestra vida —a nivel físico y psicológico— solo tienen efecto porque elegimos ser un ego. Por lo tanto, al elegir ser un individuo separado y ponernos bajo la "divina" guía del ego, debemos suscribir sus leyes. Por otra parte, cuando elegimos que Jesús sea nuestro profesor y nos alzamos por encima del campo de batalla, fuera del sueño, las "leyes" del mundo —que reflejan las "leyes" de la mente errónea— no tienen poder. Ahí reside nuestra libertad.

(3:4-6) La tentación de inventar otras leyes y de permitir que me subyuguen me acecha constantemente. Sufro únicamente porque creo en ellas. Pero en realidad no me afectan en absoluto.

Estas palabras son importantes. Por ejemplo, nosotros creemos en las leyes del cuerpo: si bebemos veneno o comemos alimentos en mal estado, nos sentimos enfermos; si nos exponemos a un virus, enfermamos. A continuación, creemos que nuestra aflicción se debe a estos elementos nocivos que hemos tomado de fuera. Sin embargo, la verdad sigue siendo que solo sufrimos debido a nuestra creencia en estas leyes. No obstante, Jesús ciertamente no está diciendo que deberíamos sentirnos culpables por sentirnos mal, pero nos pide que seamos conscientes de la verdadera fuente de nuestro dolor. Esta no se encuentra en los cuerpos, ni en nada externo, sino en la decisión de la mente de afirmar su individualidad y rechazar a Cristo. Así, estamos involucrados en las leyes del odio y en su justificación. Esta decisión de separarse, protegida por la proyección, es la causa de todo sufrimiento.

(3:7-8) Estoy perfectamente a salvo de los efectos de cualquier ley, excepto las de Dios. Y las Suyas son las leyes de la libertad.

Por otra parte, al elegir aprender de Jesús, aprendemos que las únicas leyes que realmente se mantienen son la de Dios. Como nada fuera de Su Mente es real, también debe ser cierto que ninguna ley fuera de Él es válida. Por lo tanto, las leyes del mundo no pueden tener efectos a menos que, una vez más, elijamos creer que los tienen. Nuestra libertad reside en la decisión de ser libres; de no estar bajo otras leyes que las de Dios.

Miremos ahora las tres aplicaciones:

> **(4:2-4)** ***Mi percepción de esto me muestra que creo en leyes que no existen.***
>
> ***Veo únicamente las leyes de Dios operando en esto.***

Que sean las leyes de Dios las que operen en esto y no las mías.

Cualquier cosa que percibamos fuera nos muestra que creemos en las "leyes que no existen" del ego. Por lo tanto, nuestra práctica diaria consiste en empezar por mirar al mundo a través de los ojos del ego de intereses especiales y separados, el reflejo de su ley fundamental de separación. A continuación, reconocer esta falsa percepción me permite pedir a mi nuevo Maestro que me enseñe su corrección. Y así, el Espíritu Santo me instruye amablemente en la práctica del perdón, el reflejo en la tierra de la ley del amor, que es de Dios. Independientemente de la situación en la que me encuentre, independientemente del dolor (o placer) que se me otorgue en una relación, puedo ver el reflejo de las leyes de Dios al ver la oportunidad de aprender que los intereses separados conducen al infierno, mientras que el propósito compartido conduce al Cielo que en realidad nunca abandoné: el Hogar de las leyes de Dios de amor y de vida.

LECCIÓN 89

Estas son las ideas que vamos a repasar hoy:

Este repaso contiene dos lecciones que tratan específicamente de los milagros.

(1:1) (77) **Tengo derecho a los milagros.**

Esta declaración corrige la afirmación del ego de que tenemos derecho al castigo debido a nuestro pecado. Jesús nos enseña que tenemos derecho a la amorosa corrección que el milagro otorga a nuestras torturadas y aterrorizadas mentes.

(1:2-3) Tengo derecho a los milagros porque no me gobiernan otras leyes que las de Dios. Sus leyes me liberan de todos mis resentimientos y los reemplazan con milagros.

Las leyes de Dios son una expresión en nuestro sueño del principio de Expiación. Su ley en el Cielo es la Unidad de Su Amor. Tal como se refleja aquí, es el pensamiento que dice que la separación nunca ocurrió, expresado en el reconocimiento de que los resentimientos que tenemos hacia otros —nuestros pecados, de los que acusamos a todos los demás— tampoco han ocurrido. Así, los "pecados" de nuestro hermano no han tenido efecto sobre nosotros. Elegir a Jesús como nuestro maestro y el milagro como la corrección nos ayuda a darnos cuenta de que todo lo que teníamos contra otros lo teníamos secretamente contra nosotros mismos. Sin embargo, esto no ha cambiado nuestra realidad.

(1:4-5) Aceptaré los milagros en lugar de los resentimientos, los cuales no son sino ilusiones que ocultan los milagros que se encuentran tras ellos. Ahora aceptaré solamente aquello a lo que las leyes de Dios me dan derecho, de manera que pueda usarlo en beneficio de la función que Él me ha dado.

El punto importante, en el que se hace énfasis una y otra vez, es que elegimos conservar nuestros resentimientos porque tenemos miedo del amor en nuestras mentes, puesto que en su presencia nuestra existencia especial desaparece. Así, nuestros resentimientos tienen un propósito, y hasta que no cambiemos de propósito —de permanecer dormidos a despertar— los resentimientos persistirán, si no conscientemente, permaneciendo fogosamente activos en las cámaras de la culpa, mucho más allá de nuestra conciencia. Asimismo, nuestra función de perdonar permanecerá oculta de nosotros mientras continuemos obedeciendo las leyes de culpa y proyección del ego en lugar de la ley de Dios, reflejada en el milagro del Espíritu Santo.

Las aplicaciones específicas del día se derivan directamente de la enseñanza de la lección:

> **(2:2-4)** ***Detrás de esto hay un milagro al que tengo derecho.***
>
> ***No voy a abrigar ningún resentimiento contra ti, [nombre], sino que te voy a ofrecer el milagro al que tienes derecho.***
>
> ***Visto correctamente, esto me ofrece un milagro.***

Una vez más, observamos la simplicidad del mensaje de Jesús: no hay fórmulas ni ejercicios complicados; no hay metafísica ni teología complicadas. Todo lo que tenemos que hacer es observar, con su amable amor delicadamente a nuestro lado, que nuestros juicios nos alejan de la paz que tan fervientemente deseamos. Cada circunstancia a lo largo del día nos ofrece la oportunidad de perdonarnos al elegir el milagro en lugar de un resentimiento. La verdadera percepción de Jesús —la visión de Cristo— es ahora nuestra para que podamos pedirla y aceptarla. Tal vez hoy.

(3:1-2) (78) **¡Que los milagros reemplacen todos mis resentimientos! Mediante esta idea uno mi voluntad a la del Espíritu Santo y percibo las dos cual una sola.**

Recuerda, la separación comenzó con el pensamiento de que nuestra comprensión de la pequeña idea loca difería de la del Espíritu Santo. En ese instante, no solo dijimos que nuestra voluntad estaba separada de la de Dios, sino que también estaba separada del Espíritu Santo: nosotros sabemos más que Él.

Después de todo, nuestra existencia misma es la prueba de que conseguimos lo imposible, y por tanto Él está equivocado y nosotros tenemos razón. No hace falta añadir que hemos llevado esta postura arrogante de "tener razón" a los sucesos específicos de nuestras vidas específicas. En algún momento, sin embargo, nos dimos cuenta de que debía haber otra manera, y de que tener razón no nos aporta felicidad. Nos damos cuenta de que somos felices porque estábamos equivocados, a medida que volvemos al punto de elección en nuestras mentes y pedimos al Espíritu Santo que nos ayude a mirar la situación de otra manera: a Su manera en lugar de a la nuestra. Llegamos a reconocer que percibir intereses separados es la fuente de nuestro dolor, mientras que aceptar los intereses compartidos de los Hijos de Dios es la forma de encontrar felicidad y paz, incluso en medio de un mundo de desdicha y muerte.

(3:3-4) Mediante esta idea acepto mi liberación del infierno. Mediante esta idea expreso que estoy dispuesto a que todas mis ilusiones sean reemplazadas por la verdad de acuerdo con el plan de Dios para mi salvación.

Al elegir perdonar en lugar de condenar, ver la verdad de nuestra igualdad inherente en lugar del ilusorio mundo de diferencias del ego, elijo abandonar mi morada en el infierno por el lugar que me corresponde a la mano derecha de Dios, junto con toda la Filiación: el Cristo tal como Dios Lo creó.

Los dos frases siguientes son declaraciones claras de la decisión de no ser especial:

(3:5-6) No haré excepciones ni sustituciones. Lo que quiero es todo el Cielo y solo el Cielo, tal como la Voluntad de Dios ha dispuesto que lo tenga.

Ya no queremos fabricar sustitutos para el amor de Jesús, diciendo que su amor no es suficiente pero que el amor, la atención y la devoción de algún otro sí lo son. Ya no queremos afirmar que somos felices cuando tal vez estamos enfadados y encontramos docenas de personas dispuestas a justificar nuestros resentimientos. Nos damos cuenta de que esta locura no nos da paz, la paz que solo viene cuando recordamos que el Hijo de Dios es uno, y que no existen diferencias significativas entre los aparentes fragmentos de la Filiación. Ahora prometemos que esta es la lección que queremos aprender: la universalidad de la mente errada y de la mente correcta del Hijo, y la unidad del amor del Cielo. Queremos aprender esto, y nada más, y por eso decimos felizmente a lo largo del día:

> **(4:2-4)** ***No quiero mantener este resentimiento separado de mi salvación.***
>
> ***[Nombre], dejemos que los milagros reemplacen todos nuestros resentimientos.***
>
> ***Detrás de esto se encuentra el milagro que reemplaza todos mis resentimientos.***

Al sentir la tentación de estar molestos por algo de este mundo —lo que refleja un resentimiento— se nos pide que entendamos que eso no nos hace felices. Así, elegimos el milagro de la corrección en su lugar, para asegurarnos de que nuestras lágrimas de desdicha serán reemplazadas por lágrimas de gratitud y esperanza. Al dejar que los milagros reemplacen todos los resentimientos, dejamos que estas lágrimas se lleven todo sufrimiento y dolor. ¿Quién podría desear otra cosa?

LECCIÓN 90

Estas son las ideas que vamos a utilizar en este repaso:

Esta lección también aborda dos lecciones que van en paralelo: un problema, una solución.

(1:1) (79) Que reconozca el problema para que pueda ser resuelto.

El problema se define como un resentimiento, y la solución como el milagro que deshace el problema. ¿Qué podría ser más simple?, preguntaría Jesús.

(1:2-3) Que hoy me dé cuenta de que el problema es siempre alguna forma de resentimiento que quiero abrigar. Que también comprenda que la solución es siempre un milagro al que le permito ocupar el lugar del resentimiento.

Aquí vemos reflejado el deshacimiento de la primera ley del caos del ego —"Hay una jerarquía de ilusiones" (T-23.II.2:3) — mediante el primer principio de los milagros del Espíritu Santo: "No hay grados de dificultad en los milagros" (T-1.I.1:1). A pesar de las apariencias, nuestros problemas pueden rastrearse hasta un resentimiento que dice: "Si tú hubieses sido diferente, yo sería feliz." La solución es el milagro del perdón, porque el problema fue la proyección de la culpa, que ahora reclamo felizmente para poder soltarla.

(1:4-6) Hoy quiero recordar la simplicidad de la salvación reforzando la lección de que solo hay un problema y solo una solución. El problema es un resentimiento; la solución, un milagro. E invito a la solución cuando perdono la causa del resentimiento y le doy la bienvenida al milagro que entonces ocupa su lugar.

Estas dos lecciones son el toque final de este periodo de repaso, porque articulan claramente que cada problema que experimentamos a lo largo del día es una forma de ataque o resentimiento —tanto si somos conscientes de ello como si no— y la única manera en que podemos ser felices y recordar nuestra función es soltando el ataque. Abandonamos el resentimiento pidiendo a Jesús que nos ayude a darnos cuenta de que estamos equivocados porque estamos percibiendo la situación equivocadamente. Una vez más, y tomando prestado el título del último capítulo del Texto, vemos y aceptamos la simplicidad de la salvación: un problema, una solución; un resentimiento, un milagro. Así, diríamos, por ejemplo, en la primera aplicación de la idea de hoy:

> **(2:2)** ***Esto supone un problema para mí que quiero que se resuelva.***

El problema que percibimos y el remedio que buscamos son igualmente ilusorios. La "solución" puede resolver la expresión específica del problema, pero no el problema último: el resentimiento que tenemos contra nosotros mismos y Dios. Por lo tanto, si realmente queremos estar en paz, tenemos que pedir a Jesús que nos ayude a percibir la situación de otra manera. Le pedimos que nos muestre que lo que estamos viendo en esta persona o circunstancia es un reflejo de la decisión de la mente de excluir el amor. Mientras que las *formas* varían en nuestras aplicaciones específicas, el *contenido* sigue siendo el mismo. El problema es elegir separarse del amor de Dios; la solución es elegir volver a unirse con lo que en realidad nunca abandonamos. Así, hoy elegimos el milagro:

> **(2:3-4)** ***El milagro que se encuentra tras este resentimiento lo resolverá por mí.***
>
> ***La solución de este problema es el milagro que el problema oculta.***

La incapacidad de realizar esta elección —de mirar más allá del problema a la solución — refleja nuestra negativa a hacerlo, nacida de la resistencia a "perder" el problema y así "perder" nuestra identidad. Solo reconociendo que estamos aferrándonos a una ilusión, una ilusión que es la fuente de nuestra infelicidad, sentiremos la motivación para elegir el milagro.

(3:1) (80) Que reconozca que mis problemas se han resuelto.

(3:2-3) La única razón de que parezca tener problemas es que estoy usando el tiempo indebidamente. Creo que el problema ocurre primero, y que debe transcurrir cierto tiempo antes de que pueda resolverse.

Ciertamente esto es verdad desde el punto de vista del ego. Jesús —y esto es importante— no está diciendo que no debamos intentar resolver el problema en el mundo. Sin embargo, si el verdadero problema es un resentimiento, que oculta nuestra culpa, entonces la solución —el deshacimiento de la culpa— es instantáneo.

> El único problema pendiente es que todavía ves un intervalo entre el momento en que perdonas y el momento en que recibes los beneficios que se derivan de confiar en tu hermano [...] La salvación *es* inmediata (T-26.VIII.1:1; 3:1).

Jesús no está hablando de resolver un problema mundano o de llevar a cabo una tarea, lo que a menudo requiere tiempo. Después de todo, Helen tardó siete años en anotar *Un curso de milagros*. Él se está refiriendo a la corrección del problema de la mente: el perdón que retira nuestra culpa; los milagros que deshacen nuestros resentimientos.

Una vez más, Jesús no nos está pidiendo que ignoremos el mundo. Más bien nos enseña que nuestro problema no es externo, sino la decisión de la mente de excluirle. Nos sentimos abrumados por la culpa de este "pecado" de traición, y esa es la fuente de nuestro dolor, que puede remediarse en un instante. Lo único que tenemos que hacer —nos dice— es: "Vuelve a conectar conmigo y habla honestamente de lo que has hecho. Déjame que te diga que no has cometido un pecado, meramente has expresado tu miedo. Deja que mi amor sea un amable recordatorio de que estás mejor conmigo que solo." Este es el sentido en el que la curación es inmediata, y solo requiere un instante:

> Llevar a cabo la corrección en su totalidad no requiere tiempo en absoluto. Pero aceptar que la corrección se

puede llevar a cabo parece prolongarse una eternidad (T-26.VIII.6:1-2).

Como Jesús nos dice en la Lección 188, "¿Por qué esperar a llegar al Cielo" (L-pI.188.1:1).

(3:4-5) No veo el problema y la solución como acontecimientos simultáneos. Ello se debe a que aún no me he dado cuenta de que Dios ubicó la solución junto al problema, de manera que el tiempo no los pudiera separar.

Recuerda que eso que pensamos que es el tiempo no es otra cosa que la proyección en la forma de la trinidad impía del ego —pecado, culpa y miedo—, que da como resultado la percepción del tiempo lineal: pasado, presente, y futuro. Tanto el problema de la separación como la respuesta de la Expiación están situados en la mente, más allá del tiempo y del espacio. Así, no se necesita tiempo para corregir nuestra elección de mentalidad errada. Solo parece que la salvación lleva tiempo cuando el problema y la solución son proyectados en un mundo espacial y temporal. Una vez más, vemos que todo gira en torno a invertir nuestras proyecciones y recuperar el poder de elegir de nuestras mentes temporales.

(3:6-7) El Espíritu Santo me enseñará esto si se lo permito. Y comprenderé que es imposible que yo pudiera tener un problema que no se hubiera resuelto ya.

El problema es que nosotros no queremos que Él nos enseñe, porque tenemos miedo de perder nuestra identidad individual. Resolver el problema de la separación es el suicidio para el ego, y mientras nos identifiquemos con su sistema de pensamiento —como hacemos cuando nos identificamos con nuestro yo físico y psicológico— también se convierte en un suicidio para nosotros. Entonces, ¿quién elegiría voluntariamente la aniquilación de su propio ser? Esta es la razón por la que, dentro de la ilusión temporal, hace falta tiempo para cambiar nuestra identificación del ego al Espíritu Santo. Comenzamos cambiando nuestra identidad de un yo culpable y enfadado a un yo perdonador y pacífico.

A partir de estos sueños felices, nacidos de los milagros, finalmente despertamos —gradualmente, delicadamente y pacientemente— al verdadero Ser de la Unidad viviente de Dios. Así, por fin hemos elegido aceptar la solución al problema que ya ha sido resuelto.

Finalmente, las tres aplicaciones nos hacen avanzar más rápido en nuestro viaje:

(4:2-4) ***No tengo que esperar a que esto se resuelva.***

> ***Ya se me ha dado la solución a este problema, si estoy dispuesto a aceptarla.***
>
> ***El tiempo no puede separar este problema de su solución.***

Tal vez el problema externo requiera algo de tiempo para resolverse, pero nuestro problema interno —el único problema— queda resuelto inmediatamente, porque la paz solo espera nuestra aceptación. La salvación de todo dolor y sufrimiento está en nuestras mentes, donde "Dios la puso". Retirar nuestra atención del mundo de los cuerpos al lugar donde se encuentran tanto el problema como su solución —la mente— es todo lo que Jesús requiere de nosotros para enseñarnos que el problema de la culpa ya ha sido reemplazado por la paz.

ÍNDICE DE REFERENCIAS A *Un curso de milagros*

Como leer las referencia a *Un curso de milagros*

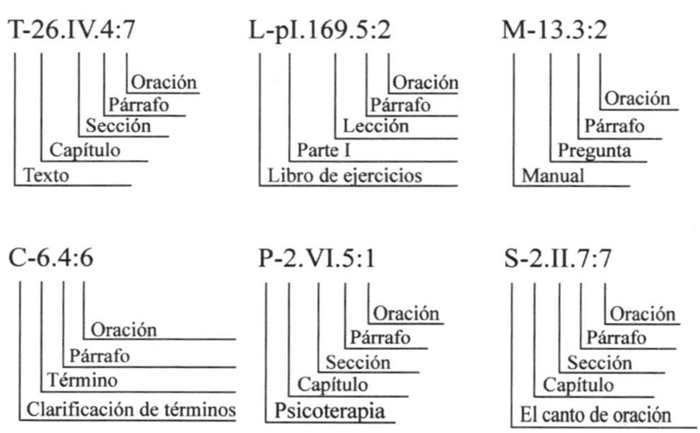